普通高等职业教育"十三五"规划教材

21世纪高职高专规划教材·通识课系列

HUANGYE JICHU YU XUNLIAN

创业基础与训练

主　编◎熊　毅　赵淑明

中国人民大学出版社

·北京·

前　言

大学生作为我国年轻的高级知识分子，有着较为丰富的知识储备，是符合我国“十三五”规划的创业主要人群。但大学生群体由于社会实践经验与能力欠缺，在创业初期常常举步维艰，使得大学生创业成为社会共同关注的话题。

本书针对当前新的创业形势，以及大学生的特点，从创业形势及政策、创业计划书撰写、公司注册、公司运营等多方面进行了深入浅出、由点到面、循序渐进的阐述，帮助大学生客观、科学、系统地认识创业、学会创业，具有较强的时代性、实用性、指导性和可操作性。

本书在教材功能定位、教材内容选择、教材内容组织和教材内容呈现等方面都极具特色。在教材功能定位方面，本书主要针对全体学生开展创新创业教育，对已经开展创业实践的学生进行企业经营管理方面的训练。在教材内容选择方面，本书是以培养学生创业能力为主线的基础性教材，涵盖六章内容，按创业理论知识、技能及活动训练三方面进行设计，使学生在掌握创业知识和技能的同时，通过活动得到训练。在教学内容组织方面，本书以大学生创业基础知识和训练为主线组织内容，通过案例导读来引发学生思考，再结合内容和案例指导学生；章后结合实践活动，帮助学生回顾章节内容，培养思考和动手能力。

本书编写分工为：赵淑明负责编写第一章、第二章，庄紫玮、李向明负责编写第三章，颜传香负责编写第四章，张少明、熊毅负责编写第五章，曾凡、王翠娥负责编写第六章。吴万贵老师负责统稿，熊毅老师编排教材的内容、章节和体例。本书在编写过程中借鉴了一些专家、教授的理论和观点，引用了一些同行的案例，在此我们向他们致以衷心的感谢。由于水平有限，缺点和错误在所难免，敬请读者批评指正。

目　录

第一章 认识和评估创业

导读

勇者创造机会，智者把握机会。在大众创业、万众创新的背景下，大学生创业的现象越来越普遍，知识经济的快速发展也为大学生创业提供了机遇。

创业是极具挑战的社会活动，是对创业者的知识、能力、胆识的全方位考验。创业需要理性思维，需要充分思考、分析，然后做出决策。当你把自己当作一个创业者进行认真评估时，可以更加清楚地实现自我认知。一个人要获得创业成功，需要具备一定的创业素质，创业素质不是与生俱来的，可以有意识地培养和强化。

创业动机是鼓励和引导个体为实现创业成功而行动的内在力量。大学生创业是在适宜的创业环境下、在创业动机的驱动下的结果。不是每个人都能创业，但创业也不是高不可攀。

学习指南

一、学习方法

本单元采用小组讨论、案例分析、活动训练、课外实践等参与式学习方法，需要掌握创业的基本知识，包括创业的含义、创业基本理论、创业者素质、创业动机、创业环境、创业准备等。通过了解创业的基本知识，评估自己作为创业者的潜质，为开始创业做充分准备。

二、注意事项

1. 通过案例分析加深对创业的理解，不仅仅是课堂上分析的案例，还应多看课外的创业案例。

2. 小组讨论中，学生在注重讨论过程的同时，也应重视分享与总结，充分锻炼分析问题的能力。

3. 在小组开展创业生涯人物访谈时，学生应有充分的准备时间，分工合作完成任务，提高团队合作的能力。

第一节 认识创业

学习目标

1. 理解创业的含义。
2. 理解创新与创业的关系。
3. 了解创业理论知识。

案例导读

杨丽丽的麦秸画

内蒙古自治区多伦县的一间小小工作室里，“90后”女孩杨丽丽正拿着发烫的电烙铁在已经处理好的麦秸上点画。在高温作用下，麦秸散发出淡淡的麦香，萦绕在整个工作室内。几个小时后，杨丽丽落下最后一笔，一幅栩栩如生的《牡丹花图》终于完工，这是她和老师、同事们一起辛苦工作几天后的作品。

“我是麦秸画手艺人杨丽丽，这是我创作的新作品《牡丹花图》，由我们家乡特产莜麦的麦秸秆制作而成。”杨丽丽打开“快手”App，通过直播向大家介绍自己的作品，“麦秸画以麦秸秆为创作原料，在我国有着上千年的历史，是我国隋唐时期的宫廷工艺品。”

2016年，从事教育行业的杨丽丽因一次偶然的机会，与麦秸画结下不解之缘。第一次接触，杨丽丽便爱上了这门艺术。因为热爱，杨丽丽开始利用自己下班之后的休息时间认真了解和学习这门技艺。

与普通画作不同的是，麦秸画的“画笔”是发烫的电烙铁，通过高温熨烫展现物体的明暗关系。第一次接触这种特殊的绘画工具时，杨丽丽直接握住了发烫的铁柄处，手上顿时就被烫出了水泡。因为作画工具的特殊性，杨丽丽的手上总是会出现大大小小的伤痕。

除此之外，麦秸画的制作过程也十分复杂，需要经过熏、蒸、漂、染、烫等十几道工序，吸收国画、民间剪纸、烙画、刺绣、雕刻等各种艺术表现手法。漫长而复杂的工序，对于耐心是极大的考验，但这一点都不妨碍杨丽丽学习麦秸画的热情，她一头扎进了麦秸堆，越学越深。

2018年4月，杨丽丽决定辞去工作，回到家乡的小县城创业。创业的初衷是为了保护麦秸画制作技艺。杨丽丽舍不得让这么有价值的技艺失传，也想“做出个样子”给大家看。

回到家乡，她开始构思创作以蒙原文化题材为主题的作品，这些作品一经问世便大受当地居民和游客的喜爱。

但新的问题也接踵而至：如何开拓市场？让更多的人了解麦秸画？杨丽丽发现县

城中有不少人喜欢"快手"App这一平台，闲暇时间大家总在低头刷视频。她想："我也可以在上面发一些制作麦秸画的小视频，这样不就有更多的人能看到我的作品了吗?"

利用互联网平台打开市场，是杨丽丽创业的第二步。说干就干，她立即申请了"快手"App的账号。她没有视频拍摄和剪辑的相关经验，面对镜头时也难免羞涩，但看到评论区中网友们对麦秸画制作的好奇和提问，杨丽丽觉得利用互联网打开市场的路子没走错。

随着市场的逐步打开，杨丽丽的麦秸画开始变得供不应求。杨丽丽希望能够聚集更多的手艺人，一起把中华优秀传统文化传承下去，同时也能为乡亲们增加收入。

分析：

杨丽丽的创业是传承麦秸画制作技艺。对于创业者来说，创业过程不但充满了激情、艰辛、挫折，而且还需要付出坚定、坚持不懈的努力。当然，渐进的成功也将带来无穷的欢乐与幸福。

知识与背景

一、创业概述

（一）什么是创业

创业就是一个改变自己，同时也改变世界的历程。每个人对创业有着不同的理解。对于创业的认识，不同时代、不同背景的学者与专家也给出了不一样的定义。

科尔（Cole）（1965）把创业定义为：发起、维持和发展以利润为导向的企业的有目的性的行为。

霍华德·H. 史蒂文森（Howard H. Stevenson）、罗伯茨（Roberts）和荀斯拜客（Grousbeck）提出：创业是一个人——不管是独立的还是在一个组织内部——追踪和捕捉机会的过程，这一过程与当时控制的资源无关。

杰弗里·蒂蒙斯（Jeffry A. Timmons）所著的创业教育领域经典教科书《创业创造》（*New Venture Creation*）中下的定义为：创业是一种思考、推理和行为方式，它为机会所驱动，需要在方法上全盘考虑并拥有和谐的领导能力。

中国创业学专家李加华教授认为：所谓创业，就是不拘泥于当前的资源约束，寻找机会进行价值创造的行为历程。

创业网对创业的定义是：创业是指接管和组织一个经济体的某个部分，并且以自己可以承受的经济风险通过交易案来满足人们的需求，目的是创造价值。

综上所述，我们认为，创业是创业者对自己拥有的资源或通过努力对能够拥有的资源进行优化整合，从而创造出更大经济或社会价值的过程。也就是说，创业是创业者通过发现和识别商业机会，组织各种资源提供产品和服务，以创造价值的过程。创业包括创业者、商业机会和资源等要素。

（二）创业的特点

创业必须要贡献出时间、付出努力，承担相应的财务的、精神的和社会的风险，并获得金钱的回报、个人的满足和独立自主。创业有以下 4 个特点：

（1）创业是创造具有更多价值的新事物的过程。

（2）创业需要贡献必要的时间，付出极大的努力。

（3）创业需要承担必然存在的风险。

（4）创业可得到精神与物质方面的回报。

（三）创业大家说

曹一纯（上海翼电信息科技有限公司 CEO）：其实创业不一定是创立一家企业，做一些很有意思的事情也可以是创业。微信应该是最成功的创业产品，但是它只是腾讯的内部创业。所以我们定义的创业，不管你是做一个公益项目，或者你在一个部门里面完成一个新的项目，还是孵化了一个好的企业，都是创业。时间点不重要，地点不重要，关键是一直保持一颗创业的心。

阚逸龙（南京城市之星网络科技有限公司 CEO）：创业真的是一件非常棒的事情，虽然你不知道明天的你会在哪里，但是你会很享受这样一种生活。

郑玹宇（tataUFO 创始人兼首席执行官）：越年轻创业成本越低。比如工作两三年之后要放弃工作开始创业的话，就会考虑机会成本，薪水、社会地位等都得算在成本里面。在大学里找合伙人是最好的时机，一旦毕业了，碰到的大部分人都是容易跟利益关系挂钩的，很难找到一个合适的人。很多同学也会想先准备好，先积累经验再创业，我觉得做员工积累的一些经验，和作为老板积累的经验完全不一样，因为看问题的方式完全不一样，思考的点完全是不一样的。

陶鹏（KK 浏览器联合创始人）：在创业的过程中，每天都有很多跌宕起伏，困难一定比好消息多，在这样的时候什么样的心态很重要。我在创业过程中最大的提高就是心态的磨炼，我以前比较浮躁，遇到一些事很着急，现在经历多了，会发现放一下、冷一下、静一下，很多事情就会有另外的一些改观或者产生一些另外的想法。

黄光明（魔漫相机创始人）：创业需要一个最基本的素质，就是乐观。不管在什么样的困难情况下，都能够抬起头来重新做或者重新开始，任何困难都能解决，这是创业比较基础的一个方面。能够有追求快乐的心态，有非常强大的内心动力支撑你，就能克服很多困难。

对于有创业思维的人来说，他们愿意去发现周围的问题，并且从中寻找机会，积极主动地行动，通过自身以及周围资源支持，最终获得一定的价值。即便到了事业稳定的状态，有创业思维的人也会不断地变革，以更好地应对时代的变化。正如饿了么的创始人张旭豪所言，创业的初衷，就是做一件事情改变周围的人，其实就是做一件事证明自己。通过实现个人价值，改变自己，改变周围的人，这就是创业的价值。

（四）对创业的认识过程

20 世纪 70 年代到 80 年代，从西方管理学的角度来看，创业者是天生的。对于创业来讲，也是固定的步骤：发现机会、整合资源、建立团队、开始创业。这样的理论把大众对创业的观念固定化，认为创业只是少数人的事，与大众无关。

20 世纪 80 年代到 90 年代，创业理论家们终于醒悟，原来创业不是如此僵化的，每个创业者都有不同的成功道路，平衡是关键，创业者在不断地平衡机会、资源、团队的关系。典型的代表是蒂蒙斯的创业过程模型。

现在，我们对创业的认识更充分，创业本身具有高度的不确定性，一切皆有可能，而这种可能建立在快速行动、不断创新的基础上。

（五）人人需要了解创业

创业有狭义和广义之分，狭义的创业为“创办企业、公司”，广义的创业为“创造你的人生事业”。对于大学生来说，狭义的创业，需要从大学阶段就开始准备和积累；广义的创业，需要你将之转变为一种思维方式来面对未来的种种具体选项。在“大众创业，万众创新”的时代，创业不是少数人的特权，创业是人人都需要了解的。对于大学生来讲，即便未来不创业也要了解创业，学习创业，用创业精神去学习，用创业精神去求职，用创业精神去工作。

（六）创业不容易

小米科技创始人雷军在一次演讲中提到，创业并不光鲜。付出不比别人多，是没有可能成功的。媒体宣传的成功创业者是什么样子的？事业很成功，出席各种光鲜的场合。其实每个人在创业过程中的打拼都极其不容易，创业者并没有公众想象的那么光鲜。企业家们其实比大家想象的要忙很多。例如首尔，因为堵车厉害，韩国三星的副社长们早晨一般六点半上班，下班的时间一般是下午六点，但是晚上都有应酬，大概十点才能回到家。

创业不是一件简单的事情，成功的企业家也不像公众想象的那样，轻轻松松就成功了。在成功的路上，其实只有一个秘诀：认真拼命地工作。稻盛和夫白手起家创办了两家世界五百强企业——京瓷和KDDI，被日本人誉为“经营之神”。他在《六项精进》一书里讲了三句话：（1）付出不亚于任何人的努力；（2）认真拼命地工作；（3）除了拼命工作之外，世界上不存在更高明的经营诀窍。这就是他成功的秘诀。

二、创新与创业

（一）对创新的认识

创新（Innovation）一词源于拉丁语的“Inovare”，意思是更新、制造新的东西或变化。

创新的本质是突破，即突破思维定式、常规戒律。创新活动的核心是“新”，或者是产品的结构、性能和外部特征的变革，或者是造型设计、内容的表现形式和手段的创造，或者是内容的丰富和完善。换句话说，并不是只有重大的发明创造才是创新，实际上，对各种产品、工作方法、商业模式、服务模式的改进等都属于创新。创业中的创新前提是解决问题，只有能满足消费者需求、能够在技术上实现并且有持续价值的创新，才是伟大的创新。

（二）创新改变生活

在日常生活中，只要我们留心观察，到处都有创新。创新对我们来说非常重要，它会使我们的生活变得更加便捷、更加美好。例如社区团购，其以具有竞争力的价格和优质的服务为社区居民提供优质产品，涵盖水果、生鲜、菜品、生活用品、零食等，以一种新颖的线上购物平台影响着人们的购物方式。可以说，创新是生活的重要组成部分，就像滴滴出行改变我们的出行方式、外卖平台改变我们的饮食方式一样。

案例阅读

寻找新意产品

萨缪尔·科恩、杰里米·克劳斯和托马斯·希尔顿是宾夕法尼亚大学的学生，他们有一个共同点：讨厌一成不变的生活，喜欢在创新中发现乐趣。他们用可乐、色拉等原料混合而成的怪味冰激凌，在宿舍楼里大受欢迎。于是，三人凑了6万美元合伙开了杰里米冰激凌公司。

经过市场调查，他们发现，冰激凌的口味已经20年没有变化了，这为其创业提供了一个很好的空间。他们采纳了啤酒商的建议，使用啤酒酿造技术制作口味奇特的冰激凌，新产品上市后供不应求，当年销售额就达到100万美元。这家小公司也因此很快吸引到了风险投资，如今年销售额已达到500万美元。

消费者大多喜新厌旧，新产品能否打开市场，关键在于有没有新意。而年轻人的特点就是充满朝气和标新立异，这让年轻人在产品创新中具有一定的优势。杰里米冰激凌公司的创始人克劳斯提醒打算创业的年轻人："要成为行业中的创新者，而不是一成不变的模仿者。"

案例阅读

科技改变宿舍，创意源于生活

北京理工大学几个学工业设计的在校学生，把自己的宿舍改造成为令人羡慕的科技宿舍。改造宿舍的照片一发到网上，就引起了很多网友的围观点赞。

1. 投影键盘。打开"投影键盘"，桌子上就会投出一个像键盘一样的影子，在桌子的"键盘"上打字，通过蓝牙，打好的字就可以显示在手机屏幕上，"着急的时候就不用再等待电脑开机了"。还可以把键盘"投"在床桌上，这样"不出被窝也能提交"。

2. 遥控垃圾桶。将遥控车的底盘安在了垃圾桶下边，只要按一下遥控，垃圾桶就"随叫随到"了。

3. 温度感应调节。宿舍里有温度传感器，通过手机控制宿舍空调，提前打开"预热"，进屋时就不会那么冷了。

4. 门窗感应器。只要一打开门，灯就会亮，窗帘也可以随之拉上，这就省去了"摸索开关"的时间。

（三）创新改变命运

创新是一个民族进步的灵魂，是国家兴旺发达的不竭动力。当今是一个智力竞争、科技竞争特别是创新竞争的时代，创新是每个企业生存竞争的唯一法宝。对于企业来说，创新改变命运，创新决定未来。在互联网时代，企业只有树立创新理念，不断拥抱新技术，加强自主研发，提高产权意识，才具有可持续发展的能力，才能在竞争中立于不败之地。

案例阅读

诺基亚的衰败

从1996年开始，诺基亚手机连续15年占据手机市场份额第一的位置。2003年，诺基亚1100在全球已累计销售2亿台。2009年，诺基亚公司手机发货量约为4.318亿部。2010年第二季度，诺基亚在移动终端市场的份额约为35.0%，远远领先当时三星和摩托罗拉的市场占有率。

就在全球业界都看好诺基亚时，2007年1月，苹果公司正式公布了旗下智能手机：

iPhone，由此开启了新的智能手机市场格局。苹果公司前任 CEO 史蒂夫·乔布斯宣布其“重新发明了手机”，让全球业界对智能手机有了全新的理解和定义。而诺基亚公司所拥有的 Symbian OS（塞班系统）则不再适用于当时的市场，甚至连是否属于智能手机系统也遭到质疑。

2008年，谷歌公司发布了旗下智能手机操作系统 Android，成为市场新的变革，由 iPhone 和 Android 引导的智能手机风潮成为市场主流。诺基亚公司连续十余年占据手机市场份额第一的位置被终结，排到了第三；而诺基亚在2011年手机市场的份额已经从2010年的35%降至14%，远低于苹果和三星。

案例阅读

用 5 美元赚到几百美元

在斯坦福大学的课堂上，Tina Seelig 教授做了这样一个小测试：她给了班上14个小组各5美元，作为启动基金。学生们有四天的时间去思考如何完成任务，当他们打开信封，就代表任务启动。每个队伍需要在两个小时之内，运用这5美元赚到尽量多的钱。然后在周日晚上将他们的成果整理成文档发给教授，并在周一早上用三分钟时间在全班同学面前展示。

虽然斯坦福的学生个个顶尖聪明，但完成这个任务仍然是个不小的难题。

为了完成这项任务，同学们必须最大化地利用他们所拥有的资源，也就是这5美元。

如果是你，你会怎样完成这项挑战呢?

当教授在课堂上第一次向同学们提出这个问题的时候，底下传来了这样的回答：“拿这5美元去拉斯维加斯赌一把！”“拿这5美元去买彩票！”

这样的回答引来了全班的哄堂大笑。这样做并不是不可行，但是他们必须承担极大的风险，也几乎是不可能完成任务的。

另外几个比较普遍的答案是先用初始基金5美元去买材料，然后帮别人洗车或者开个果汁摊。这些点子确实不错，赚点小钱是没问题的。不过有几组想到了打破常规的办法，他们认真地对待这个挑战，考虑不同的可能性，创造尽可能多的价值。他们是怎么做到的呢?

你最宝贵的资源，并不是这5美元！挣到更多钱的几支队伍几乎都没有用上教授给的启动基金。他们意识到：把眼光局限于这5美元会减少很多的可能性。5美元基本上等于什么都没有，所以他们跳到5美元之外，考虑了各种白手起家的可能性。

他们努力观察身边有哪些人们还没有被满足的需求，通过发现这些需求并尝试去解决，有几支队伍在两个小时之内赚到了超过600美元。

创造奇迹的办法一：有一支队伍发现了大学城里的一个常见问题——周六晚上某些热门的餐馆总是排长队。于是，他们向餐馆提前预订了座位，然后在周六临近的时候将每个座位以最高 20 美元的价格出售给那些不想等待的顾客（其实就是号贩子）。

在那一晚，他们观察到了一些有趣的现象：

（1）团队里的女学生比男学生卖出了更多的座位，可能是女性更具有亲和力的原因。所以他们调整了方案，男学生负责联系餐馆预订座位，女学生负责去找客人卖出这些座位的使用权。

（2）当餐馆使用电子号码牌排队的时候，他们更容易卖出这家餐馆的座位，因为实物交换让顾客花钱之后得到了有形的回报，让顾客感觉自己所花的钱物有所值。

创造奇迹的办法二：另外一支队伍用的方法更加简单。他们在学生会旁边开了一个小摊，帮经过的同学测量他们的自行车轮胎气压。如果压力不足的话，可以花一美元在他们的摊点充气。

事实证明：这个点子虽然很简单，但有可行性。尽管同学们可以很方便地在附近的加油站免费充气，但大部分人都乐于在他们的摊点充气，而且对他们所提供的服务都表示了感谢。不过，在摊子摆了一个小时之后，这组人调整了他们的赚钱方式，他们不再对充气服务收费，而在充气之后向同学们请求一些捐款。就这样，收入骤升。这个团队和前面那个出售预订座位的团队一样，都是在实施的过程中观察客户的反馈，然后优化他们的方案，使得收入大幅提升。

这两支队伍的表现都很不错，班内其他的同学对他们的展示也印象深刻。不过赚了最多钱的那支队伍真正把“think outside the box”（跳出思维的笼子）发挥到了极致。

创造奇迹的办法三：这个团队认为他们最宝贵的资源既不是 5 美元，也不是两个小时的赚钱时间，而是他们周一课堂上的三分钟展示。斯坦福大学作为一所世界名校，不仅学生挤破了头想进，公司也挤破了头希望在里面招人。这个团队把课上的三分钟卖给了一个公司，让他们打招聘广告。就这样简简单单，三分钟赚了 650 美元。他们发现：他们手头最有价值的资源既不是去售卖自己的时间，也不是去卖面子，而是售卖他们班上的同学——这些人才才是社会最需要的。

这种思维方式，就是现在人人都在追求的“think outside the box”。“think outside the box”的做法是什么？下面这个原则将对你非常有用。

“当遇到问题时，先找出看起来最明显的解决方法，然后将它排除掉。好，现在可以开始思考其他的解决方式了。”这听起来可能有点虚，举个例子。

想象你现在是个雄心勃勃的创业者，比如说你想开家餐馆。餐厅是干什么的？提供食物。但是不行，现在告诉你，这家餐馆不能提供食物，或者说，食物很一般。换句话说：你要开一个不以食物吸引人的餐厅。

既然决定不用食物吸引客人，那么要用什么吸引客人呢？

（1）可以把重点放在营造与众不同的餐厅氛围上，开一个主题餐厅，比如说一个航空主题的餐厅。

（2）邀请一支很棒的乐队或舞团来演出。

（3）把用餐环境布置成儿童乐园的样子，吸引亲子聚餐。

（4）把用餐环境移到室外。

还有很多很多其他的方案……

当排除了“食物”这个亮点之后，你需要思考的就是打破常规的点子，这就是 think outside the box。善于 think outside the box 的人，不仅能发现别人看不见的解决方式，还能识别别人没有意识到的资源，并把它包装出最高的价值。

就是这样，在做任何事情的时候，你都可以尝试不同的解决办法——先排除那个显而易见的，以此为前提去思考：

如果解决你手头工作最简单的方案不给力，你还有什么办法？

如果你的老板今天不给你发工资，你还有什么谋生之道？

如果情人节不让送花，你会给心爱的 TA 送什么？

“你活在盒子里，工作在盒子里，你驾驭这个盒子，最终又被埋葬在盒子里。跳出思维的盒子，当你真的发现这种思维方式的时候，你会发现，其实外面本没有盒子。”

跳出思维的盒子，你的生活也会增加许多可能性。

三、了解创业理论

（一）蒂蒙斯的创业过程模型理论

杰弗里·蒂蒙斯毕业于哈佛商学院，是著名的创业学家。根据对创业的理解和研究，他提出了创业过程模型（见图1-1），认为三个要素影响了整个创业历程：商机、资源以及团队。这三者随着企业发展而保持动态平衡关系。

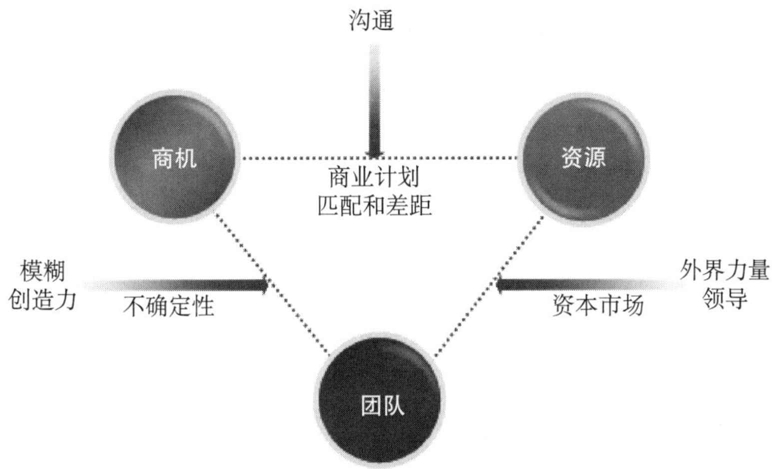

图1-1　创业过程模型

第一，商业机会是创业过程的核心驱动力，创始人或工作团队是创业过程的主导者，资源是创业成功的必要保证。

创业过程始于创业机会，而不是钱、战略、网络、团队或商业计划。开始创业时，商业机会比资金、团队的才干和能力及资源更重要。在创业过程中，资源与商机间经历着一个适应→差距→适应的动态过程。

第二，创业过程是商业机会、团队和资源三个要素匹配与平衡的结果。处于模型底部的创始人或工作团队要善于配置和平衡，借此推进创业过程，他们必须做的核心过程是：对商机的理性分析和把握，对风险的认识和规避，对资源的最合理利用和配置，对工作团队适应性的分析和认识。

第三，创业过程是一个连续不断的寻求平衡的行为组合。在三个要素中，绝对的平衡是不存在的，但企业要保持发展，必须追求一种动态的平衡。展望企业未来时，创业者必须思量的问题是：目前的团队是否能领导企业未来的成长；下一阶段可能面临哪些风险。

这些问题在不同的阶段以不同的形式出现，关系到企业的可持续发展。总之，创始人或工作团队必须在推进业务的过程中，在模糊和不确定的动态的创业环境中要具有创造性地捕捉商机、整合资源和构建战略、解决问题的能力，要勤奋工作、富于牺牲。

创业者在创业过程中就像一个杂技表演者，一边要在平衡线上跳上跳下，保持平衡，一边还要在动荡的处境中进行各式各样的表演。

可以看出，蒂蒙斯的创业过程模型明确了创业中最为重要的要素，并且通过不同要素的相互制约与平衡来阐述创业过程中的不同阶段。经过不断的发展，该理论模型的内涵得到了丰富，但是其内容和框架没有发生改变，这一点也体现了该理论的普适性。

案例阅读

关于马云创业成功的创业过程模型分析

1. 互联网的迅速发展让阿里巴巴网站成为一种商业机会，而这种机会就是创业过程的核心驱动力，马云和其创业团队是创业过程的主导者。

在网站注册成立一个月后，由高盛牵头的500万美元风险资金便立即到账。马云用这笔钱从香港和美国引进大量的外部人才。1999年年底，马云以6分钟的讲述获得有“网络风向标”之称的软银老总孙正义3 500万美元的风险投资。

2000年1月，阿里巴巴与全球首屈一指的互联网投资者——软库携手，引入软库的2 000万美元投资，同时，与软库合作开发日文、韩文及多种欧洲语言的当地阿里巴巴国际贸易网站。

2003年5月，阿里巴巴投资1亿元人民币推出个人网上交易平台淘宝网，打造全球最大的个人交易网站，2004年7月又追加投资3.5亿元人民币。2003年10月，阿里巴巴创建独立的第三方支付平台——支付宝。

2004年2月，阿里巴巴公布其总额为8 200万美元的新一轮私募成功。阿里巴巴在当时已经可以和国内任何一家门户网站并驾齐驱。

这些人力和财务资源以及大量顾客资源是其创业成功的必要保证。

马云及其团队在创业过程中起到利用自身的创造力在模糊、不确定的环境中发现商机，并利用企业网络和社会资本等外界因素组织和整合资源，主导企业利用搜寻到的商业机会创造价值的作用。

2. 马云的创业过程是商业机会、团队和资源三要素匹配与平衡的结果。马云及其工作团队善于配置和平衡，借此推进创业过程，他们做到对商机的理性分析和把握，对风险的认识和规避，对资源的最合理利用和配置，对工作团队适应性的分析和认识。

3. 马云的创业过程是一个连续不断的寻求平衡的行为组合，追求了一种动态的平衡。在展望阿里巴巴未来时，马云成功思考了目前的团队是否能领导企业未来的成长、资源状况怎样、下一阶段面临的陷阱是什么之类的问题。这些牵涉到企业的可持续发展的问题，在不同的阶段以不同的形式出现。

总之，马云在千变万化的环境中依靠机遇、团队和资源三要素之间的和谐与平衡，分析解决存在的种种困难及问题，努力协调创业中各种资源的配置，创造性地解决问题，使阿里巴巴实现快速发展。

（二）火箭发射式创业

“火箭发射式创业”是指按计划创业的方式，这是一种能够预见的创业方式。它先提出一个伟大构想，试图解决一个问题，然后根据构想制订商业计划，招募团队执行计划，产品一炮打响，而后上市。火箭发射式创业的结果有三种可能：发射成功、爆炸、无声无息。

从1970年到2000年，美国硅谷采用的都是火箭发射式创业的逻辑。火箭发射式创业的创新开始于天才人物的天才构思，认为创业环境是高度可控的，参数是高度确定的，未来是可以高度准确地预测和分析的。创业团队要做的就是不断计划、执行和优化。

案例阅读

Webvan

Webvan是一家于1996年创办的生鲜电商O2O。当时，其仓储系统花了4 000万美元，软件自行开发，由350个软件工程师干了三年。

创始人是麻省理工学院学数学专业的，用算法以最短路径进行货品出仓配货，中心辐射型仓储物流基地，配送当场可以退货。可以说，项目的很多解决方案即使放在今天也不算太落后。但从商业角度衡量仓储系统最关键的指标是订单量库存量单位(Stock Keeping Unit，SKU)和客单价。

当时测算的结果是，整个仓储系统和配送系统，如果有足够的效率，产能和利润率盈亏平衡是42.5%，这样最终能达到10%的净利润率。这对当时美国零售业来说是相当高的数字。美国零售平均净利润率只有1%多点。

但理想很丰满，现实很残酷。

建第一个仓库花了4 000万美元，封闭开发3年以后才终于有了第一笔订单。拿到订单时已经成为超级独角兽，但总营收只有400万美元，还没有传统生鲜一家店的营收高。

拿到融资后，项目开始通过与世界最大的仓库承包商签订合约的形式，在全美开设26个仓库复制商业模式。而从1999—2001年7月，26个仓储没有达到盈亏平衡点。开业三个季度，已经做到全周不休息，但产能利用率依然低于30%。这就意味着以“天”为代价的亏损，每天都在烧钱。Webvan在苦苦支撑两年、烧掉12亿美元后宣告破产。有人统计，Webvan平均每接一个单就烧掉130美元。

投资了Webvan的红杉资本教父级人物麦克·莫里斯(Michael moritz)在一次采访中谈到这次人生中最大的投资失败时说：“我们犯下了零售的头等错误，在一级市场尚未取得成功之前仓促向新的领域扩张，而且扩张范围不止一个区域。当我们向其他地区扩张时，旧金山湾区却一直在遭受惨败。”

再来看看项目的创始人怎么说。十几年后，当有人问他Webvan失败的教训时，他说：“第一，我不认为我做错了什么；第二，做企业就像发射火箭，不能升空再去添加燃料。”换句话说，他认为创业就要完美的计划、决策和实施。

“火箭发射式创业”被称为二维世界的开发方法。那么，这种创业方式究竟存在哪些问题？

(1)通常不知道顾客在哪里，只做假设，但其实这种假设是错误的；

(2)制订了计划，希望按计划实行，忽略了探索和学习；

(3)计划市场营销活动和销售工作，但缺乏目标的明确指导；

(4)盲目扩张，产生不切实际的希望；

(5)希望用产品开发方法来指导无关的经营活动；

(6)以为产品上市客户就会接受，然而结局往往很残酷。

（三）精益创业：从 0 到 1

Webvan 公司的衰败引起了整个硅谷的反思，于是有先见的人开始尝试另外一种方式创业，即“精益创业”。

精益创业由创业者埃里克·莱斯（Eric Ries）（2011）首先提出。这个观点源于史蒂夫·布兰克的《创业四步法》。

史蒂夫·布兰克在其著作《创业四步法》中首次谈及“客户开发”的思维。这一点跳出了原有创业企业以及创业者为了完成自身“愿景”而去创业的传统思维模式，完全区别于封闭开发的火箭发射式创业法。客户开发应早于产品开发，客户成为创业的中心，产品是用来服务、满足客户需求的，而非单纯服务于企业需求。

精益创业的逻辑：用户探索—用户验证—用户积累—公司运营。

精益创业所说的计划和常规意义上的商业计划不是一回事，它只是前提和假设，而且是未经证实的前提和假设。

用户探索的重点在于定义痛点和解决方案的假设，这里不是做加法的过程，而是减法的过程，是倾听用户声音的过程，这是不断探索和积累认知的过程，在定义两个基本假设的基础上，进行用户验证。

用户验证同时检验假设的痛点和商业模式是否可以重复、规模化，并找到早期的天使用户；如果不能找到，就要回到探索阶段。这是一个不断循环、深化认知的过程。

精益创业如何确保产品开发速度与客户需求的平衡？简单来说，就是坚持小步快速调整产品，根据客户反馈进行科学试错。具体包括以下三个要点：

1. 用最低成本小范围验证

精益创业的要诀之一就是要用小规模的测试来验证市场，找到天使用户，当确保是用户真实需求后，再逐渐发展，这种方式叫 MVP（Minimum Viable Product）。在 Webvan 破产 7 年后，亚马逊也开始尝试进入生鲜电商领域，负责这块业务的部门叫做 AmazonFresh，它们吸取 Webvan 的很多教训，反其道而行之，不考虑建设大型仓库和大规模拓展市场，而是在一个对新事物接受程度比较高的城市西雅图进行小规模测试。要知道，这个时候的亚马逊已经是美国排名第一的在线零售商，它完全有能力大规模地铺设供应网络和仓库系统，但亚马逊不会因为有强大的资源和能力就往瞎处使力，而是先用较低的成本来验证市场。所以这次在西雅图的试验仅限在几个居住密度较大的小区，尽量减少配送压力，而且亚马逊在这次试验中并非针对小区内所有的人，它只在愿意缴纳 299 美元的年费用户里开始提供这个服务，这样做可以筛选出天使用户，这些用户对现有购物环节有极大的痛点，因此更需要、更依赖这种服务。虽然用户少，但是黏度极高，而且可以通过天使用户的反馈来继续深耕这个服务。亚马逊在西雅图花了 5 年时间不间断测试、不断调整运作模式和各个细节后，才于 2012 年进入第二个城市洛杉矶进行进一步测试。

还有一个例子，就是 Dropbox。Dropbox 是一款提供云端同步存储的应用软件，当时市面上还没有类似软件，也不知道有没有人需要它。为了验证用户需求的热度，一开始并没有开发出这个软件，而是做了个软件的介绍视频，演示了这个软件是如何同步文件的。视频发到 Youtube 上后，大家疯狂评论太好用了，累计有几百万人在问哪里可以下载这个软件。然后才决定招聘工程师，开发了一年多，将产品上线。如果当时这个视频无人问津，就说明这个产品没有需求，也就不用开工了。

所以在开展新项目时可以通过各种小成本的试验方式来验证用户需求，找准了再发力也不迟。

2. 科学试错，找对路

在试验项目的时候遇到最多的是团队在业务逻辑上的分歧，甚至是在一些细节功能或界面展示上都经常产生分歧，谁也说服不了谁，这时候最好的方法就是用 A/B 测试法。A/B 测试法其实就是把目标用户分成两组，然后分别推送两个不同的版本给用户进行测试，测试得出的数据会成为最终确认版本的依据。这个方法的好处是让真正的用户来投票，用户的反馈就是最有力证明，降低团队内部的分歧。

例如，百姓网的广告部想在百姓网 App 的分类信息列表上加上顶置广告，但是公司内部其他同事觉得这样严重影响用户体验，而且广告很多时候一挂就挂较长的时间，手机屏幕小，第一屏能看到的信息量不多，会导致用户每次点进来看到的都是旧信息，缺乏新鲜感，但是广告部的同事觉得用户一定会往下拉看更多信息的。一时间，两边都各执己见，局面一度胶着。最后他们采用了 A/B 测试法，向一部分用户试验性地推送有广告的界面，而向另一部分用户推送没有广告的界面。经过一段时间测试后，发现两种界面的多项指标相差微乎其微，最终经过综合考量上线了带有顶置广告的版本。

3. 专注核心功能

创业团队犯得最多的错误就是不断做加法，不断叠加新功能、新想法，不仅导致项目十分臃肿，也模糊了用户对其业务的定位，而且功能多也大幅增加用户的学习和使用成本，容易导致用户快速流失，所以精益创业提倡的是专注核心功能。

burbn 是一款拥有像 Foursquare 一样地理位置签到功能的应用，除了定位签到功能，用户还可以设定未来行程规划，还能把手机里聚会的照片分享出来。看完这些功能介绍，相信你也不清楚这款应用究竟想做什么，它的功能多而且零散。这款应用发布几周后用户量勉强有 1 000 多人，至此就停滞不前了。如今摆在面前的只有两条路：要么继续添加功能，务求吸引更多用户使用；要么精简功能，开发一款只需要满足用户一两个核心需求的应用。开发者发现，照片分享是用户使用最多的功能，所以就决定往这个方向试试，开发一款照片分享应用。开发完成后，为了测试用户是否喜欢，在 burbn 的早期用户里面找到 100 位天使用户，给他们发送邮件通知，邀请他们试用。几天过去了，有不少用户表示喜欢这款应用，并且向身边朋友推荐。一周后，仅仅通过用户口口相传，用户数竟然轻松达到 10 万人，一个月之后用户数竟然突破 100 万人，这款 App 就是现在大名鼎鼎的 Instagram。

精益创业的关键理念如下：

（1）持续的客户互动。不断地和客户接触，通过客户验证自己的想法是否正确，更新自己的认知。

（2）产品开发周期要短。以小时计或天计算，而不是以月或者年计算。

（3）产品开发功能。要以最小的功能做到最大的客户覆盖。

精益创业低成本快速高效做出产品，快速做实验，快速做调整，让成本最小化，速度最大化。它适用于创业型小团队，也适用于大公司内部的小团队。

精益创业从 0 到 1 实现商业模式快速探索的五个基本原则如下：

（1）用户导向原则：避免以自我为主，要转向用户为主，要到用户中验证。

（2）行动原则：可以制订计划，更关键的是靠行动验证。

（3）试错原则：需要不断地探索，不断深化认知。只有认知不断升级，才能接近真相。

（4）聚焦原则：多考虑单点突破。

（5）迭代原则：要避免完美主义倾向，希望迭代的过程越快越好，进行高速迭代。

活动与训练

活动 1：小组讨论

马云说："对于创业者而言，今天是残酷的，明天是残酷的，后天是美好的，但大部分创业者都死在了明天晚上，失败的经验是没有坚持，我成功的经验就是坚持。"

如何理解马云的这段话，请以小组为单位讨论，分享自己的想法。活动结束后，教师可根据下表进行评分。

小组讨论评价表

评分标准	满分	实际得分	备注
积极参与讨论	20		
能够提出鲜明的观点	20		
提出的观点具有合理性	20		
能大胆表达自己的想法	20		
语言表达流利	20		
总分	100		

活动 2：创新能力训练

高速公路经常发生车祸，一般都是恶性的，但是车速又不能降下来。请你用创新的办法尽量减少高速公路上车祸的发生。（提示：可以从公路，也可以从汽车，还可以从管理等各个方面进行大胆设想。）

活动结束后，教师可根据下表进行评分。

能力训练评价表

评分标准	满分	实际得分
流畅性（想出大量点子的能力）	30	
创新性（跳出传统思维）	30	
可行性（可操作性较强）	20	
衍生性（思维拓展能力）	20	
总分	100	

第二节 创业者

学习目标

1. 认识不同创业者，理解创业者素质。

2. 分析创业者素质，寻找创业人物并访谈。
3. 正确认识创业者素质评估。

案例导读

"世界冰王" 图德的创业故事

有两个孩子从家中偷了一些水果和奶制品，跑到野外去玩。那时还没有保存食物的方法，看着吃剩的食物在阳光下坏掉，他们一点办法也没有。

后来，两个孩子上了中学，他们依然是好朋友。一次，他们沿着冰封的湖畔散步时，那个叫图德的孩子突然说："还记得咱们从家里偷东西出来吃的事吗?"另一个孩子说："当然记得，只可惜剩下的食物都坏掉了!"图德指着湖面问："看见那些冰了吗?""这里的冬天到处都是冰，没有什么大惊小怪的。"图德兴奋地说："为什么不把这些冰收集起来，运到炎热的加勒比海的一些港口去销售呢?"那个孩子嘲笑他说："别傻了，冰到了那里早化成水了!"可图德的目光依然注视着湖面上的冰。

几年后，也就是1806年，21岁的图德再次找到当年的朋友，想让他和自己一起做卖冰的生意，可朋友再次拒绝了他，并劝他别异想天开。后来，在别人的资助下，图德花了1万美元将130吨冰用船运往酷热的马提尼克岛。

到了1858年，图德把15万吨冰先后装上了380条大船运往美国、中国、菲律宾、澳大利亚等50多个国家和地区，图德也因此成为世界冰王和亿万富翁。而图德更大的贡献在于：若干年后，科学家们从他的做法中受到了启发，发明了冰箱。

当年嘲笑图德的朋友，则一直过着普通的生活。因为他没有想到，冰虽然遇热就化，但冰的价值唯有在炎热的地方才能凸显。

分析：

小小的冰块也能卖出大价钱？这不是神话！前提是你必须有想法。很多看似平常的东西，只要你把它放到合适的位置上去，它就能创造出让你惊讶的价值。有的创业者看到当下的生活，积极寻求改变；有的创业者不安于现状，理性思考，积极行动，他们最终都到达了成功的彼岸，就像图德一样。

知识与背景

一、认识创业者

(一) 创业者的定义

一些经济学家认为，创业者（Entrepreneur）是指在有盈利机会的情况下自愿承担风险创业的人。另一些经济学家则强调，创业者是一个推销自己新产品的创新者。还有一些经济学家认为，创业者是那种将有市场需求却尚无供应的新产品和新工艺开发出来的人。

创业者是创业的核心，是创业成功的关键因素。创业是极具挑战的社会活动，是对创业者自身的智慧、能力、气魄、胆识的全方位考验。

（二）定义你心中的创业者

创业者也许是乐天派，也有可能是有勇气的、积极主动的。不管怎样，他们身上有一些显著的优良特质，我们举例来说明。

事业心与社会责任心

牛根生，内蒙古人，蒙牛乳业集团的创始人。2004年年底，牛根生捐出全部个人股份设立“老牛专项基金”，成为“全球华人捐股第一人”。1998年，牛根生是伊利集团的副总裁。后来他因故离开伊利，到北京大学进修。在此期间，他把“蒙牛王朝”的宏伟蓝图在心底酝酿成熟。之后，在一些从伊利离职的老员工的帮助下，“蒙牛乳业有限责任公司”注册成立。牛根生明白自己的弱势和优势，经历过无数挫败与成功后，他已经宠辱不惊、淡定自若。从有到无的财富涣散，这需要强大的事业心与高度的社会责任心作为支柱。

执着认真

林梧桐，福建泉州人，云顶高原有限公司的创办人，19岁前往马来西亚。1979年，为了表彰林梧桐对马来西亚国家经济所做出的贡献，国王封赐他为爵士。林梧桐在一开始萌发开发云顶项目时，他邀请朋友们共同开发，可没有一个朋友愿意参加，甚至劝他放弃开发的想法和计划。林梧桐抱着“笑话由人，荒山我独行”的气概和勇气，从勘察、修路、建设到工程监理都亲力亲为。云顶高原旅游项目耗时三十年之久，终于得以成功和完善，成为世界上最大的综合酒店娱乐城，每年吸引100多万世界各地的旅游者，价值已高达6亿美元。

不甘平凡

“前面16年在金山练基本功，后面几年练了一些无形的东西，直到感觉自己准备好了，出来做小米。”这是雷军在金山那么多年，离开后又自己做了天使投资人后准备创办小米时说的一句话。于是2010年4月，小米公司注册成立，第一个产品——移动操作系统MIUI在当年8月上线。2011年8月16日，小米手机1正式发布。随后，在一片质疑或赞誉中，小米在2012年卖出719万部手机，2013年卖出1 870万部手机。在此过程中，小米完成四轮融资，估值迅速突破100亿美元。小米已成为业界的现象级品牌。

艰苦奋斗

任正非早年尝过贫困、社会动荡与战争的滋味，因此他直到43岁才创业，人生苦难成为他创业思想的重要元素。任正非认为，不论华为变成多大的公司，都应该力行艰苦奋斗、厉行节约的企业文化，苦干比把成绩说得天花乱坠更重要。任正非在谈及华为的成功之道时说，华为的成功没有秘密，就是“傻”，是最典型的阿甘，目标坚定、埋头苦干。任正非直言，华为随便抓一个机会就可以赚几百亿，但华为不会为了短期挣钱机会而急功近利。

果断

2011年4月4日，谷歌联合创始人拉里·佩奇正式接替埃里克·施密特成为谷歌新任CEO，开始领导谷歌的产品开发和技术战略。掌舵谷歌后，佩奇砍掉了数十款偏离核心或未能成功的项目，例如Google Health。在佩奇的领导下，Android和YouTube都成长为规模可观的业务，其中YouTube 2013广告年收入已经达到50亿美元。佩奇还领导着Google X团队，专门研究无人驾驶汽车、谷歌眼镜等项目。他勇于创新，敢于实践，从不优柔寡断。

有勇气

张天一，1990年出生，北京大学法学硕士毕业，北京伏牛堂餐饮文化有限公司创始人。2014年4月，第一家伏牛堂米粉店开业。张天一说，人们需要的不是被改变，而是被尊重和理解，在他这个年纪，每个人都心怀梦想，迫切地想要实现个人价值。在这种时刻，我们更应该知道自己喜欢做什么，对什么感兴趣，有自己的目标并且有勇气去实施，这才能使自己的人生价值得到最大化的体现。这也是张天一不从事与专业相关的工作而创办伏牛堂的原因。

商业嗅觉

王石，万科集团创始人。32岁那年，王石在去蛇口的路上，看到了用白铁皮金属罐装得满满当当的玉米。玉米是深圳鸡饲料厂必不可少的原料，但东北玉米却因交通问题必须经香港才能转销内地。王石一下子看到了"出口转内销"的商机。他开通东北玉米供货深圳的商路，成为当地最早的"饲料大王"。敏锐的商业嗅觉和超前的商业眼光，使他在初入商海就占得了先机。

洞察力

马云，阿里巴巴创始人。马云说："我们不能与别人比聪明，因为聪明人太多了，比勤奋我估计更没有机会。"那比什么？比的就是洞察机会的能力，现在的成就是十五年前就已经规划出来的。马云的阿里巴巴在互联网电商领域一直走在前面，已经研究出城市数据大脑、人工智能ET、扫脸支付等新技术。他说，过去是知识驱动，未来是智慧驱动；过去是以制造为中心，而未来以创造为中心，需要的是数据、智商、情商，把一切标准变成非标准，变成个性化。马云认为，未来30年一定不会只是互联网公司的天下，未来30年是"用好互联网技术"的公司和"用好互联网技术"的国家的天下。

开拓和创新

王健林，万达集团股份有限公司董事长。王健林具有很强的开拓精神和创新精神，在现代企业经营管理和房地产开发建设方面有着独到的建树。在他的带领下，万达集团发展成为以住宅房地产、商业房地产为两大支柱产业的大型企业集团。翻开万达的创业史很容易发现，这是一个总能"快人半拍"的企业：在大连率先从事旧城改造，在东北率先进行股份制改造，在地产界率先开创了"订单商业地产"模式，率先尝试"房地产信托基金"……总是快半拍最终让这个曾濒临破产的区办小企业成长为今天资产超百亿的地产巨头。

除此之外，我们可以通过很多案例看到创业者身上的很多不同特质，比如史玉柱的从失败中吸取教训、李书福的追求成功、俞敏洪的合作精神。

二、创业者素质

创业者是创业的核心，是创业成功的关键因素。对于创业者而言，具备优秀的素质，就为开创自己的事业打下了良好的基础。约翰·霍纳迪（John Hornaday）总结出了创业者的42项特征，如表1-1所示。

表 1-1 创业者的 42 项特征

1. 自信	22. 有责任心
2. 有毅力	23. 有远见
3. 精力充沛，勤奋	24. 执行认真
4. 机智多谋	25. 团队合作精神
5. 风险承受能力强	26. 利润导向
6. 有领导力	27. 从失败中快速学习
7. 乐观	28. 有权力感
8. 追求成功	29. 性格开朗
9. 创新，有创造力	30. 个人主义
10. 知识丰富	31. 有勇气
11. 有影响力	32. 有想象力
12. 善于与人相处	33. 有洞察力
13. 积极主动	34. 能够容忍不确定性
14. 灵活	35. 有进取心
15. 聪明	36. 懂得享受
16. 目标明确	37. 追求效果
17. 勇于迎接挑战	38. 全力以赴
18. 独立	39. 信任下属
19. 开放的心态	40. 敏感
20. 追求效率	41. 诚实
21. 决策者	42. 成熟，考虑周全

当然，看完这些特质，你会发现，它们仍不能完全描述创业者的特质，比如有的创业者其实是很叛逆的，有的创业者其实不善于言谈。

（一）创业者的六大要素

美国学者杰弗里·蒂蒙斯教授是公认的创业学领域的学术权威。他通过跟踪研究进入百森学院杰出创业者协会的学员，总结出成功企业家作为创业者的“六大要素”，如图 1-2 所示。

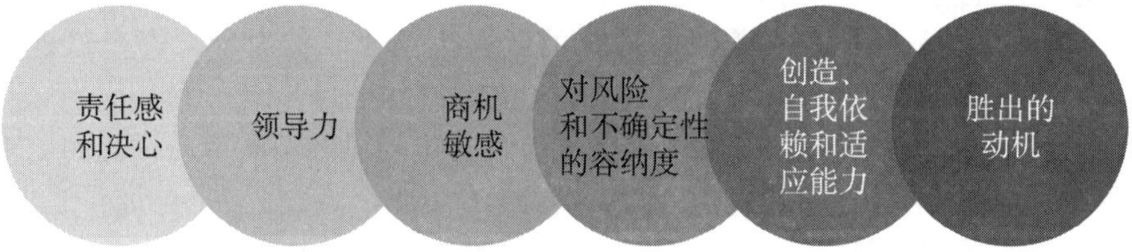

图 1-2 创业者的六大要素

1. 责任感和决心

责任感和决心会使创业者在面对团队、企业内部时成为敢于承担的团队领袖，能够更好地获得团队成员的信赖与尊重。

创业者的责任感和决心，除了体现为对内部的团队负责外，另一个重要的体现是对外的社会责任感。2015 年 8 月，当马云登上华人富豪榜首位时，人们称他为“首富”。马云对此说“首富”的“富”应是负责任的“负”，首富是首先要负起责任的那个人。他宁愿十年不挣钱，也要让小企业先赚足钱，实现他“让天下没有难做的生意”的梦想。因此，企业家通常心怀天下，心系百姓，有着强烈的责任感和决心。你的责任有多大，你的决心有多大，你的事业就能做多大。

2. 领导力

领导力是利用各种创业资源，通过对他人的积极影响，以达到创业者预期目标的能力。创业者需要找到自己的领导风格。刘强东认为，公司管理中最核心的就是管人，管人的核心是选人、用人和留人，如果一个配送员五年之后还是配送员，那就是管理者的失职。这是刘强东切实关注员工在工作中持续成长的领导理念，是赋予每一位京东员工领导力的力量。

3. 商机敏感

洞察力的提升，源于长期对某项事物的投入。雷军对小米手机产品的精准定位，来源于他长期在网络公司的经历和自身对手机产品的热情。乔布斯对产品的执着，来源于其长期对于设计的追求。机会总是垂青于那些做好准备的人。持续地学习与投入，能给你带来前所未有的、持续的商业敏感性。行业变动、消费结构升级、城市化加速、观念改变、政府改革、人口结构变动、居民收入水平提高、全球化趋势等，这些变化中都蕴藏着大量的商机，敏感的创业者应善于发现和利用。

4. 对风险和不确定性的容纳度

创业者对于不确定性的接受程度相对于普通人更高。作为创业者，其需要面对的现状包含了不同于稳定工作者的种种生活形态：不稳定的收入，不确定的时间安排，工作上的操劳，个人休闲时间和照顾家人的时间减少……从生活的角度看，创业者比固定职业者承担了更高的风险。

5. 创造、自我依赖和适应能力

正因为创业者需要面对一个不确定的环境，他们才要具备更强大的适应性和自我依赖能力。从创业者的角度来看，其面对的是一个无法预知的世界。只有依靠自己的行动力，不断创造，适应社会发展，才能获得成功。陈欧认为自己的人生是比较顺的，但他更喜欢转折后的人生。“第一次创业是我人生的转折点，如果不是在 22 岁选择创办在线游戏平台 GG-Game，如果我选择了一条道路，比如找一份安稳的工作，可能到后面人生稳定，但也就走不上创业这条道路。我创业的目的是改变未来。”后来陈欧感觉和公司不合拍，卖掉了 GG-Game。随后他去了美国斯坦福大学攻读 MBA 学位，这也就是他口中所说的“第二个转折点”。2010 年 3 月，陈欧创立聚美优品，29 岁荣登福布斯创业者榜。2014 年聚美优品在美国上市，陈欧成为纽交所 220 余年历史上最年轻的上市公司 CEO。

互联网的竞争生死时速，用创新的方式去突破，才具有竞争力。互联网从来不论资辈，没有先来后到。无论是应用还是平台，无论是员工还是管理者，都应该敢于挑战、勇于试错。正是因为不断地尝试，经历过失败，才能深入学习，才能宽容失败，才能理解多样性。

6. 胜出的动机

卓越的创业者都有雄心壮志，有一种必须要赢、敢于挑战任何对手的决心。创业者们往往是自我驱动型人格，他们受到内心强烈愿望的驱动，希望和自己定下的标准竞争，追求并达到富有挑战的目标。他们保持勇于良性竞争的好胜心并抱有必胜的信念，不服输，不妥协，直至成功。

（二）创业者不是天生的

大部分创业者的特质与其周围环境、生活经历和个人选择的结果有关系。

> 1955 年 2 月 24 日，史蒂夫·乔布斯出生在美国旧金山。他刚刚出世就被父母遗弃了。幸运的是，有对好心的夫妻领养了他。
>
> 乔布斯生活在美国“硅谷”附近，邻居都是惠普公司的职员。在这些人的影响下，乔布斯从小迷恋电子学。一个在惠普工作的工程师看他如此痴迷，就推荐他参加惠普公司的“发现者俱乐部”。在一次聚会中，乔布斯第一次见到了电脑，他开始对计算机有了一个朦胧的认识。
>
> 乔布斯只上了半年大学就因为经济原因而休学，成为雅达利电视游戏机公司的一名职员。他借住沃兹尼亚克家的车库，常到社区大学旁听书法课等课程。乔布斯一边上班，一边与沃兹尼亚克一道，在车库里琢磨电脑。他们梦想能够拥有一台自己的计算机，可是当时市面上卖的都是商用的，且体积庞大，极其昂贵，于是他们准备自己开发。1976 年，他们在旧金山威斯康星计算机产品展销会上买到了 6502 芯片，带着 6502 芯片，两个年轻人在车库里装好了第一台电脑。随后，21 岁的乔布斯与 26 岁的斯蒂夫·沃兹尼亚克在车库里成立了苹果公司。公司的名称由乔布斯定为苹果，而他们的自制电脑则被追认为“苹果Ⅰ号”。
>
> 乔布斯的早年经历对他成为高科技领域的创业者有着直接的影响。

事实上，创业者在遗传基因上并无异于他人。没有人天生是创业者，每个人都有成为创业者的潜力。研究表明，父母是自我雇佣的人，其子女更有可能成为创业者，因为他们从小看到在工作场所独立自主的父亲或母亲，就更可能发现自主精神的诱人之处。

那些认识创业者的人，参与创建新企业的可能性，比那些没有创业熟人或行为榜样的人高两倍多，其积极影响在于：通过对其他创业者的直接观察，可以降低创业过程中的模糊性和不确定性。因此，创业者们都是受到后天的种种影响，才决定创业。

（三）大学生创业者的优势

大学生创业者一般属于青年创业者，其优势在于：

（1）具有较高的文化水平，对事物领悟力较强，有些东西一点即通，自主学习知识的能力强。

（2）自主创业意识较强，对创业有着浓厚的兴趣，渴望成功，有创业的激情和梦想。

（3）思维活跃，接受新鲜事物快，甚至是潮流的引领者。

（4）运用 IT 技术能力强，能够在互联网上搜寻到许多信息。

（5）自信心较足，对认准的事情有激情去做。

（6）年纪轻，精力旺盛，最重要的是即使失败，也有东山再起的能力和时间。

（7）在协调沟通、想象空间、运动空间、团队协作、组织管理等方面表现出较强的才华和活力。

三、评估你的创业潜质

创业不是一件小事，我们不能因为头脑发热而行事，事前必须经过充分的调研和准备，这对于大学生来说尤为重要，因为一旦创业失败，会使自信心受挫和钱财受损，会给以后的事业发展造成一定的影响。因此，提前了解市场环境和自己的创业潜质，做到知己知彼，创业才更有保障。

一个人创业成功需要具备很多因素，是否具有创业潜质尤为重要。每个人心中都有一个创业梦，但是创业需要一定的创业潜质，一个人的创业潜质决定了你在这条路上是否能够走得顺畅。无论你毕业后创业与否，了解自己是否具有创业潜质很重要，这能帮助我们在校期间用企业家的标准提升自己，学会向企业家一样去思考问题，为未来的创业奠定良好的基础。

下面是一个创业者自我评估表，同学们可以自行测试评判。

创业者自我评估表

下面将从 10 个方面对你进行测评，每个方面会有若干测试项目，每个项目分 A、B 两栏；

如果 A 栏里的表述更符合你的情况，请在 A 栏相应项目左侧填写 2；

如果 B 栏里的表述更符合你的情况，请在 B 栏相应项目右侧填写 2；

本测评只针对你自己，测评结果可以不告诉别人，为了展示真实的你，帮助你认识自己，自我测评要诚实。

1. 创办企业的动机

A 栏	B 栏
在决定创办自己的企业之前，我有一份好工作。	在决定创办自己的企业之前，我没有一份好工作。
我从自己干过的每一份工作中都学到了一些东西，我发现工作很有意思。	我工作只为挣钱，工作没有什么乐趣，我对工作兴趣不大。
我想让我的企业成为我终生的事业。	我想创业，是因为没有其他选择。
我想拥有一家企业，这样我能够为我的家庭提供更好的生活。	我想创办企业是因为想取得成功，富人都有自己的企业。
我坚信，我的成功与否更多地取决于自己的努力。	我觉得一个人不论做什么，要想成功，都需要其他人的帮助。

2. 风险承受能力

A 栏	B 栏
我坚信，要在生活中前进必须冒风险。	我不喜欢冒风险，即便有机会得到很大的回报也是这样。
我认为风险中也蕴藏机会。	如果可以选择，我愿意以最稳妥的方式做事。
我只有在权衡了利弊之后才会冒风险。	如果我喜欢一个想法，我会不计利弊地去冒险。
即使投资于自己企业的资金亏掉了，我也愿意接受这样的现实。	投资于自己企业的资金可能会亏掉，我难以接受这样的现实。
不论做任何事，就算我对这件事有足够的控制权，我也不会总是期待完全控制局面。	我喜欢完全控制自己所做的事情。

3. 坚忍不拔和处理危机的能力

A栏	B栏
即使面对极大的困难，我也不会轻易放弃。	如果存在很多困难，真的不值得为某些事去奋斗。
我不会为挫折和失败沮丧太久。	挫折和失败对我的影响很大。
我相信自己有能力扭转局势。	一个人能自己做的事情是有限的，命运和运气起很大的作用。
如果有人对我说不，我会泰然处之，并会尽最大的努力改变他们的看法。	如果有人对我说不，我会感觉很糟，并会放弃这件事。
在危机情况下，我能保持冷静并找出最佳的应对办法。	当危机升级时，我会感到慌乱和紧张。

4. 家庭支持

A栏	B栏
我会让家人参与对他们产生影响的企业决定。	我不会让家人参与对他们有影响的企业决定。
因为对企业的全心投入，我不能花很多时间和家人在一起，他们会理解我。	因为对企业的全心投入，我不能多花时间和家人在一起，他们会感到不快。
如果我的企业最初不是很成功，并且给家人带来经济上的困难，他们愿意忍受。	如果我的企业最初不是很成功，并且给家人带来经济上的困难，他们会很生气。
家人愿意帮助我克服企业遇到的困难。	家人可能不愿意或没有能力帮助我克服企业遇到的困难。
家人对我创办企业感到担心。	家人认为我创办企业是个好主意。

5. 主动性

A栏	B栏
我不惧怕问题，因为问题是生活的组成部分，我会想办法解决每一个问题。	我发现解决问题很难，我害怕这些问题，或者干脆不想它们。
当我遇到困难时，我会尽全力去克服困难。困难是对我的挑战，我喜欢挑战。	当我遇到困难时，我试图忘掉它们，或等待其自行消失。
我不会等待事情的发生，而是努力促使事情发生。	我喜欢随波逐流并等待好事降临。
我总是尝试做一些与众不同的事。	我只喜欢做我擅长做的事情。
我认为所有的想法可能都会有用，因此，我会寻求尽可能多的想法，并看其是否可行。	人会有很多想法，但是一个人不可能做所有的事情。我愿意坚持自己的想法。

6. 协调家庭、社会、企业的能力

A栏	B栏
在企业能够承受的范围之内，我从企业拿出钱来供我和家人使用。	我的家人需要多少钱，我就从企业拿出多少钱。
如果我的朋友或家人有经济困难，我只会用预留给我个人的钱来帮助他们，我不会从我的企业拿钱。	如果我的朋友或家人有经济困难，我将帮助他们，即使这样做可能会损害我的企业。
我不能把大量的工作时间花在家人和社会关系上而忽略我的企业。	我会优先考虑家人和社会关系，他们高于企业。
家人和朋友必须像其他顾客一样，为使用我的产品、服务或企业的资产付钱。	家人和朋友将从我的企业得到特殊的好处和服务。
我不会因为顾客是我的朋友或家人就可以赊账。	我会常常让我的朋友和家人赊账。

7. 决策能力

A栏	B栏
我能够轻松地做决定，我喜欢做出决定。	我发现做决定很难。
我能独立做出艰难的决定。	在我做出艰难的决定之前，我会征求很多人的意见。
一旦需要做出决定，我常能尽快地决定做什么。	我尽可能长地推迟做决定的时间。
在做决定之前，我会认真思考并考虑所有可能的选择。	我凭感觉和直觉做出决定，我只知道眼下要做什么。
我不怕犯错误，因为我可以从错误当中吸取教训。	我经常担心会犯错误。

8. 适应企业需要的能力

A栏	B栏
我只提供顾客需要的产品或服务。	我只提供自己喜欢的产品或服务。
如果我的顾客想要更便宜的产品或服务，我将想办法满足他们的需求。	如果我的顾客想要更便宜的产品或服务，他们只得找其他的企业。
如果我的顾客想赊购，我会想办法用最低的风险为他们提供赊购服务。	我不会向任何人赊销我的产品或服务。
如果将企业迁到其他地方生意更好，我准备这样做。	我不准备重新选择企业地点，无论我的企业在哪里，顾客和供货就必须到那里。
我将研究市场趋势，并力图改变工作态度和方法，以跟上时代的发展。	最好按照我已经知道的方法去工作，跟上时代的发展太难了。

9. 对企业的承诺

A栏	B栏
我善于在压力下工作，我喜欢挑战。	我不善于在压力下工作，我喜欢平静和轻松。
我喜欢每天工作很长时间，我不介意占用业余时间。	我认为工作以外的时间很重要，人不能长时间工作。
我愿意为自己的企业而减少与家人及朋友在一起的时间。	我不愿意为自己的企业而减少与家人及朋友在一起的时间。
如果必要，我可以把社交活动、休闲娱乐和业余爱好放在一边。	我认为在社交活动、休闲娱乐和业余爱好上多花时间是很重要的。
我愿意非常努力地工作。	我愿意工作并做必须做的事情。

10. 谈判技巧

A栏	B栏
我喜欢谈判，并且经常在不冒犯任何人的情况下达到目的。	我不喜欢谈判，按照别人的建议去做更容易。
我与别人沟通得很好。	我与别人沟通有困难。
我喜欢倾听别人的观点和选择。	我对别人的观点和选择一般不感兴趣。
谈判时，我会考虑什么对自己有利，什么对别人有利。	如果参加谈判，我更愿意作为一个听众并旁观事态的发展。
我认为，在谈判中达到目的最好的方法，是努力寻找一个使双方都受益的方案。	因为企业是我的，所以我的意见最重要。谈判中总有一方会失败。

测评结果统计表

素质/能力	A栏得分	B栏得分
1. 创办企业的动机		
2. 风险承受能力		
3. 坚忍不拔和处理危机的能力		
4. 家庭支持		
5. 主动性		
6. 协调家庭、社会、企业的能力		
7. 决策能力		
8. 适应企业需要的能力		
9. 对企业的承诺		
10. 谈判技巧		
总分数		

(1) 对每个测评项目而言：

A 栏得分越高，表明你在这个方面能力越强。如果你的分数在 6～10 分，说明你在这个方面能力较强。

B 栏得分越高，表明你在这个方面能力越弱。如果你的分数在 6～10 分，说明你在这个方面能力较弱，应努力提高自己。

(2) 对总分而言：

A 栏总分≥50 分的，表明你具备做一个好企业主所需的素质，分数越高，表明你的素质越高。

B 栏总分≥50 分的，表明你需要对自己进行提高，分数越高，表明你的素质越低。

活动与训练

活动 1：创业人物生涯访谈

活动目的：通过访谈，使学生了解不同创业人物的创业过程，感受创业者素质在创业过程中的重要作用。

活动内容：以小组为单位进行创业人物生涯访谈。

具体步骤如下：

(1) 3～5 人为一组，每组选出一个负责人。

(2) 自行确定、联系访谈对象。

(3) 拟定访谈提纲，内容包括创业人物的教育背景、成长环境、创业动机、创业历程、创业心得等。

(4) 访谈结束后，每组撰写一份访谈报告，分析创业人物的创业者素质、创业成功的因素及从他们身上获得的启示。

(5) 将报告内容制作成 PPT，在课堂上以小组为单位进行交流汇报，每组时间为 8 分钟。

活动结束后，教师可根据下表进行评分。

创业人物生涯访谈活动评价表

评分标准	满分	实际得分	备注
积极参与访谈活动	20		
按要求实施访谈	20		
访谈报告内容翔实	20		
PPT 制作精美	20		
分享 PPT 表现优良	20		
总分	100		

活动 2：思考与练习

在你心目中，一位理性的创业者是什么样的？请用你的方式尽可能地详细描绘。

第三节 创业动机

学习目标

1. 理解创业动机的含义。
2. 理解创业动机的分类。
3. 了解创业动机的产生要素。
4. 分析创业动机对成功创业的影响。

案例导读

猴子的故事

有一个老汉的庄稼经常被一群猴子破坏，老汉颇为心急，想了很多办法也没有用。后来经人指点，老汉便和猴子商量："如果以后你们每天来我这里破坏庄稼，我就给你们五根香蕉。"猴子们觉得破坏还能拿到香蕉，很开心，于是欣然答应。

三天后，老汉说："我现在给不了你们五根香蕉了，只能给三根。"猴子们勉强答应了。

又过了三天，老汉说："香蕉都没有了，我没办法给香蕉了。"猴子们破坏庄稼的"欲望"早就从单纯的内在快乐转化为每天能拿到香蕉的现实需求，于是很不开心地离开了。

心理学研究认为，相较于外在动机的影响，有内在动力的行动持续性会更强。

分析：

如果说需要、动机是行为的内在驱动力，则行为就是需要、动机的外在表现。同理，创业动机是创业行为的内在驱动力，创业动机是推动创业的有利因素。

知识与背景

一、认识创业动机

人类从事任何活动总会指向一定的主观意愿的满足，如吃饭穿衣为保障生存、求学为求知、上班为赚钱。我们把导向种种目的的意念或愿望叫作动机。李家华（2013）认为：创业动机是指引起和维持个体从事创业活动，并使活动朝向某些目标的内部动力。它是鼓励和引导个体为实现创业成功而行动的内在力量。说得通俗一点，创业动机就是有关创业的原因和目的，即为什么要创业的问题。行为心理学认为："需要产生动机，进而导致行为。"创业的直接动机就是需要。

创业活动是一种综合性很强的社会实践活动，它源于人的强烈的内在需要，这种内在需要是创业活动最初的诱因和动力。如果没有创业的需要，就不可能产生创业行为。仅仅有创业需要也并不一定有创业行为，只有当创业需要上升为创业动机时，才能形成创业者竭力追求和获得最佳效果与优异成绩的心理动力。

创业动机就是推动创业者从事创业实践活动所必备的积极的心理状态和动力。一旦创业者拥有这一积极的心理状态和动力并将其付诸实践，就会坚持不懈、勇往直前。

马云认为，创业者在创业之时要实事求是，摆正创业的目的和金钱的位置。不要一上来就把自己放在一个很高的高度。他认为创业不是为了赚钱，而是创业的结果让创业者得到了很多钱。

追求成就的价值观会驱使一个人朝目标不断前进。“饿了么”创始人张旭豪表示：于他而言，创业也就是想要做一些自己想做的事情，能够改变周围的人。就是看到一件事情你看不惯，你能够通过自己的方式去解决它，你告诉大家有一种新的方式。魔漫相机的创始人黄光明在谈到当初为什么创业时说，第一，创业的初衷是追求快乐；第二，追求梦想；第三，追求财务自由的生活；第四，改变自己的现状。

二、创业动机的分类

案例阅读

佘福元：打造武汉版“爱情公寓”

佘福元，“85后”，青年公寓创始人，他打造的“可遇”青年公寓，为青年白领在钢筋混凝土的大城市里安了一个温暖的家，被租客们戏称为武汉版的“爱情公寓”。有人说他用3年时间，做成了武汉最大的“房东”，但很少有人知道，在3年之前，他已经做了很多铺垫。

佘福元本科学的是市场营销专业。他一进大学，就有些不安分，开始练摊，卖荧光棒、手机充值卡、书籍等小商品，由此走上创业之路。有一次，他看到隔壁摊位一款镜子质量很好，卖得快，就打听这种镜子的生产厂家，人家不告诉他，他就把整个成都的镜子市场跑了个遍，终于找到生产厂家。后来，整个成都大学城的穿衣镜市场，都被他占领。

本科毕业时，他已有存款20万元。毕业后，他进入阿里巴巴做销售，后又离职去成都做电商，不到两年就积累了200万元财富，但因投资失利，这200万元又打了水漂。

2012年，佘福元选择来到武汉科技大学读研，缴完学费，经济上就已捉襟见肘。“租赁市场一片混乱，有些中介挂羊头卖狗肉，让身在异乡的我找一处落脚之地都颇费周折。”佘福元感慨。

一次，研究生同学偶然说起服务式公寓行业的发展，让他眼前一亮。联想起在武汉的找房租房经历，他敏锐地发现了商机。后来，他做市场调研、估算成本，决定试一试。

佘福元先在南湖附近租下一套毛坯房，精装修成公寓，然后挂到网上出租。不到一个星期，房子顺利出租，利润丰厚。他信心大增，东挪西借筹资70万元开了一家公司，做起了“房东”。

市场调查发现，一方面，武汉有百万大学生，就业七八年内都会遇到租房问题，而且对房屋的品质要求较高；另一方面，武汉市有许多闲置毛坯房，很多房主害怕别人随意改造房屋，不愿将其出租。佘福元带着团队，将合适的毛坯房租下，进行个性化装修后，再提供给对生活品质要求较高的年轻人。

一年后，房源增长，并依靠良好的口碑在年轻白领中不断扩大影响。为了扩大规模，佘福元期待有更多的资本投入。得知参加光谷创业咖啡举办的“青桐汇”能获得投资者的青睐，他欣然登台。第二天，200万元投资轻松落袋。

用这笔资金，佘福元如愿以偿扩大了规模，租出的公寓房从100套增至200多套。他还将房屋中介、装修公司、互联网电商、物业保洁等服务内容整合，开发出一款线上看房、体验的手机App。借此，他的生意做得更加得心应手。

2014年，经光谷创业咖啡负责人引荐，佘福元进入小米科技创始人雷军的视线。雷军旗下的投资基金派人来武汉考察他的项目，最后邀请佘福元到北京跟雷军面谈。“我们只聊了十几分钟，就把投资的事搞定了。”

佘福元说，其实，雷军对这一行了解得非常清楚，在佘福元之前已经投资了两家类似公司。所以，雷军跟佘福元面谈就像是闲聊。随着雷军1 000万元的投资，“青年公寓”2015年突破了1 000间，2017年达到近5 000间，佘福元已成为武汉出租房市场最大的“房东”。

佘福元对发展宏图胸有成竹：通过电脑、手机App、微信等全渠道实现租房、服务、社区的O2O闭环，重构租房市场格局，为青年人提供高性价比、有品质的租住生活，成为城市精品公寓租住体验的领跑者。佘福元说，他将朝着上市的目标继续努力，不忘初衷。

人们的动机来源于个体不同的价值观，价值观是指人们在做选择和判断时最为看重的原则、标准和品质。由于价值观选择的不同，人们的创业动机也有所不同。罗克奇对人的价值观进行了界定，其中包含13种价值观，如表1-2所示。

表1-2　罗克奇界定的人的13种价值观

1. 成就感	8. 道德感
2. 美感的追求	9. 欢乐
3. 挑战	10. 权力
4. 健康	11. 安全感
5. 收入与财富	12. 自我成长
6. 独立性	13. 协助他人
7. 爱、家庭、人际关系	

根据需求层次理论，可将创业动机分为以下几种。

（一）生存的需要

生存是人类的第一需要。若一个人失去就业机会，常常会为养家糊口、为饱衣暖食，不得不自己创业。下岗工人、失去土地或因为种种原因不愿困守乡村的农民，以及刚刚毕业找不到工作的大学生，都属于这类创业者。

（二）利益的驱动

有一些人觉得为别人打工、拿死工资很难脱贫致富，很难早日摆脱“房奴”“车奴”的生活，他们向往创业成功者身上的财富光环。为了积累更多的财富，在未来有更好的生活，他们走进了创业的行列。

（三）压力的驱使

创业也是一份职业，只不过这份职业需要创业者具备较高的综合素质才能顺利地开展工作。当前，我国的大学生就业形势相当严峻，主要表现为毕业生和社会职位之间的供需矛盾。为了释放就业压力，为了能找到一份自己满意的工作，部分大学生开始在创业的浪潮中搏击。另外，经济压力也是大学生自主创业的一种动机。如今大学毕业生的工资待遇偏低，在中小城市还能使生活过得比较安逸，在北京、上海、广州这样的大都市则只能维持基本的衣食住行。既然按部就班地给别人打工不能改变窘困的生活现状，既然自主创业成功带来的高利润高效益能够缓解压力、摆脱困境，不妨做自己的老板。这类学生同时还抱着这种心态：自己的事业，做起来会更有工作激情、更投入，从而更容易成功，就算失败，也不会感到遗憾。

（四）积累学识

有人曾做过这样一个比喻：从干荔枝的味道，是没法推想鲜荔枝的风味的。这句话道出了直接经验的重要性。书本知识都是前人的认知积累，亲自实践获得的知识比间接经验要深刻通透得多。有一些人，他们为了增加自己的实践经验，丰富自己的社会阅历，或者为了自己以后的发展或实现自己的某个目标做好准备，在条件成熟的情况下，会利用课余或业余时间走上创业的道路。他们的动机往往很单纯，不掺杂任何物质功利因素，创业者本身也没有生活压力，就是为了使自己能够学以致用。

（五）实现理想

心理学研究表明：25～29 岁是创造力最为活跃的时期，这个年龄段的青年正处于创造能力的觉醒时期，对创新充满了渴望和憧憬。他们思维活跃，创新意识强烈，同时所受的约束和束缚较少。另外，由于大学生所处的环境，他们往往更容易接触一些新的发明和学术上的新成果，或者他们中的一部分人本身拥有具有自主知识产权的科研成果。为了能早日实现自己的目标，他们中的一部分人也开始了自己的创业生涯。

案例阅读

赵鹏的创业故事

赵鹏创办的看准网，被誉为招聘业界的“大众点评”，一家公司待遇好不好、工作氛围舒不舒心，由员工匿名点评说了算；他主导开发的 BOSS 直聘 App，成为全国30.4%的大学生人群找工作的首选软件（数据来自极光大数据，2018年3月统计），它使一个企业的老板可以直接通过 App 和应聘者“直聊”。

赵鹏大学一毕业就到中直机关工作，当上处长时，年仅28岁。“混日子毋宁死，坚决搞事情”是赵鹏的人生准则。从中直机关辞职到智联招聘，家人极力反对，赵鹏只好用“到基层挂职锻炼”的借口把家人搪塞了过去。其中甘苦，只有自知。

在智联招聘最开始的3个月，如今回忆起来，赵鹏依旧感觉坎坷得快要掉下泪来。最大的问题来自年龄层面。互联网企业都是毕业3年左右的“80后”部门主管，与比自己小10岁的同级员工如何沟通，他感到实在是个难题。

入职3个月后，他被公司人力资源主管约谈。对方告诉他，以他目前的表现，很难转正。原因是，很多同事反映与他打交道很困难。在机关里，说话有时候以全面、稳妥为上，在青年聚集的互联网企业，说话则最好直截了当，以最快的速度说完一件事然后解决问题即可。

赵鹏这次真的被惊到了。他的月薪好不容易从机关里的1 000多元涨到了现在的3 000多元，却即将面临无法转正的窘境。他不得不在人际交往方面作出许多痛苦的改变——说话使用“80后”听得懂、听得惯的语言，平时不能一本正经，要和同事们打成一片。

37岁那年，赵鹏凭借在KA管理业务岗位超过300%的业绩，以及在区域管理超200%的业绩，经过区域管理者民主投票，成为智联招聘的COO，“正式从一个机关干部变成了高级职业经理人。”38岁时，他接任智联招聘CEO。

如何又快又准地进行“人岗匹配”是招聘求职领域的一个热门话题。这个问题到了赵鹏这里，直接演变成了“看准网”。这个网站致力于帮助年轻人“看准”目标入职企业。

赵鹏笃定地打着算盘——中国有2亿上班的白领，平均24个月换一次工作，换一个工作平均要花3个月时间；有3亿城市服务业从业者，平均6个月换一次工作，换一个工作平均要花1个月。

他发现，只要自己创办的看准网及开发的BOSS直聘App、店长直聘App可以更快、更准地进行“人岗匹配”，那么自己的平台就是在提高劳动力的使用率。

在BOSS直聘上，“95后”求职者可以直接“怼”老板，“这么低（薪）的工作，你好意思聊我？”老板也不再需要花很长时间阅读写得密密麻麻的简历，求职者只上传“微简历”，老板只上传“微JD（Job Discription）”，争取在4秒阅读黄金时间里，双方得到初步印象。

2014年4月，工程师写下了BOSS直聘的第一行代码；2015年2月，在几乎没有进行任何推广，全凭口碑营销的情况下，BOSS直聘突破了日活1 000个用户，此后用户自然增长从未停止。

“从日活1个用户到日活1000个用户，花了8个月；从1 000个用户到5 000个，花了一周。”赵鹏说，那一周被称作“马桶招聘节”，是BOSS直聘做的第一次推广，花了13万元，“BOSS坐在马桶上看简历选人，应聘者坐在马桶上投简历聊BOSS，招聘成功抽奖送一个智能马桶盖。”

在“90后”“95后”纷纷步入职场的当下，赵鹏又开始“围着年轻人打转”，跟他过去在机关的第一份工作如出一辙，“帮助年轻人入对行、进对门，对一个上班族进行全生命周期的帮扶”。他开设了“老鸟”平台，鼓励一些像自己一样的职场老人，为校友、同专业学生、同行业人群提供职场咨询服务、指点人生。

全球最大的中文网上交易平台易趣网的创始人邵亦波说：“一个人想成功的话，一定要找到自己最想做的事，当然这也是你能干的事，这样你就能够每天都有热情地去工作。创业的动机很重要，不能赶时髦，但必须要有热情。成功其实是指一个人能实现自己有价值的理想，是一个人对社会起了怎样的作用。其实我们身边有很多年轻人都是成功的。当然创业成功的毕竟是少数，但创业不要只看结果，我觉得创业过程本身就是一种财富。”

其实，无论何种动机，只要能引发创业的欲望继而投身到创业行动中，无论成败，该行为本身就具备价值：起码他们有创业的梦想和行动的勇气，起码他们的创业史给后继者提供了鲜活的经验和教训，起码他们在自己功成名就的同时给社会创造了众多的就业机会。

总之，创业动机是千差万别的，也许有一千个创业选择就有一千种创业动机。但动机的作用是唯一的，它是创业行为产生并前进的推动力。失败的创业者各有各的不同，但成功的创业者都有共同的特质：激情与理想。此外，他们在创业之前，已经给自己找好了动力之源。

三、创业动机的产生要素

（一）层次需求因素

马斯洛把需求分成生理需求（Physiological Needs）、安全需求（Safety Needs）、爱和归属感（Love and Belonging）、尊重（Esteem）、自我实现（Self-actualization）五类。他认为，各层需求之间不但有高低之分，而且有前后顺序之别，只有低一层需求获得满足之后，高一层的需求才会产生。需求不同，创业动机也有差异。

在基本需求的驱使下，创业者会为了财富、尊严而创业。当创业者的事业发展到一定阶段，积累了一些财富，往往会相应地获得自我满足和他人尊重。因此，创造财富是绝大部分创业者的直接目标，而"成长需求"则能够在很大程度上解释大部分创业者的创业意图。

（二）社会环境因素

近年来，随着创业热情的升温，我国相继出台了不少优惠措施，比如建立专项基金、提供小额贷款等。这些积极的创业政策激发了广大青年的创业热情。

（三）创业教育的影响

创业教育的重要性在于通过创业教育改变人们的传统意识与观念，使人们养成创业精神，产生创业意识，提高创业能力，从而将创业作为一种未来选择。大学生群体接受创业教育的程度对他们创业动机的产生有很大的影响。事实证明，一个人接受的创业教育越系统全面，其创业能力越高，创业的勇气与决心越大，选择创业道路的可能性越大。

（四）创业者素质因素

成功的创业者往往有敢问天下先的勇气，有百折不挠的毅力，有对事业和社会的高度责任感；他们眼光独到、观察力敏锐，能够总览全局、高瞻远瞩；他们储备了丰富的知识，具备了良好的技能，善于处理复杂的矛盾。高素质决定着创业动机的高境界。

四、正确的创业动机

大学生创业政策越来越多，创业氛围越来越浓厚，似乎大众创业的潮流已经势不可挡，但创业前也需要冷静思考：自己适不适合创业？创业可以帮助实现什么样的人生目标？

（一）我不喜欢现在的工作，我想创业

虽然创业可以做自己喜欢的工作，但你要意识到以下两点：一是你喜欢的不一定就能做好；二是创业需要做很多事情，这些事情中也有你不喜欢的。实际上，大部分创业者正在做的许多事情并非是喜欢而是不得不做。

（二）我不想做这些单调重复的工作，我想创业

新入职的大学毕业生，一般都是从基础的工作做起，也就是做一些日常事务性的工作，而他们却不甘于从基础工作做起，觉得自己是做大事的。可是就算你在创业，事务性和基础性的工作也是需要做的，而且需要做的事务性工作更多更烦琐。比如你要和银行、工商、税务等机构打各种交道，需要处理的事情不会比做员工时的事务少。

（三）我不喜欢我的领导，我想创业

有这个想法一般是因为人际关系搞不定，如果仅仅是办公室里的几个人都处理不好关系，那创业要面对更多的人，该如何搞定他们呢？应该是更难。如果认为选择创业就可以自己当老大，可以对其他人颐指气使，这种认识是错误的。别人凭什么听你的呢？人际关系也是创业最先要面对的一个大问题，先处理好身边的同事关系，以后真正创业了，才能做一个员工喜欢的老板。

（四）我想要追求自由，我想创业

有这种想法的人，对自由的理解通常只限于他表面看到的，比如创业者可以自由安排时间，不用朝九晚五上下班打卡。可是真正的创业者在人身、时间上的自由一定会比上班的人少，其精神、内心的自由会多一些。有的创业者每周的工作时间是每天十几个小时乘以7天。

如果你是基于以上想法而想去创业，那么就要认真思考，创业可能不是你想象的那样。通过理性的思考，可以使那些一时头脑发热的创业者厘清思路，解决困扰。

有人创业是为了生存，有人创业是为了谋求发展，而有人创业则是为了成就事业。创业行为相对于就业而言是一种风险更高的生活方式。创业者从“我想创业”到“我开始创业了”的动机千差万别。《中国大学生就业创业发展报告（2015—2016）》指出，七成以上在校大学生创业动机出于自我价值实现需要。其中，37%的在校大学生创业主要是为了“追求自由自在的工作和生活方式”，20%是为了“实现个人理想”，纯粹为了赚钱而进行创业的在校生只占总体的16%。我们认为，大学生创业者不要以赚很多钱为价值引导，应该做一些对社会进步、对产业进步有意义的事。当你在做一件有价值的事情时，自然能找到支持者，自然能赚到钱。

总之，就业是为了更好地创业，创业和就业并不是非此即彼，就业可以为未来创业积累资源和经验，而创业则可以提升以后的就业能力。

活动与训练

活动：思考与练习

（1）如果你选择创业，会是因为什么？

（2）了解一个创业成功的案例，分析正确的创业动机对创业成功的影响。

（3）了解一个创业失败的案例，分析创业者失败的原因，重点分析创业动机方面导致创业失败的因素。

第四节 大学生创业环境

学习目标

1. 了解大学创业环境的特点。
2. 了解大学生创业的相关政策。

案例导读

视频直播开启创业之行

2016年，高玉楼和大多数上班族一样，过着朝九晚五的规律生活。直到有一天，高玉楼在一款视频类的手机软件上看到一位水果商正在直播卖樱桃，直播间很多人在问如何购买。高玉楼陷入了沉思：家乡的芒果那么好，是不是也可以试试以这种方式推销？高玉楼萌生了返乡创业的想法。

高玉楼的家乡是素有"晚熟芒果之乡"美称的丽江市华坪县。回乡后，他开始到华坪县各个芒果园实地考察、记录、拍照，收集资料。7月份正是芒果成熟的季节，高玉楼开始尝试第一次视频直播。他在自家的芒果园里，一边向收看直播的观众介绍芒果的品种、口感，一边从树上摘下新鲜的芒果放到纸箱里。

"当时直播间有很多人问这些芒果的产地、价格、购买方式，我一边回复他们的问题，一边加对方微信填订购信息。"高玉楼说，让他没想到的是，20分钟就销售出三箱芒果，与以往花费人力、物力到小镇市场上销售的方式相比，效率提高了很多。高玉楼特别开心，直播结束后立刻给对方发货。高玉楼通过直播方式销售芒果，2016年销售额达20多万元。2017年，仅仅3个月就达到40多万元的销售额。

每年7月到10月芒果成熟，高玉楼就通过视频卖芒果，其余的时间就卖其他的水果、农特产品。

说到未来的规划，他想开一个无添加的食品公司，让更多的人吃到健康美味的家乡美食，同时也宣传物产资源丰富的家乡。

分析：

高玉楼的创业迎合了当前的创业环境。在人人看手机、短视频盛行的今日，以直播的方式进行产品推广不失为一个好方法。

知识与背景

一、大学生创业时代

中国创新创业热潮其实已经持续了十余年，但是近几年才开始形成高潮，最新一轮高潮就是李克强总理讲的"大众创业、万众创新"。国家要通过创业和创新调动年轻人的积极性，调动创一代二次创业的积极性，这是经济后续增量发展的重要发动机。

（一）大学生创一代：时代的风向标

雷军，1969年出生于湖北仙桃，1987年考上武汉大学计算机系。仅用了两年时间，雷军就修完了所有学分，甚至完成了大学的毕业设计，大学三年级时就成了百万富翁，凭借帮人开发软件赚到了"第一桶金"。读完大学后雷军便开始闯荡计算机市场了。

马云，1964年生于浙江杭州，1988年毕业于杭州师范学院外语系，同年担任杭州电子工学院英文及国际贸易教师，1995年创办中国第一家互联网商业信息发布网站"中国黄页”，1998年出任中国国际电子商务中心国富通信息技术发展有限公司总经理，1999年创办阿里巴巴。

俞敏洪，1962年出生于江苏省江阴市，1980年考入北京大学西语系，本科毕业后留校任教。1991年从北大辞职，1993年创办北京新东方学校。作为新东方的创始人和CEO，他把新东方做到美国上市，2014年与银行家盛希泰创办“洪泰基金”，在2年不到的时间里投资近百个创业公司，支持年轻人创业。

史玉柱，1962年生于安徽省蚌埠市怀远县。1984年从浙江大学数学系本科毕业，分配至安徽省统计局工作。1989年深圳大学软件科学系（数学系）研究生毕业后，随即下海创业。脑白金、巨人集团……这些响亮的名字，是一个时代的印记。

还有毕业于深圳大学的马化腾，毕业于北京大学的李彦宏……当年的天之骄子，现在的创业界大佬，也是大学生创一代的风向标。20世纪80年代是创业者的时代，大学生是创业热潮中的一支生力军。

（二）大学生创二代：“90后”创业者的崛起

戴威，ofo共享单车创始人兼CEO。戴威2014年与4名合伙人创立ofo共享单车，提出了“以共享经济＋智能硬件，解决最后一公里出行问题”的理念，创立了国内首家以平台共享方式运营校园自行车业务的新型互联网科技公司。

林玮煜，羊驼先森创始人。林玮煜2014年毕业于集美大学，大三开始组建团队，开过网店卖童装，参加过学校的各种创业比赛，做过化妆品代购，开发过社交App产品。从靠点子营销传统产品开始创业，仅一年时间，他创办的羊驼先森便从1 000元启动资金，发展成为互联网新锐，获得上市公司2345董事长兼CEO庞升东和中国最大的女性社区美柚的创始人陈方毅超过百万的天使投资。

刘枫，公共Wi-Fi市场创业。27岁的刘枫从中国科学院硕士研究生毕业，他看好了公共Wi-Fi市场。3个月时间，他创办的“爱锦州”（i-JinZhou）公共Wi-Fi像一张无形的网，覆盖锦州670余家商家。刘枫想自主创业的想法并非偶然，早在读研究生期间，每次做课题时，他都能把所研究的东西和社会应用联系在一起。2013年，刘枫和几个志同道合的小伙伴合伙开了一个绿化公司。凭借研究生期间所学的知识，短短一年时间，他掘到了自己人生中的第一桶金——10万元。揣着这10万元，刘枫胸中的自主创业之火开始燃烧起来。一次偶然的网购激发了创意。一天，妈妈让他在淘宝网买件衣服，他懒得开电脑，就用手机客户端操作。看到淘宝网上的广告，刘枫灵光一闪：能不能把广告植入手机，当手机连接公共Wi-Fi时，弹出的页面变成广告？先做公共Wi-Fi，再做微商城，目标是打造东三省电商王国。刘枫对市场有着清醒的分析。当今社会的主力消费群体是“80后”“90后”，他们喜欢并且容易接受新事物，而智能手机的大范围普及，让手机客户端大有可为。对刘枫来说，创业是一种成长过程。公司成立以来，刘枫经历了很多事，他说：“创业真难，比想象的还难，但‘难’不是借口，相反，它应该成为我前进的动力!”

洪振业，蓝店创始人。从大学时期就开始创业的洪振业，早已成为“90后”创业者的代表。他的“蓝店”是以快递代收作为切入口的综合社区生活服务平台，虽然没有一间自营门店，也没有一个专属的快递员，却能每天处理10万单快递业务。蓝店于2015年3月开始正式运营，两个月后获得百万级的天使轮融资，一年后又完成多家机构1 000万Pre-A轮融资，成绩斐然。毫不夸张地说，只要身在厦门，你的快递八成都被它代收发过。蓝店在未来3～5年将聚焦于如何提高社区便利店的收入上。从全年数据来看，仅包裹代收业务每个月就能为平台上的门店带来近1 500元的收入。目前大多数社区店月收入在万元左右，蓝店为门店带来的收入已经占其整体收入结构的15%以上。当蓝店为商户的增收占商户收入的比例逐渐增多，价值及文化输出足够的时候，在基础搭建好的情况下，未来可以介入社区商户的支付。在对商户整体收入结构占有一定比例的情况下，公司也考虑为商户提供金融板块的业务。对于大学生创业，洪振业认为除了合适的时机外，一定要先问问自己是否足够刚毅、执着、聪明，因为接下来你将面临各个方面带来的压力与焦虑。

移动互联网给“90后”带来了创业机会，“90后”是极具互联网思维的人群。他们要求生活自由，充满弹性时间，追求真诚透明的交往方式，乐于分享。

（三）对大学生创业的理解

创业是对生活方式的一种选择。新的时代，创业还是不创业，这是一种选择。自2012年8月教育部印发了《普通本科学校创业教育教学基本要求（试行）》，社会上关于大学生创业的态度不一，有支持鼓励的，有拒绝反对的，有观望顾盼的。

支持派认为大学生总要面对社会，早一天就能早融入，何乐而不为。

反对派认为大学生的任务就是要学习，学习好知识后再进入社会也不迟，何必浪费时间同时做两件事，这样或许会得不偿失。另外，大学生创业成功率很低。

无论支持、反对还是观望，如果跳出创业一定要创办企业的思维限制，可能会对创业有新的理解。

（四）创新创业教育的发展与特点

早在2002年4月，清华大学、中国人民大学等9所高校就成为创业教育改革试点高校，创业教育开始落地生根。

2012年，教育部为了进一步推进高校创业工作，于8月出台了具有标志性意义的《普通本科学校创业教育教学基本要求（试行）》，将创业教育作为高校必修课，并系统性地提出了高校创业教育的教学大纲。

2015年5月，《国务院办公厅关于深化高等学校创新创业教育改革的实施意见》出台，明确了推进高校创新创业教育的目的、方式方法以及目标。

2016年5月，国务院办公厅发布《国务院办公厅关于建设大众创业万众创新示范基地的实施意见》，推动中国的创新创业教育向综合性、实效性方向发展。

近几年，我国的创新创业教育发生了明显的变化，主要体现在以下3点：

1. 大学生成为创新创业主力军

麦可思研究院联合中国社科院发布的《大学生就业报告》的相关数据显示，中国大学生毕业即创业比例从2011届的1.6%上升到2017届的3.0%，将近翻了一番。越来越多的大学生成为创新创业的主力军。

中国“互联网+”大学生创新创业大赛每一届的报名项目均为前一届的3倍以上，2017年第三届大赛参与高校达2 241所，团队报名项目37万个，参与学生超过150万人。

2. 学校开展创业课堂教学取得实效

有的高校把创新创业教育融入人才培养全过程，激发了学生的创新精神和创业意识，“课堂+实训”的创新创业课程体系已在全国高校推广普及。课程变化也促使教师做出改变，各高校采取相应的激励措施鼓励教师参与创新创业教学。2016年年底的统计数据显示，全国各地各高校创新创业教育专职教师数共计2.6万余名，兼职导师数共计7.6万余名。在各省级教育部门、各高校推荐的基础上，教育部初步建成“全国万名优秀创新创业导师人才库”，已有近 5 000 名专家入库。

3. 建立创业基地与创业基金支持大学生创业

创意想法要成为创业成果，除了“学生要学、教师能教”，还得有好的孵化平台。为了帮助大学生创业实现从“0”到“1”的转变，我国分两批建设了 19 个高校国家创新创业示范基地。以清华大学为例，1.65 万平方米的“清华 iCenter”已成为全球最大的校园创客空间，每年支持 3 000 名学生开展创新创业活动。

创业基金也是不少高校聚集资源支持大学生创业的重要方面。在四川大学，学校建立了“50 亿＋”系列双创基金，并与中国工商银行四川省分行共同组建 120 亿元的“四川大学学生创业贷款风险补偿基金”等，支持师生创新创业。

二、大学生创业政策

为支持大学生创业，国家和各级政府出台了许多优惠政策，涉及融资、税收、创业培训、创业指导等诸多方面。对打算创业的大学生来说，了解这些政策，才能走好创业的第一步。

大学生创业优惠政策主要有以下 5 个方面：

（一）国家的相关创业政策

国家的相关创业政策更多的是对创业环境的宏观调控，引导地方与其他机构制定创业优惠制度与条例，营造全面创业的氛围。

（二）人力资源和社会保障部的相关政策

人力资源和社会保障部是统筹机关、企事业单位人员管理，统筹城乡就业和社会保障政策的国家权力机构。人力资源和社会保障部近年来出台了一系列税收优惠政策、小额担保贷款和贴息政策、税费减免政策、培训补贴政策与落户政策来促进大学生创业，全方位地支持创业者。

（三）地方的相关创业政策

各级地方政府依据当地的情况，为创业者提供个性化并且优惠力度更大的支持服务，效果最为明显。例如，将网络创业高校毕业生列入小额担保贷款、贴息和社保补贴政策扶持对象。

（四）金融机构的相关创业扶持

除了响应政策号召的一系列大学生创业贷款措施外，平安银行的零抵押贷款、招商银行的小额贷款等银行的自主贷款业务都是创业者筹募资金的有效途径。

（五）各大院校的相关创业支持

针对创业，各大高校都有相应的支持与服务、全方位的创业孵化基地甚至独立的创业学院。这些创业孵化基地、创业学院为创业学子提供从技术、培训到资金的全方位支持。

阅读材料

关于支持福建省大学生创新创业基地（泉州）建设的实施意见

为支持和规范福建省大学生创新创业基地（泉州）（以下简称泉州基地）建设，鼓励我市大学生创新创业，激发大学生创新潜能和创业活力，促进智力、资金、人才高度集聚，推动创新成果转化，实现创业带动就业，服务地方产业发展，结合泉州市实际情况，经市政府同意，特制定如下实施意见：

一、加强组织领导

（一）成立领导小组。成立福建省大学生创新创业基地（泉州）建设工作领导小组（领导小组名单及职责见附件，以下简称泉州基地领导小组），加强对泉州基地建设的组织领导、统筹协调，形成“政府引导、社会参与、市场运作、学校联盟”的大学生创新创业工作格局。领导小组下设办公室，挂靠市教育局，负责做好领导小组的日常工作。

（二）设立创业基金。泉州市人民政府与丰泽区人民政府按3：2的比例出资，设立泉州基地大学生创业基金，首期基金规模200万元，采取市场化方式运作，对符合条件的入驻项目予以奖励。

二、完善政策体系

（三）减免场地租金。入驻泉州基地的大学生自主创业项目租赁办公场地，在2年孵化期内，第1年免缴房租，第2年享受50%的减免。

（四）支持购买住房。对进入泉州基地自主创业的大学生，创业项目属创新型、成长型，且两年内实际投资额达到300万元以上或累计缴纳税金10万元以上的，丰泽区财政发放3万元“购房券”，用于购买自有住房；实际投资额每增加100万元或累计缴纳税金每增加10万元，增发2万元“购房券”，最高10万元。

（五）给予开业补贴。对高校毕业生首次创业，领取工商营业执照或其他经营资质，且正常纳税经营6个月以上的，由受益财政给予一次性开业补贴。补贴标准为其自主创业注册资本总额的20%，最高限额每户不超过1万元。

（六）资助发明专利。对入驻泉州基地自主创新创业的大学生项目获得国内发明专利授权的，专利权地址在泉州市辖区内的，按照《泉州市专利申请资助规定》（泉知〔2015〕41号）执行，职务发明专利每件给予专利权人资助5 000元，非职务发明专利每件给予专利权人资助2 500元。

（七）奖励科技成果。对技术研发能力较强（获得省、市、县级科技进步奖或科技成果奖）、创新成果突出或科技创新项目能够引领产业发展、经营业绩较好，有望成长为国家、省、市级科技创新人才团队、大学生创业企业的，经市科技局认定后，给予每个团队5万元、每个企业1万元的奖励。

（八）给予纳税奖励。对科技型小微企业，除享受国家规定扶持小微企业发展所得税优惠政策外，泉州基地以国家优惠数额为基数，按30%的比例给予奖励。

（九）给予创业奖励。入驻泉州基地的大学生创业团队参加国家、省、市级的创业大赛，并获得表彰的，根据获奖金额按一定比例给予适当奖励。

（十）创业贷款及贴息。符合条件的各类大学生创业人员，可申请最高20万元的创业担保贷款，政府给予同期贷款基准利率上浮不超过3个百分点的贴息；符合条件的小微企业，可申请最高200万元的创业担保贷款，政府给予同期贷款基准利率50%的贴息；对还款及时、无不良信贷记录的大学生创业者或企业，允许其再申请一次创业担保贷款，期限不超过2年，不再给予贴息。

（十一）提供必要的资金支持。种子期、初创期科技型小微企业以及互联网众筹创新项目，有资金需求的，可向泉州基地领导小组提出申请，按程序决策后，给予其资金支持。

（十二）提供政策性融资担保服务。有融资担保需求的科技型小微企业，可向丰泽区人民政府提出申请，按程序决策后，给予其政策性融资担保服务。

三、明确适用范围

（十三）本实施意见只适用于入驻泉州基地的项目；入驻项目的自主创业大学生应为全日制专科及以上的在校生或毕业5年以内的毕业生。

（十四）适用本实施意见的企业或个人，同时适用其他财政支持政策的，可按最优政策执行，不重复享受。法律法规和上级政策另有规定的，按其规定执行。

活动与训练

活动：思考与练习

（1）搜集国家或地方政府对创业活动的扶持政策，并从中筛选出你可能会用到的政策。要求：以小组为单位，找到的优惠政策越多得分越高。

（2）调查学校创业孵化园的创业项目，了解这些创业项目利用了哪些创业政策。

第五节 创业准备

学习目标

1. 理解创业准备的积极作用。
2. 学会做好创业准备。

案例导读

让珍稀彩叶枫在靖江生根

江苏枫茂农业科技有限公司董事长张炳华从小喜欢绿植，大学选了园艺专业，毕业后自主创业，与花花草草打交道，从培育彩色枫叶到玫瑰花、薰衣草、鲁冰花，又种植油桃、黄桃，他用自己的知识提升种植技术水平，发展可持续性现代农业。这个“80 后”小伙子不仅自己成功创业，也为村民打造了一个“花园式”村庄。

张炳华从浙江宁波城市技术学院园艺专科毕业后，又到南京林业大学、浙江农科所和中国林科院工厂化育苗中心学习了 7 年，这些都为其创业奠定了坚实的基础。

2008 年的上海世博会之旅，成为张炳华的人生转折点。“各个国家都用最珍稀、最具代表性的植物来装点展馆，在那里，我第一次见到彩叶植物。”张炳华说，千篇一律的绿色植物已满足不了人们的审美需求，回靖江后，他就萌生了种植彩叶树的想法。

“当时国内的彩色树研究仍处于萌芽期，市场上优良的彩叶树非常少，在泰州地区更是少见。”张炳华介绍，2009年，他在生祠镇利珠村流转了近百亩地，成立了泓森合作社，委托苗木公司从国外引进了16种珍稀彩叶枫，开始了创业之路。近年来，张炳华先后从美国、日本、加拿大等十余个国家引进500多种彩叶枫，目前成功培育356种，种植面积达到500亩。同时，他还潜心钻研出红枫快繁育一体化智能控制器、感应式自动补氧设备、槭树科植物叶面色彩校正装置等设备，拥有2项国家发明专利、10项国家实用新型专利。

分析：

张炳华能取得创业成功，与创业之前充分的准备分不开。他在发现了种植彩叶树的商机后，进行市场调研和技术攻关，这些都是创业的筹码，大大增加了创业成功率。同时，在创业过程中，他还时刻关注市场，潜心研究科技种植的设备。创业者只有做好充分的准备，创业成功的可能性才会比较大。

知识与背景

一、创业前的思考

（一）做好创业准备

创业的成功案例一直像磁铁似的吸引着大众，于是越来越多的人开始走上了创业之路。但创业路是一条漫长的道路，中间会经历各种各样的困难与问题。有的人成功了，收到了鲜花与掌声，但还有很多人以失败而告终。人人都可以创业，但不是每个人都能成功。俞敏洪说，人生如果不创业一定是不完整的，但创业是需要经验和准备的。

（二）创业“大咖”说

俞敏洪：我觉得一个人的一生是非要创业不可的。可以一个人创业，也可以一群人创业，还可以成为创业项目的一员。但重要的是，创业意味着你在为自己的生命做主场，在为自己的才能搭建舞台和平台，所以我一直鼓励大家创业。

年轻人在开始创业前如果愿意进一步丰富自己的人生经历，让自己在判断和决策方面更成熟，创业会更容易成功。真正创业成功的大公司，决策人的年龄都在40～55岁，这些人中大部分在创业前都有五六年甚至七八年的工作经验，同时，大部分人的创业也不是一次就成功的。

人生总要有几次全身心投入的机会，这样才能淋漓尽致地体验人生。我鼓励大家去创业，但是不鼓励大家盲目创业。我比较主张创业人士积累一定的经验以后再去创业。大学还没毕业或者刚毕业就去创业，失败率会高很多。

马云：20多岁的大学生最重要的事情就是好好读书，大学生创业九死一生，要善于把握机遇，学会体验苦难。如果你在20岁之前，已经进入大学，希望你把书读好；30岁之前找到一个好老板跟他学习怎么做，一个好老板比一个好公司好太多。很多年轻人毕业的时候，脑子在想我进哪个公司好呢？进IBM？还是阿里巴巴？都差不多的，在大公司里面你只是一颗螺丝，但是一个优秀的老板，他会告诉你很多做人的道理，做事的原则。所以 30 岁之前，希望大家跟一个好老板。

李开复：想要创业的同学，最好进入创业公司磨炼几年，创业公司能带给同学更多的经验与感悟。如果你加入创业公司，因为公司太小了，你能了解用户、市场、产品、客户，最终更快地成为一个全面化的人，将来想创业，这样走路一定更快。

李彦宏：刚走出校门的时候，如果能够找到好的单位、好的就业岗位的话，应该先就业去学习一些东西。当你有一定积累的时候再创业，我相信成功的概率会更大。

大学没毕业能不能创业？比尔·盖茨和乔布斯都是大学没有毕业就创业，包括 Facebook 的创始人也是大学没有毕业就创业的代表。但大学生没有毕业就成功创业的，在中国要少一些，美国多一些。

但以余佳文、马佳佳、安妮等“90 后”创业者为代表，毕业就创业，或者未毕业就创业成为创业圈中一个不可小觑的群体。

在当前大背景之下，创业已经逐渐从“大众创业”转向“精英创业”，大学生刚毕业，如果没有一定的积累就创业，风险较高；而在就业中，大学生可以寻找一个成长空间较大的平台，和优秀的人一起做有挑战的事。

二、创业前的准备

（一）了解自己

当你足够了解自己的优点和缺点时，你才好着手准备建立一个团队，让它补充你的不足并帮助你达到目标。马丁·兹威灵（Martin Zwilling）说：“为了最大限度地发挥你的领导潜能，你必须忠于、了解你自己，而不是试图成为符合别人想象的最好的你。”他补充道，“如果你真的能更多地了解你自己，并且成为你这样的人中最出色的，你会发现所有的挑战实际上都是机会的种子。”

（二）成为本领域的专家

一个成功的企业家从来没有停止学习，并且一直在学习大部分的专业知识。创立了 InventRight（给市场带来想法的公司）的发明家斯蒂芬·基（Stephen Key）说：“当你在同一个行业花费数年后，你就会了解到它背后的历史，知道以前做过什么事，可以在将来帮助你确定前进的方向，以及应该如何前进。同时，你将构建一个关系网络来支持你未来的发展，特别是在时间紧迫时。这些关系都是无价的。”

要成为某个领域的专家，需要 1 万小时，按比例计算就是：如果每天工作八个小时，一周工作五天，那么成为一个领域的专家至少需要五年。先用 1 万小时打造自己的创业资本。人们眼中的天才之所以卓越非凡，并非天资超人一等，而是付出了持续不断的努力。1 万小时的锤炼是任何人从平凡人变成大师的必要条件。

（三）建立信心

人的意志可以发挥无限力量，可以把梦想变成现实。对创业者来说，信心就是创业的动力。要对自己有信心，对未来有信心，要坚信成败并非命中注定而是全靠自己努力，更要坚信自己能战胜一切困难。

有一家创业者顾问公司做了一个很有趣的实验：从一群创业者中召集了十个志愿者，首先，让这十个人穿过一间很黑暗的房子。在主持人的引导下，这十个人都成功地穿了过去。然后，主持人打开房内的一盏灯。在昏黄的灯光下，志愿者看清了房内的一切，都惊出了一身冷汗。这间房子的地面是一个大水池，水池里有十几条大鳄鱼，水池上方搭着一座窄窄的小木桥，刚才他们就是从小木桥上走过去的。

主持人问："现在，你们当中还有谁愿意再次穿过这间房子呢？"

没有人回答。过了很久，有三个胆大的站出来。

其中一个小心翼翼地走了过去，速度比第一次慢了许多；另一个颤抖地踏上小木桥，走到一半时，竟然趴在小木桥上爬了过去；第三个刚走几步就一下子趴下了，再也不敢向前移动半步。主持人又打开房内的另外九盏灯，灯光把房里照得如同白昼。这时，志愿者都看见小木桥下方装有一张安全网，只是由于网线颜色极浅，在之前昏暗的灯光下他们根本没有看见。

"现在，谁愿意通过这座小木桥呢？"主持人问道。

这次又有五个人站出来。

"你们为什么不愿意呢？"主持人问剩下的两个人。

"这张安全网牢固吗？"这两个人异口同声地反问。

这个小故事给我们的启示是：很多时候，创业就像通过这座小木桥，失败的原因往往不是能力低下、力量薄弱，而是信心不足，还没有上场，就败下阵了。积极乐观的心态能够让你战胜恐惧，成功地通过一座座小木桥。

创业能否成功比拼的既不是对风险的无知，也不是对风险的全知，而是在明知有风险存在的情况下仍然勇敢前行的信心。一个优秀的创业者最大的特点就是对自己充满信心。对任何想创业的人来说，自信心是成功清单上最重要的东西。

孙正义刚创立公司时，他的员工只有两个。公司开业那天，孙正义跟他的两个员工说："我叫孙正义，在25年之后，我将成为世界首富，我的公司营业额将超过一百兆日元！"那两个人听了之后，立刻辞职不干了，他们都以为老板疯了，但他们不知道孙正义强大的自信来自两年之内读了四千本书。自信是什么？是两年四千本书的积累，是对自己超强学习能力的认知。因此，这样的自信已融入血液，已刻入性格。

（四）乐观

创业需要的一个最基本素质，就是乐观。不管在什么样的困难情况下，都能够抬起头来重新做。能够有追求快乐的心态，有非常强大的内心动力支撑你，就能克服很多困难。

中国现在处在非常开放、非常有活力而且机会很多的时代，希望大家能够充分抓住这个时代的机会，利用我们所拥有的知识、技术，行动起来，你想到的时候，很多人都会想到，但是你真正做出来的时候，不见得很多人能做，一万个人想到，可能几个人行动，你先行动了，你就有机会。

测一测

测试你的创业准备度

下面十项描述，符合你的想法的请填写"是"，反之则为"否"。

（1）我曾经/现在学习创业的相关知识，有过创业体会。

（2）我旁边的人（家人、亲友）曾经创业，对我有一定的影响。

（3）即便我现在打工/学习，我也对创业充满热情。

（4）我相信我会成为一名优秀的创业者。

（5）未来是不确定的，但我愿意承担其中的风险。

(6) 常年的压力缓解，创业对我来说是一件轻松的事情。

(7) 当我想创业时，我周围会有丰富的资源（人、事、物）支持我。

(8) 我曾经有过一定的商务经验（经商等）。

(9) 我所在的环境/地区拥有良好的经商文化氛围。

(10) 每每想到创业，都会让我热血沸腾、激动不已。

一般而言，你选择“是”的项目越多，创业准备度越高；当你选择“是”的项目超过七个时，你的内心已经准备好创业了。

当然，有的人即便十个选项选择“是”，仍然没有创业，这也是正常的。因为即便内心准备好创业，有时仍需要外在的触发事件的影响，人们迈出创业行动第一步总是艰难的。

众所周知，创业是一条不确定的、有风险的路，既要有吃苦受累的准备，又要有承担失败的准备。因此创业前一定要培养一种良好的心理素质，以便应对各种可能出现的情况。

不管是心理准备、知识准备、资金准备，准备得越充分，成功的概率就越高。有一点需要明白，是否选择创业不是非此即彼的情况，因为从时间上来看，有的人会选择立即创业，有的人会选择在未来某时间创业，当然有的人也许未来不会创业。大学生应该要有创业心态，而且应以创业的心态去生活、去工作、去学习，以有效地应对未来的一切挑战。

阅读材料

审视自己的创业能力

在创业前，你得问自己几个问题：我为什么创业？我有什么样的目标？我想把它做成什么样的状态？创业之前先审视一下自己是否具备以下几种能力：

(1) 目标能力。目标能力对创业非常重要，是否热衷于实现这个目标也非常重要。创业不是为了创业而创业，而是为了做好做大一件事。创业的前提是在进行自我评估后，发现这有可能实现。如果没有目标，只是一时冲动，觉得自己应该干点什么，但其实对所干事情也没有太多热爱，那创业就沦为口号，而非实业，极有可能一事无成。

(2) 专业能力。如果对自己的专业领域没有一定程度的了解，失败的可能性很大。俞敏洪做新东方的时候，同时期的很多培训机构都是被优秀老师炒鱿鱼炒倒的。而新东方能坚持下来的一个重要原因是俞敏洪本身就是优秀的老师，很多课程都能自己教，不会因为哪个老师辞职受到影响。如果你在创业的这个领域里是专家，就能掌控大局。

(3) 营销能力。有了产品，该如何推销产品和公司品牌呢？创业后不仅要卖公司的产品，更重要的是卖公司品牌，使公司品牌得到大众的认可。有时候品牌营销比产品营销更重要，因为品牌营销的价值是无限的。因此，营销能力是发展企业必备的能力之一。

(4) 转化能力。一是把科学技术转化为生产力，有了技术，有了能力，但没法转化成产品卖出去是不行的；二是把个人的专业知识转化为社会能力、管理能力。你管一个人也许管得很好，但管一帮人就不行了，这时候就需要把专业才能转化成领导才能。能力是不断成长的，关键是要努力学习，提高自身技能。

(5) 社交能力。在提倡合作双赢的时代，过去那种单枪匹马的创业方式已越来越不适应时代需求。扩大社交圈，通过朋友掌握更多信息、寻求更大发展，日益成为成功创业的捷径。进入社会要主动理解他人，理解他人为什么要这么做，做事业就是要与人打交道，社交能力对一个企业家或创业者来说十分重要。

（6）用人能力。仅仅一个人做事情不叫创业，想创业的话你就得找一帮人，你的合作伙伴、同事、下属，这些人从一开始你就得用对，挑了没能力的人最后做不出事情来，挑了很有能力的人你就要增强自己的领导能力，让众人信服。用人能力是领导力的一个典型体现。一个人孤军作战也许可以成为英雄，但却不能成就事业。刘邦定天下时就是善用了萧何、韩信、张良这些人才。项羽身边有一个范增，但他没有能力好好用，最后当然被打败。

（7）把控能力。既包括对企业的把控，如企业的发展速度、发展节奏、什么时候该增加投入、什么时候该研发新产品等，也包括对人的把控，满足他们的需求，同时还能压制他们不合理的要求和欲望，能让他们跟你一条心，不断往前走。因此，对人的把控能力，对环境的把控能力，对企业发展步骤的把控能力，构成创业成功的重要条件。

（8）革新能力。在创业过程中，需要对体制、技术以及思想进行革新。改革是为适应发展，只有做好改革，才能不断成长为理想的企业。

活动与训练

活动 1：根据自己的实际情况回答问题

（1）你能否简单地描述自己的创业构想？
（2）你是否了解自己将要从事的行业？
（3）你将通过什么方法了解自己将要从事的行业？
（4）你在创业方面有没有比较好的人际关系储备？
（5）你了解当前的创业环境与创业优惠政策吗？
通过对上述问题的回答，可以了解自己是否已经有了创业的思想准备。

活动 2：思考与练习

如果你打算创业，你需要做哪些方面的准备？如何做好准备？

第二章 发现与评估创业机会

导读

创业是发现市场需求，寻找市场机会，通过投资经营企业满足这种需求的活动。创业过程始于对机会的识别。

创业机会就是可以创造价值的机会。创业机会就在我们身边，要想发现它，首先需要了解它从何而来。这样就可能预见机会的出现，就能更早地发现机会。所以把握机会的来源，就等于抢先一步发现创业机会。

创业者还需要认真识别创业机会，就是对发现的创业机会作价值评价和可行性分析，以及判断该机会是否适合创业者。

将创业机会转化为创业行为，需要付出成本。若把握创业机会的成本大于机会带来的价值，那这个机会并不是一个有价值的创业机会。若一个创业机会可能有巨大的价值，但是由于种种主客观原因无法实现创业，那这个机会就不是一个有可行性的创业机会。

机会是易逝的，需要人们付出努力（识别、评估和开发），只有一部分人会对此感兴趣，并且努力抓住机会。

学习指南

一、学习方法

本单元采用行动导向法、案例分析法、情景式探索活动法等参与式学习方法，需要掌握创业机会的基本知识，包括创业机会的含义、创意与创业机会的关系、创业机会的类别、发现和识别创业机会的方法、如何评估创业机会等，通过对创业机会的识别和评估，把自己的创意修改升级为创业项目，并评估创业机会的可行性。

二、注意事项

1. 在互动和小组讨论中，充分发挥每个组员讨论分享的积极性。

2. 判断和选择创业机会的方法时，应结合自身专业及优势，明确好的创业机会构成应包括主观意愿、客观能力和市场需求。

3. 通过阅读案例、分析案例，掌握发现创业机会的方法；通过探索活动寻找适合自己的创业机会。

第一节
创业机会

学习目标

1. 理解创业机会的概念。
2. 理解创意与创业机会之间的关系。
3. 掌握创业机会的类别。

案例导读

俞敏洪的两次创业

1993 年俞敏洪成立新东方，专注于英语培训。当时，政府实行改革开放政策，允许学生自由出国留学，包括北大、清华、复旦等学校的优秀学生都很愿意去美国学习。俞敏洪从最初的几十个学生开始了新东方的创业历程。2001 年成立新东方教育科技集团，2006 年 9 月 7 日新东方教育科技集团在美国纽约证券交易所成功上市。

2014 年，俞敏洪联合资深银行投资家盛希泰成立洪泰基金。洪泰基金首期募资规模为 2 亿元人民币，将重点关注传媒、文化、教育、娱乐，以及高科技和移动互联网相关的天使和早期项目。做天使投资，也是看到了中国创业热潮对年轻人的影响。

不管是一次创业还是二次创业，俞敏洪都能准确抓住时代的机遇。

分析：

俞敏洪从北大离职创办新东方时，很多人质疑做外语培训有没有市场。但他在北大当了 6 年的老师，也给培训班上过课，知道这件事可以做。

为什么想要创办洪泰基金，俞敏洪不否认，自己与盛希泰一起创办洪泰基金，是由于新时代下的创业环境变革所促成的抉择。首先，国家政策对创业的支持前所未有，这是创业环境与以往最大的不同。其次，俞敏洪认为当下财富增值方式也已发生改变，这使得当下中国的天使投资已经无处不在。以往大家会投资房地产或者买理财产品等，如今则越来越能接受通过对投资创业项目获取回报的方式来实现增值。创业也越来越流行，创业这件事情本身也越来越被普通大众所接受，社会看待创业的想法有所改变。

知识与背景

一、认识创业机会

（一）创业机会的内涵

创业机会即商业机会或市场机会，是指有吸引力的、较为持久和适时的一种商务活动的空间，并最终体现在能够为顾客创造价值或增加价值的产品或服务中。好的创业机会，必然具有特定的市场定位，专注于满足顾客某种需求，同时能为顾客带来增值的效果。

滴滴出行抓住了大城市出行问题这个高频次刚需进行创业产品设计。首先，大城市出行问题是刚需，人人都要面对。其次，高峰期间打不到出租车是大家长期的痛点，出租车价格高是第二个痛点，滴滴出行就是为解决出行领域这个刚需问题设计的产品。

同样在出行领域里，共享单车则是解决短距离出行的刚需问题。特别是在日渐拥挤的大城市和高峰期，短距离出行一直都是巨大痛点，公交车、地铁、出租车、私车都无法解决。共享单车打开手机 App 就能查看附近的车辆，不用停车桩，不用办卡，二维码扫一扫就能开锁，不用的时候停在任意合法非机动车停车点即可，半小时（或 1 小时）收费 1 元，用车成本低到可以忽略，而且简单方便易用，几乎彻底完美解决了城市“最后一公里”的困扰。

（二）认识创业机会

纽约大学柯兹纳教授认为，机会就是未明确的市场需求或未充分使用的资源或能力。机会具有很强的时效性，甚至瞬间即逝，一旦被别人把握住也就不存在了。而机会又总是存在的，一种需求得到满足，另一种需求又会产生；一类机会消失了，另一类机会又会产生。大多数机会都不是显而易见的，需要去发现和挖掘。如果显而易见，总会有人开发，有利因素很快就不存在了。

创业机会具有时代性，所以你只有对未来发展趋势有持续的关注和敏锐的嗅觉，才能发现不同时代背景下的“引爆点”。

二、创意与创业机会

（一）机会的识别源自创意

创意是具有创业指向同时具有创新性的想法。对机会的识别源自创意的产生。在创意没有产生之前，机会存在与否意义并不大。有价值潜力的创意一般会具有以下基本特征：

（1）独特、新颖，难以模仿。创业的本质是创新，创意的新颖性可以是新的技术和新的解决方案，可以是差异化的解决办法，也可以是更好的措施。另外，新颖性还意味着一定程度的领先性。不少创业者在选择创业机会时，关注国家政策优先支持的领域就是在寻找领先性的创业项目。不具有新颖性的想法不仅将来不会吸引投资者和消费者，对创业者本人都不会有激励作用。新颖性还可以加大模仿的难度。

（2）客观、真实，可以操作。有价值的创意绝对不会是空想，而要有现实意义，具有实用价值。简单的判断标准是能够开发出可以把握机会的产品或服务，而且市场上存在对产品或服务的真实需求，或者可以找到让潜在消费者接受产品或服务的方法。

另外，有潜力的创意还必须具备对用户的价值与对创业者的价值。创意的价值特征是根本，好的创意要能给消费者带来真正的价值。创意的价值要靠市场检验。好的创意需要进行市场测试。同时，好的创意必须给创业者带来价值，这是创业动机产生的前提。

（二）创意并不必然等于创业机会

需要注意的是，创意与点子不同，区别在于创意具有创业指向，进行创业的人在产生创意后，会很快甚至同时就把创意发展为可以在市场上进行检验的商业概念。商业概念既体现了顾客正在经历的也是创业者试图解决的种种问题，也体现了解决问题所带来的顾客利益和获取利益所采取的手段。例如，帮助球手把打丢的球找回来是一个创意，容易把球打丢是实际存在的问题。而有人试图要解决这个问题，在高尔夫球内安置一个电子小标签，开发手持装置搜索打丢的球是解决问题的手段。

创业机会指那些适合创业的机会，特别是创意。看到机会、产生创意并发展成清晰的商业概念意味着创业者识别到机会，至于发展出的商业概念是否值得投入资源开发，是否能成为有价值的创业机会，还需要认真的论证。

创意要转化为创业机会，需要具备这几个条件：时机；有吸引力（可以获利）；持续期（可以持续一段时间）；通过提供产品或服务为使用者或购买者提供价值。

若具备下列几个特征之一，则说明这是一个好想法却不是一个好的机会：没有市场需求；顾客对于现状很满意；顾客对于现有选择的忠诚度很高；顾客的转换成本很高；顾客很难识别；竞争激烈；顾客需要但支付不起。

（三）发现创意绝无捷径

谈到创意来源理论，人们经常会提到“魔岛理论”和“天才理论”。人们认为有的想法是只有天才才能想到的；而有的创意就像突然浮现出来的魔岛，是灵光乍现的产物。事实上，确实有一些想法看似“突然”来到头脑中，门捷列夫的元素周期表、阿基米德的皇冠测试法……然而，这些想法的出现是之前日日思索、夜夜付出努力的结果。当我们看到一场精彩的演出时，应当想到这是背后辛苦的彩排、细节的设计、台词的背诵换来的精彩；当我们读到一部文学巨著时，应该想到这是作家背后多少个夜晚冥思苦想设计情节和刻画人物才有的精彩；当我们使用一台高精尖仪器时，应该想到这是设计师精密设计、反复印证数据的细节才生产出来的……

因此，对于发现创意而言，没有捷径，只有投入某个领域，持续增加对某些知识的认知。只有足够投入、足够付出，才能得到我们想要的结果。

（四）保护你的创意

你的创意属于知识产权，有了好的创意，一方面要考虑如何推进，另一方面也要考虑如何做好适当的保护。如果涉及技术以及专业优势，申请专利可以从法律层面上进行保护。当然，即便申请了专利，他人仍然有可能钻空子来“复制”你的想法，你应该快速行动，尽快把创意转化为行动和事实，快速占领市场，形成口碑。保护创意的最好办法就是不断地更新和迭代，快速更新的效果和价值是大于专利保护的。

案例阅读

钟超能：乖巧宝宝表情包

一则“凭一套表情包赚了50万”的话题登上了微博热搜榜。表情包在我们的日常生活中再熟悉不过了，究竟是谁这么厉害？不过，这款冲上微博热搜，赚足我们好奇心的表情包，你肯定不陌生！

它有着雪白的肤色，圆圆的头，生动的表情，它是表情包界的网红——乖巧宝宝。而它的“妈咪”竟然是一位20岁出头的广州男生，他叫钟超能。钟超能在2016年开始设计乖巧宝宝表情包，目前有六个不同主题。他表示，乖巧宝宝系列下载量目前是1.5亿，发送量接近50亿。

钟超能坦言：“表情包的创业为我带来了第一桶金，50万元。”

1993年出生的钟超能在广东工作，主业是一名动画设计师。他告诉记者，创作表情包一方面是因为自己作为动画设计师拥有专业的创作能力，另一方面则是出于兴趣。

2015年，他在微信平台上发布了自己的第一款表情包，并被很多用户下载后，两年来他一直坚持上传自己的原创作品。

2016年年中，钟超能发布了乖巧宝宝的第一组作品，一上线就获得了很好的反响，用户赞赏量至今高达近9万次，这鼓励他陆续创作了几款不同主题的乖巧宝宝。

对于乖巧宝宝系列表情包的火爆情况，钟超能一开始并没想到。他表示，如果继续按照这样的势态发展，他会考虑将表情包设计当作主业。目前，他正在与一家代理公司合作，授权乖巧宝宝的商业使用，希望可以找到合适的方式将乖巧宝宝孵化成一个有代表性的IP，实现跨界植入。

钟超能从2015年开始做表情包，目前一共做了十四款表情包，除了乖巧宝宝，他还设计了短颈鹿、樱花姑娘等表情包，其中短颈鹿是将动画和实体相结合。

对于短颈鹿表情包，钟超能说，先把形象做出来，然后配上文案，把动态做出来，看动态适合怎样的嘴型，然后再拍自己的嘴巴，一个表情大概用5～8张这样的嘴巴，一张张把它抠出来，用Photoshop软件一张张抠出来就可以了。不过这款表情包的反响一般，钟超能觉得还是简单又不失内涵的表情包更有冲击力。

提起网红表情包“乖巧宝宝”，钟超能表示：第一套乖巧宝宝花了三个月才顺利诞生，其中绝大部分的时间都在绞尽脑汁想乖巧宝宝的形象。

“一般有本子有纸我就会画的，前前后后应该画了上百个。”

提起乖巧宝宝给人的印象，钟超能说，它会比较软，看起来很有弹性。很多形象都是圆的，但是没有软的感觉，然后它是面带微笑的，它是白色的，白色感觉更像是一个表情包，塑造力也会更强一些。形象设定好之后，下一步是做动画设计，由于钟超能大学学的就是动画设计，所以在制作上可以说是得心应手。

钟超能说做的时候我会将它分很多层，将一个角色的脸、手、脚，都把它分层，分开之后再每个部件调它的动态线条，粗细要统一，线条会做得很平滑、很圆润，这样有利于做动态。

钟超能现在是一个自由创业者，他希望可以用更多的时间去探索设计出更多好的表情包，慢慢组建自己的团队。

三、创业机会的类别

创业需要机会，机会靠发现。创业难，发掘创业机会更难。创业者应学会识别以下创业机会。

（一）现有市场机会和潜在市场机会

那些明显未被满足的市场需求称为现有市场机会，那些隐藏在现有需求背后的、未被满足的市场需求称为潜在市场机会。现有市场机会表现明显，往往发现者多，进入者也多，竞争势必激烈。潜在市场机会则不易被发现，识别难度大，往往蕴藏着极大的商机。

（二）行业市场机会与边缘市场机会

行业市场机会是指某一个行业内的市场机会，而在不同行业之间的交叉结合部分出现的市场机会被称为边缘市场机会。一般而言，人们对行业市场机会比较重视，因为发现、寻找和识别的难度系数较小，但往往竞争激烈，成功的概率也低。而在行业与行业之间出现的市场机会，往往无人涉足或难以发现，需要有丰富的想象力和大胆的开拓精神，一旦开发，成功的概率也较高。比如，人们对于饮食需求认知的改变，创造了健康食品等新兴行业。

（三）目前市场机会与未来市场机会

那些在目前环境变化中出现的市场机会称为目前市场机会，而通过市场研究和预测分析将在未来某一时期内实现的市场机会称为未来市场机会。如果创业者提前预测到某种机会会出现，就可以在这种市场机会到来前早做准备，从而获得领先优势。

（四）全面市场机会与局部市场机会

全面市场机会是指在大范围市场出现的未满足的需求，如国际市场或全国市场出现的市场机会，着重于拓展市场的宽度和广度。而局部市场机会则是在一个局部范围或细分市场出现的未满足的需求。在大市场中寻找和发掘局部或细分市场机会，见缝插针，拾遗补阙，创业者就可以集中优势资源投入目标市场，有利于增强主动性，减少盲目性，增加成功的可能。

活动与训练

活动1：探索创业机会

作为创业者，最难能可贵的是发现他人看不到的机会，并采取行动把握创业机会，实现创业价值。请以小组为单位，通过对亲子教育、休闲旅游、汽车、健身领域等市场进行分析，寻找创业机会。活动结束后，教师可根据下表进行评分。

探索创业机会评价表

评分标准	满分	实际得分	备注
积极参与活动	20		
列出创业机会	20		
有创意	20		
可操作性强	20		
表达完整清楚	20		
总分	100		

活动 2：小组探索

通过分析下表中所列社会、政策变化的现象，寻找创业机会。

社会、政策变化	商机一	商机二	商机三	商机四	商机五
“互联网＋”时代					
细分领域					
一带一路					
海丝文化旅游					
共享经济					
食品安全					
二孩时代					
老龄化					
智能化					

第二节 发现创业机会

学习目标

1. 理解发现创业机会的方法。
2. 运用头脑风暴法发现创业机会。
3. 了解适合大学生的创业机会。

案例导读

李维斯牛仔裤

美国“牛仔大王”李维斯的故事多年来为人津津乐道。19 世纪 50 年代，李维斯像许多年轻人一样，带着发财梦前往美国西部淘金，途中被一条大河拦住了去路，李维斯设法租船，做起了摆渡生意，结果赚了不少钱。在矿场，李维斯发现由于采矿出汗多，饮用水紧张，于是，别人采矿他卖水，又赚了不少钱。李维斯还发现，由于跪地采矿，许多淘金者裤子的膝盖部分容易磨破，而矿区有许多被人丢掉的帆布帐篷，他就把这些旧帐篷收集起来洗干净，做成裤子销售，“牛仔裤”就这样诞生了。

分析：

李维斯将问题当作机会，最终实现了他的财富梦想。

知识与背景

一、发现创业机会的方法

（一）头脑风暴法

头脑风暴法又称智力激励法或自由思考法（畅谈法、畅谈会、集思法），是由美国创造学家 A. F. 奥本斯于 1939 年首次提出、1953 年正式发表的一种激发性思维的方法。头脑风暴法出自“头脑风暴（Brain Storming）”一词。头脑风暴最早是精神病理学上的用语，是针对精神病患者的精神错乱状态而言的，现在成为无限制地自由联想和讨论的代名词，其目的是产生新观念或者激发创新设想。

头脑风暴法又可以分为直接头脑风暴法（通常简称头脑风暴法）和质疑头脑风暴法（也称为反头脑风暴法）。前者是在专家群体决策中尽可能激发创造性，产生尽可能多的设想的方法；后者则是对前者提出的设想、方案逐一质疑，分析其现实可行性的方法。

案例阅读

坐飞机扫雪

有一年，美国北方格外寒冷，大雪纷飞，电线上积满冰雪，大跨度的电线常被积雪压断，严重影响通信。过去，许多人试图解决这一问题，但都未能如愿以偿。后来，电信公司经理为解决这一难题，召开了一次头脑风暴座谈会，参加会议的是不同专业的技术人员，经理要求他们必须遵守以下规则：

第一，自由思考。要求与会者尽可能解放思想，无拘无束地思考问题并畅所欲言，不必顾虑自己的想法是否“离经叛道”或“荒唐可笑”。

第二，延迟评判。要求与会者在会上不要对他人的设想评头论足，不要发表“这主意好极了！”“这种想法太离谱了！”之类的“捧杀句”或“扼杀句”。至于对设想的评判，留在会后组织专人考虑。

第三，以量求质。鼓励与会者尽可能多而广地提出设想，以大量的设想来保证质量较高的设想存在。

第四，结合改善。鼓励与会者积极进行智力互补，在增加自己提出设想的数量的同时，注意思考如何把两个或更多的设想结合成另一个更完善的设想。

按照这种会议规则，大家七嘴八舌地议论开来。有人提出设计一种专用的电线清雪机；有人想到电热来化解冰雪；也有人建议用振荡技术来清除积雪；还有人提出能否带上几把大扫帚，乘直升机去扫电线上的积雪。对于这种“坐飞机扫雪”的想法，大家尽管心里觉得滑稽可笑，但在会上也无人提出批评。相反，有一位工程师在百思不得其解时，听到用飞机扫雪的想法后，大脑突然受到冲击，一种简单可行且高效率的清雪方法冒了出来。他想，每当大雪过后，出动直升机沿积雪严重的电线飞行，依靠调整旋转的螺旋桨即可将电线上的积雪迅速扇落。他马上提出“用干扰机扇雪”的新设想，顿时又引起其他与会者的联想，有关用飞机除雪的主意一下子又多了七八条。不到一个小时，与会的10名技术人员共提出90多条新设想。

会后，电信公司组织专家对设想进行分类论证。专家们认为设计专用清雪机、采用电热或电磁振荡等方法清除电线上的积雪，在技术上虽然可行，但研制费用高，周期长，一时难以见效。那种因“坐飞机扫雪”激发出来的几种设想，倒是一种大胆的新方案，如果可行，将是一种既简单又高效的好办法。

头脑风暴法可以激发创新思维，根据 A. F. 奥本斯本人及其他研究者的看法，主要有以下几点：

（1）联想反应。联想是产生新观念的基本过程。在集体讨论问题的过程中，每提出一个新的观念，都能引发他人的联想，相继产生一连串的新观念，产生连锁反应，形成新观念堆，为创造性地解决问题提供了更多的可能性。

（2）热情感染。在不受任何限制的情况下，集体讨论问题能激发人的热情。人人自由发言、相互影响、相互感染，能形成热潮，突破固有观念的束缚，最大限度地发挥创造性思维能力。

（3）竞争意识。在有竞争意识的情况下，人人争先恐后，竞相发言，不断地开动思维，力求有独到见解、新奇观点。心理学的原理告诉我们，人类有争强好胜心理，在有竞争意识的情况下，人的心理活动效率可增加50%或更多。

（4）个人欲望。在集体解决问题的过程中，个人欲望不受任何干扰和控制是非常重要的。头脑风暴法有一条原则，不得批评仓促的发言，甚至不许有任何怀疑的表情、动作、神色，这就能使每个人畅所欲言，提出大量的新观念。

头脑风暴法成功的关键是探讨方式，即群体能进行充分、非评价性和无偏见的交流，具体可归纳为以下几点：

（1）自由畅谈。参加者不应该受到任何条条框框的限制，放松心情，让思维自由驰骋，从不同角度、不同层次、不同方位大胆地展开想象，尽可能地标新立异、与众不同，提出独特性的想法。在发言过程中主张独立思考，不允许私下交谈，以免干扰别人的思维。

（2）延迟评判。头脑风暴法必须坚持当场不对任何设想做出评价的原则，既不肯定某个设想，又不否定某个设想，也不对某个设想发表评论性的意见，一切评价和判断都要延迟到会议结束以后才能进行。这样做一方面是为了防止评判约束与会者的积极思维，破坏自由畅谈的有利气氛；另一方面是为了集中精力先开发设想，避免把应该在后阶段做的工作提前进行，影响创造性设想的大量产生。

（3）禁止批评。绝对禁止批评是头脑风暴法应该遵循的一个原则。参加头脑风暴会议的每个人都不得对别人的设想提出批评意见，因为批评对创造性思维无疑会产生抑制作用。即使自己认为是幼稚的、错误的甚至是荒诞离奇的设想，亦不得予以驳斥。同时，发言人的自我批评也在禁止之列。有些人习惯于用一些自谦之词，这些自我批评性质的说法同样会破坏会场气氛，影响自由畅想。诸如“这根本行不通”“你这想法太陈旧了”“这是不可能的”“这不符合某某定律”“我提一个不成熟的想法”“我有一个不一定行得通的想法”等语句，禁止在会议上出现。

（4）追求数量。头脑风暴会议的目标是获得尽可能多的设想，追求数量是它的首要任务。参加会议的每个人都要抓紧时间多思考，多提设想。至于设想的质量问题，自可留到会后的设想处理阶段去解决。在某种意义上，产生的设想越多，其中的创造性设想就可能越多。所以头脑风暴的过程中应该保持高速思维以防陷入琐碎的问题当中，目标集中，追求设想数量，越多越好。

（5）鼓励巧妙地利用和改善他人的设想。这是激励的关键所在，每个人都要从他人的设想中激励自己，从中得到启示，或补充他人的设想，或将他人的若干设想综合起来提出新的设想。

（6）与会人员一律平等。各种设想，不论大小，甚至是最荒诞的设想，记录人员也要认真地将其完整记录下来。

（7）不强调个人成绩。注重和理解别人的贡献，创造民主环境，不以多数人的意见阻碍个人新观点的产生，激发个人追求更多更好的主意。

案例阅读

IDEO手推车设计

1999年，美国ABC电视台的《夜线》栏目播出了IDEO在5天内重新设计购物手推车的全过程。这段经典纪录片和IDEO其他案例至今仍被全球各大商学院用于MBA课程。

手推车设计项目的团队成员由项目经理和其他12名团队成员构成，项目经理彼得是斯坦福大学工程师，其他12名成员分别为具有不同专长的人才，其中有MBA专家、语言学家、营销专家、心理学家、生理学专家等。

手推车目前的痛点有哪些？安全问题是最早的问题，也是大家探讨的主要问题。每年因手推车导致受伤而到医院就医的人数高达2.2万多人，除此之外，手推车丢失严重也是让他们颇为头疼的痛点。

在创意设计过程中，IDEO严格要求“没有领导和员工之分，没有上下级之分，人人平等”。因此，所有成员都要亲自体验各种情境下手推车使用中出现的问题，并获得使用者的期望等一手资料，同时通过制造商和修理商了解建议，之后和专家讨论。专家认为，原来的手推车设计并不安全，也许手推车上的儿童座椅需要改进；而且人们在购物时不希望离开手推车，也许手推车可以更灵巧……所有设计团队成员从调查场地回到公司，他们将获得的第一手资料进行汇报总结，每个小组都要进行汇报、沟通、分享，展示他们看到的、学到的、掌握的所有信息。成员们提出自己的点子和想法，利用非常简单的便笺贴，每张便笺上只写一条想法，只写关键词，不要超过十个字。写好点子，贴到墙上，人人都可以有自己不受他人影响的点子。然后大家用各种颜色的小圆点在便笺上标记你认为好的、比较可行的点子。如果有些点子偏离现实较远就放弃它。当各种改良方案准备就绪，就马上进行展示。大家的设计可谓五花八门：分离式手推车可以将篮子拿出来和放回去；高科技手推车可以让客人避免排长队结账；手推车上有扫描器，客人在放货物时就可以扫描货物的价钱；有人为小朋友设计了安全座椅；有人设计了可以和商场工作人员远程对话的对讲设备……他们从各个小组的设计方案中选出了较好的想法，组合起来实现了最初的原型设计。其后将所有做好的原型部件组合起来得到了最后的设计方案。最终，新款手推车在成本上几乎没有增加，但与之前的大不相同：车轮可以旋转90度，再也不会出现碰到其他物品时无法移动的情景。客户的购物方式也完全改变了，购物袋子可以挂在手推车的旁边……人们对于新设计的手推车，纷纷表示惊奇和激动。

最后，商场的工作人员和最终用户对该手推车给予了高度的评价。

（二）从兴趣爱好中发现创业机会

从感兴趣的领域寻找创业机会更容易成功。心理学认为，兴趣是对于事物特殊的认识倾向，它是一种心理活动，当发展成为爱好时，就成为一个人较长久和相对稳定的行为倾向，影响人们能力的发挥。

美国曾对2000多位著名的科学家进行调查，发现很少有人由于谋生的目的而工作，他们大多是出于个人对某一个领域问题的强烈兴趣而孜孜以求，不计名利报酬，忘我工作，他们的成功是与兴趣相联系的。

兴趣是创业者创业选择的重要依据。兴趣可以使人不自觉集中精力刻苦钻研自己所选的领域知识，启迪智慧并创造性地开展工作。兴趣更是创业成功的一个重要推动力，它能使创业者内在潜能最大限度发挥出来，使其长期专注于一个领域，最终取得令人瞩目的成绩。

案例阅读

汪滔与大疆科技

汪滔对天空的痴迷始于小学，在读了一本讲述红色直升机探险故事的漫画书之后，他开始对天空充满了想象。汪滔出生于1980年，在杭州长大，汪滔的母亲是位教师，后来成为小企业主，父亲则是一位工程师。汪滔将大部分时间都花在与航模有关的读物上面，相比中等的学习成绩，这种业余爱好给他带来了更多的慰藉。

汪滔梦想着拥有自己的“小精灵”——一种搭载摄像机跟在他身后飞行的设备。在汪滔16岁的时候，他在一次考试中得了高分，父母为此奖励了他一架梦寐以求的遥控直升机。然而，他不久便将这个复杂的东西弄坏了，几个月后才收到从香港发来的用于更换的零部件。

由于成绩不是那么出类拔萃，汪滔考取美国一流大学的梦想也破灭了。当时，汪滔最想上的大学是麻省理工学院和斯坦福大学，但在申请遭到拒绝后，他只好退而求其次，选择了香港科技大学，在那里学习电子工程专业。在上大学的头三年，汪滔一直没找到自己的人生目标，但在大四的时候他开发了一套直升机飞行控制系统，他的人生由此改变。

为了这最后一个小组项目，汪滔可谓付出了一切，甚至不惜逃课，还熬夜到凌晨5点。虽然他开发的这个机载计算机的悬停功能在班级展示前一晚出了问题，但他付出的心血并没有白费。香港科技大学机器人技术教授李泽湘慧眼识珠，发现了汪滔的才能以及对技术的理解能力。于是，在他的引荐下，这个性格倔强的学生上了研究生。“汪滔是否比别人更聪明，这我倒是不清楚。”李泽湘说，“但是，学习成绩优异的人不见得在工作中就表现得非常突出。”李泽湘是大疆的早期顾问及投资者，现在则是该公司董事会主席，持有10%的股份。

汪滔最初在大学宿舍中制造飞行控制器的原型，2006年他和自己的两位同学来到了中国制造业中心——深圳。他们在一套三居室的公寓中办公，汪滔将他在大学获得的奖学金的剩余部分全部拿出来搞研究。大疆向中国高校和国有电力公司等客户售出了价值6 000美元的零部件，这些零部件被焊接在他们的DIY无人机支架上。

这些产品的销售让汪滔可以养活一个小团队，而他和香港科技大学的几个同学则依靠他们剩余的大学奖学金生活。汪滔回忆说，“我当时也不知道市场规模究竟会有多大。我们的想法也很简单：开发一款产品，能养活一个10～20人的团队就行了。”

（三）在解决问题中发现创业机会

扎克伯格创立 Facebook 的时候，他不是要创立一个公司，而是想要解决一个非常重要的问题：把人们联系在一起。有了这样的想法后，他就着手开发。

案例阅读

陈大年与 Wi-Fi 万能钥匙

陈大年是盛大网络创始人陈天桥的弟弟，Wi-Fi 万能钥匙本来是盛大创新院的一个项目，产品没多少爆点，就是一款基于分享经济模式而推出的免费上网工具，因此不被人看好，前后做了一年多，已有两拨研发人员先后离开。

但陈大年非常看好这个项目，他小时候上网，资费贵得吓人。所以，曾经的生活经历告诉他，中国还有很多人因为流量费用而上不起网，如果有一款产品可以拉平“数字鸿沟”，让更多人免费使用网络，一定会火起来。

然而，他的想法没多少人能理解，毕竟周围那些大神程序员，上班下班有 Wi-Fi，通勤的一两个小时，也不在乎那点流量费。

到了最后，实在没人愿意做这个项目了，陈大年干脆自己上阵担任产品经理，拉来同事张发有、李磊还有一个程序员，4个人就开始做这个项目。结果他成功了，从2011年到2016年，短短5年时间，Wi-Fi 万能钥匙就有了9亿注册用户，每月活跃用户5.2亿，2016年8月还超越 QQ 和微信成为中国日下载量最大的软件。

（四）从满足市场需求中发现创业机会

创意产业是经济寒冬中的一股暖流，因为金融危机中，人们巨大的心理压力需要缓解。以需求为导向的创意产业能为公众创造一个缓解现实生活压力的欢乐空间。如 1997 年亚洲金融危机的时候，韩国的经济出现了衰退。韩国政府发现，人们需要快乐，而优秀的娱乐作品可以很容易地带给他们快乐。所以抓住这个机会，韩国的动漫产业发展起来，成就了电子游戏产业在危机中的另类崛起。

好莱坞的电影也是如此，早在 20 世纪三四十年代经济大萧条中，人们希望在虚幻的世界当中快乐一点，所以一些无厘头的搞笑片、歌剧片，充满幻想的作品，市场前景看好。

案例阅读

Monkey 为什么能火

1999年出生的 Ben Pasternak 和合伙人 Isaiah 做出了一款让用户和陌生人视频聊天的社交 App——Monkey，没想到刚上架没多久就吸引了5万用户，上线5周后就获得了21.5万位用户，成为 App Store 排行榜上最火的 App。值得一提的是，他们的用户，大部分都是“00后”，平均年龄为17岁。

Monkey 软件的使用方法十分简单。打开软件注册成功之后，用户就立刻被系统开始和陌生人配对。一旦配上了，双方的视频聊天即时开始。视频聊天默认时间为15秒，如果聊得不错的话可以增加时间，不过最长也长不过几分钟。

Monkey 的用户是来自全世界的青少年，平均用户年龄甚至还不到18岁。Monkey 可以帮助他们在网上更轻松地找到朋友，而且形式够简单、够新颖、够未知。

Monkey的开发者表示，他们很快会提升用户体验，比如增加聊天功能，还有根据年龄、性别、位置等标准筛选的过滤器，让用户更方便快捷地发现潜在的朋友。

Monkey为什么能火？

1. 目标用户精准。Monkey的目标是帮助世界各地的青少年们互相交友，填补他们的孤独空白。Ben和Isaiah很清楚自己想要抓住的就是青少年这个群体。

Ben和Isaiah作为大批"00后"的同龄人，他们明白、懂得和自己年龄相仿的这部分人群的需求。正如他们所说的："现在市场上拥有的各种App，有一个很大的问题，那就是几乎所有App都是由成年人设计打造的。我们自己本身是Monkey的创建者，也是目标用户，而Facebook、Snapchat则不是。"

在社交媒体上，年轻人对于图片式、视频式的平台更关注。相对于酷炫的体验，"00后"更偏爱酷炫的产品。社交媒体是触达"00后"人群最有效的方法。"00后"更倾向于积极发声，60%的"00后"希望自己有朝一日能改变世界。

2. 新颖刺激的社交方式。对于大多数青少年来说，他们结识朋友的渴望通常要大于年长的人，当然这些朋友不仅仅局限于同学或邻居。很多Monkey用户表示非常喜欢这样刺激的交友方式，对于网络交友，冷冰冰的文字和非本人的照片已经没法满足他们了。而纵观美国市场，还没有像Monkey这样的App引入了即时陌生人视频社交的概念。

当然也有用户表示，在完全不认识对方的情况下就视频聊天有点儿奇怪。Monkey团队非常自信地表示，他们做的，是少男少女们真正想要的、好玩又有趣的社交网络。

3. 远离父母。有用户表示：Monkey就像是一个远离家长的地下世界。这点也非常好理解，在叛逆期的少男少女们当然不想被家长束缚了，没有人想家长老盯着自己的社交网络。

集中盯住某些顾客的需求就会有机会。机会不能从全部顾客身上去找，因为共同需求很容易识别，基本上已很难再找到突破口。而实际上每个人的需求都是有差异的，如果我们时常关注某些人的日常生活和工作，就会从中发现某些机会。因此，在寻找机会时，应习惯把顾客分类，认真研究各类顾客的需求特点。

案例阅读

"网络红娘第一人" 龚海燕

2003年，复旦大学新闻学院研二女生龚海燕看到身边很多高学历的同学、朋友由于工作学习忙，而没有找到理想的爱人，因此创办了"世纪佳缘"。世纪佳缘始终坚持以改善和提高用户征友效果为宗旨，以会员资料的真实性和严肃择偶动机为网站灵魂，得到了广大网民的热烈拥护并享有极高的美誉度。正是由于单身朋友在这里找到了另一半之后，一传十，十传百，才有了世纪佳缘欣欣向荣的发展，并因此获得了新东方三元老徐小平、王强、钱永强的天使投资及启明创投的风险投资。

2011年，世纪佳缘登陆美国纳斯达克全球精选市场，在美国成功上市。2015年，世纪佳缘与百合网合并。

（五）从变化中发现创业机会

变化就是机会。环境的变化，会给各行各业带来良机，人们通过这些变化，就会发现新的前景。变化可以包括：产业结构的变化；科技进步；通信革新；政府放松管制；经济信息化、服务化；价值观与生活形态变化；人口结构变化。

20 世纪，美国农业逐步演变成“大规模工业化农业”—— 田地日趋向万亩以上的大农场集中，耕种高度依赖机械、化肥和农药，生产出来的食物经常运到几千公里外消费。但如今，大规模工业化农业的种种弊端日渐显现，越来越多的新一代“生态农民”开始在美国出现。

案例阅读

“艾米的农场”：生态农场的一个样板

加利福尼亚州南部的安大略市距离洛杉矶60多公里，是南加州的一个中等规模城市。来到市郊，我们可以去探访小型生态农场的样板——“艾米的农场”。

64岁的兰迪和他30多岁的女儿艾米两个人，经营着大约60亩地，养了几十只牛、马、猪、羊等牲畜和100多只鸡、鸭、鹅等家禽，十几亩菜地里种了几十种果蔬，还种了几十棵桃、李、橘子等果树。

“艾米的农场”最大的特色就是“四个随便”：门随便进、活儿随便干、菜随便摘、钱随便给。

周一至周六，“艾米的农场”敞开大门，欢迎任何人来参观或劳动。人们可以在这个农场随便进出，随便溜达，没人管。地里的农活儿也是愿意劳动的就随便干。

农场小商店门前有一块小黑板，上面写着当天志愿者来了可以帮忙干哪些活儿，还提醒人们：天热别忘多喝水、干活别忘戴手套、临走别忘带点菜回去……事实上，农场的活主要是志愿者在干，因为兰迪和艾米根本忙不过来。农场的志愿者多的时候有100多人，有人甚至开车80多公里来干农活。

菜园里时不时有某种蔬菜可以供人们随便采摘，不要钱。小菜店里的果蔬、蛋类，冰箱里的肉类，还有农场加工的奶酪、果酱等标着价格，旁边放一个盒子，谁买东西就自己把钱搁在盒子里，自己找零钱，也可以用旁边的移动刷卡机自己刷卡。对于不习惯这种“购物方式”的人来说，总觉得没人看着自己交钱，仿佛偷一样。

这一切听上去太理想化了，但是在美国西部的这个平静的郊区小农场，这就是现实。农场自1997年创办以来，已经接待了附近城市的30多万中小学生参观，自己随便溜达进来参观的“散客”则不计其数。不论是参观的、摘菜的还是干活的，人们来了又走，走了又来。兰迪说，他们“敞开大门”的做法从来没有出现过什么问题。

二、识别创业机会

创业者不仅要善于发现机会，更需要正确把握并果敢行动，将机会变成现实。

（一）着眼于问题把握机会

机会并不意味着无须代价就能获得，许多成功的企业都是从解决问题起步的。所谓问题，就是现实与理想的差距。比如，顾客需求在没有满足之前就是问题，而设法满足这一需求，就抓住了市场机会。

案例阅读

贾伟和55度杯

贾伟，洛可可的设计师，55度杯的创始人。贾伟有两个女儿。一次，不到两岁的小女儿阳阳说想喝水，爷爷把热水倒进杯子里，想放在桌子上晾凉再给她喝。没想到，阳阳好奇地拉水杯上的绳子，水杯倒了，滚烫的热水顷刻间泼在她的脸部和胸口，她疼得撕心裂肺地哭喊起来！

贾伟马上把女儿送去了儿童医院烫伤科。医生说烫伤太严重了，需要住院15天。阳阳被烫伤的皮肤都结疤了，为了避免她忍不住去挠而留下疤痕，医生不得不把她的手脚绑起来……贾伟自责极了，时隔多年，这仍是他心中的痛。

他决定要为全天下的孩子设计一个“降温神杯”，让他们可以不必经历和阳阳相同的痛。经过3年的不懈努力，贾伟终于找到了一种可以让液体瞬间降温的材料。贾伟用这种材料做了一款杯子，取名叫“55度杯”。100℃的热水倒入杯中，只需摇晃10下就能变成55℃。如此一来，孩子以后喝水就再也不会被烫到了。

贾伟由自身生活中碰到的一个问题，进而产生事后的思考，结合自身的专业优势，设计出55度杯，解决了人们喝温水的问题。

商业机会往往来源于某个创意，而创意往往来源于生活中的某个痛点、不足、市场上的空白、外来发展的趋势等。因此，创业者在创业前需要做的事情有：(1) 发现当下的痛点；(2) 对痛点进行分析，形成创意；(3) 结合自身与环境，有效地评估创意；(4) 通过行动，将创意转化为有效的商业机会并实施。

案例阅读

肯尼斯是如何发现商业机会的

美国少年肯尼斯（Kenneth）的爷爷患老年痴呆症，常常在深夜离家出走。全家人为防止爷爷走失，时刻都要保持高度紧张状态，这让所有人都深感疲惫。在一次次丢失与找回之后，肯尼斯决定要为爷爷做些什么。他希望给爷爷体面而有尊严的生活，也希望家人不再因为过度的紧张而神经衰弱。

为了爷爷的安全着想，肯尼斯在网上疯狂查资料，希望能找到一款防老人走失的工具，但他一无所获。直到有一个夜晚，肯尼斯照顾爷爷时，看到爷爷正要下床，脚慢慢碰到了地上，这时肯尼斯突然想到，为什么不在他的后脚跟放个压力传感器呢？这样当他下床的时候，传感器就能监测到由于爷爷体重造成的突然上升的压力，再将它通过无线传输发送到手机，当压力过高时手机发出警报，这样一来，大家照顾爷爷就不用那么辛苦了。

但这一切行动起来要比他想象的难得多！想要发明一个可穿戴的传感器，就必须要解决好几个问题：足够小且轻薄灵活的传感器，无线电路，还有手机App。这么复杂的问题对于一个十几岁的孩子来说，难度可想而知。为了爷爷，同时为了帮助更多的老年痴呆症患者，肯尼斯决不放弃，立马行动。聪明好学的他不仅啃了大量的物理书，还在网上学习相关课程。此外，他还研究、尝试了很多种材料，最后选定能感知压力的电子墨水来打印薄膜式传感器。制作完传感器之后，他又发现另外一个难题摆在面前：该如何才能让传感器和手机连接起来？于是肯尼斯开始自学焊接电路。焊接是一门技术活，需要细心也需要耐心。为了设计出适合传感器的手机App，肯尼斯一咬牙一跺脚开始自学枯燥无味的编程，然后用四个月时间编写出了一套程序。传感器必须很方便地穿戴在脚上才可以，他选择了用袜子，不仅轻薄，穿在脚上也很舒适。就这样，肯尼斯做出了两种传感器样品，一种是嵌入袜子的，一种是粘在脚底的。

在爷爷身上试验了一年，每次都百分百地收到爷爷走动发出来的警报，帮助家人成功阻拦了爷爷900多次“离家出走”。

肯尼斯被科技的力量深深地震撼了！之后为了帮助更多的老人，肯尼斯又将智能袜送给了加州的三家护理院。虽然这套设备很有效果，但他发现有些老人并不喜欢穿袜子睡觉，这让智能袜根本没有用武之地。于是，他将产品进行改进，把传感器放在老人的内衣中，让它能根据感应到的落差值和运动状态，确定患者是否要“出走”。患者一起床，传感器也会有反应。凭借这项发明，肯尼斯15岁就火遍了全美，17岁的肯尼斯登上了TED演讲大会，并获得了谷歌科学博览会等几个科技大奖以及5万美元的奖金。

如今，肯尼斯已经成立了自己的科技公司，还获得了10家公司的投资。他的产品也已经在美国销售了。他的这项发明，对全人类来说是一个福音！

（二）利用变化把握机会

任何变化都能激发新的创业机会，创业者需要凭着自己敏锐的嗅觉去发现和创造。许多很好的商业机会并不是突然出现的，而是对“先知先觉者”的一种回报。聪明的创业者往往选择在最佳时机进入市场，当市场需求爆发时，他已经做好准备等着接单。

案例阅读

日本汽车商识别并把握美国汽车市场机会

20世纪60年代初，日本汽车商通过市场调研发现，美国人把汽车作为身份或地位象征的传统观念正在逐渐削弱，大多数人把汽车作为一种交通工具，更重视其实用性、舒适性、经济性和便利性；美国的家庭规模正在变小，核心家庭大量出现；美国汽车制造商无视环境及需求的变化，因循守旧，继续大批量生产大型豪华车，因而存在小型车空白市场。于是，日本汽车商设计出满足美国顾客需求的美式日制小汽车，以其外形小巧、价格便宜、舒适平稳、耗油量低、驾驶灵活、维修方便等优势敲开了美国市场的大门。

（三）跟踪技术创新把握机会

世界产业发展的历史告诉我们，几乎每一个新兴产业的形成和发展，都是技术创新的结果。产业的变更或产品的替代，既满足了顾客需求，同时也带来了前所未有的创业机会。比如，电脑诞生后，软件开发、电脑维修、图文制作、信息服务和网上开店等创业机会随之而来。任何产品的市场都有其生命周期，产品会不断趋于饱和达到成熟直至走向衰退，最终被新产品所替代。创业者如果能够跟踪产业发展和产品替代的步伐，通过技术创新，则能够不断寻求新的发展机会。

（四）在市场夹缝中把握机会

创业机会存在于为顾客创造价值的产品或服务中，而顾客的需求是有差异的，创业者要善于找出顾客的个性需要并认真研究其需求特征，这样就可能发现和把握商机。时下，创业者热衷于高科技领域，但创业机会并不只属于高科技领域，在金融、保健、饮食、流通这些所谓的低科技领域也有机会。随着打火机的普及，火柴慢慢退出了人们的视线，而创业者沈子凯却在这个逐渐被人淡忘的老物件里找到了新商机，他创造的“纯真年代”艺术火柴红遍大江南北。还有为数不少的创业者追求向行业内的最佳企业看齐，试图通过模仿快速取得成功，结果使得产品和服务没有差异，众多企业为争夺现有的客户和资源展开激烈竞争，企业面临困境。所以，创业者要克服从众心理和传统习惯思维的束缚，寻找市场空白点或市场缝隙，从行业或市场在矛盾发展中形成的空白地带把握机会。

（五）弥补对手缺陷把握机会

很多创业机会是缘于竞争对手的失误而“意外”获得的，如果能及时抓住竞争对手策略中的漏洞而大做文章，或者能比竞争对手更快、更可靠、更便宜地提供产品或服务，也许就找到了机会。为此，创业者应追踪、分析和评价竞争对手的产品和服务，找出现有产品存在的缺陷，有针对性地提出改进方法，形成创意，并开发具有潜力的新产品或新功能。

三、判断和选择创业机会

对于创业者来说，可以结合自身情况去判断与选择创业机会。

（一）先前经验

在特定产业中的先前经验有助于创业者识别机会。有调查发现，70%左右的创业机会，其实是在复制或修改以前的想法或创意，而不是全新创业机会的发现。

（二）专业知识

拥有在某个领域更多专业知识的人，会比其他人对该领域内的机会更具警觉性与敏感性。例如：一位计算机工程师，就比一位律师对计算机产业内的机会和需求更为警觉与敏感。

（三）社会关系网络

个人社会关系网络的深度和广度影响着机会识别，这已是不争的事实。通常情况下，建立了大量社会与专家联系网络的人，会比那些拥有少量网络的人容易得到更多机会。

（四）创造性

从某种程度上讲，机会识别实际上是一个创造过程，是不断反复的创造性思维过程。在许多产品、服务和业务的形成过程中，甚至在许多有趣的商业传奇故事中，我们都能看到有关创造性思维的影子。

四、适合大学生的创业机会

大学生创业有比其他人群占优势的地方，如掌握流行趋势的敏锐度较高，大胆创新，思维灵活，不怕输。但总的来说，大学生创业更要谨慎，创业前要多思考、多准备，并选择适合自己的创业方向。

（一）高科技领域

身处高新科技前沿阵地的大学生，在这一领域创业有着近水楼台先得月的优势。近年来，在国家级、省级、市级等各个级别的大学生创业大赛中脱颖而出的创业项目都是科技含量高的项目，这些就是得益于大学生创业者的技术优势。但并非所有的大学生都适合在高科技领域创业，一般来说，只有技术功底深厚、学科成绩出类拔萃的大学生才有成功的希望。有意在这一领域创业的大学生，可积极参加各类创业大赛，获得脱颖而出的机会，以期吸引风险投资。

当前，大学生创业追求科技前沿是趋势。根据《全球创业观察 2015—2016 年度全球报告》，不同经济发展阶段的经济体，创业产业分布差异较大。而以中国为代表的、处于效率驱动阶段的经济体，创业活动则集中于零售业、信息通信技术和金融等服务业以及制造业与运输业。

《中国大学生就业创业发展报告（2015—2016）》也印证了这一结论。2016 届全国高校毕业生创业项目中，“信息传输、计算机服务与软件业”“制造业”“批发和零售业”是大学生创业选择的前 3 位。特别是随着“互联网+”和“双创”等政策的落地，大学生创业项目也更倾向选择科学技术发展的前沿领域，或者是满足社会需求缺口的领域。

案例阅读

塑胶综丝分离与整理自动化设备

智能制造专业的师生创业团队研发了塑胶综丝分离与整理自动化设备，用以替代人工方式实现塑胶综丝注塑件的自动分离与整理，该设备极大地提高了生产率，降低了生产成本。

设备由三部分组成：送料装置，分离装置，收集与整理装置。塑胶综丝通过送料装置到达分离装置，在分离装置中去除毛料后，再将其送往收集与整理装置。

目前一台注塑机生产的综丝，需要分离岗位3人和整理岗位20个人工，塑胶综丝注塑件分离与整理自动化设备完全替代以上人工，也即一台设备一年能够节省200万元的工人薪酬支出，经济效益显著。

（二）智力服务领域

在智力服务领域创业，可以充分利用高校的资源优势，创业成本比较低。智力服务领域创业的明显特征是：少量的固定资产和流动资金投入，主要依靠高智商、高眼光、高效率。智力或者说脑力是年轻人创业的资本。年轻人脑子灵活、有创造性、创新意识强、知识面广、对新信息接收快，在智力服务领域创业，游刃有余。如各类教育与培训、家教中介、设计工作室、翻译事务所等。

案例阅读

吴文斌的雅绘文化传播公司

吴文斌大学所学专业为工业设计，专业功底扎实，2015年利用所学创办“尚雅惠墙绘艺术工作室”，2017年项目升级为泉州雅绘文化传播有限公司。

雅绘文化采用“线上＋线下”有机结合的营销模式，打造一支以高校经济困难学生为主体的墙绘团队，引导该类学生立足专业特长，树立自强自立意识，从而实现精准扶贫落地有声。

线上营销模式依托淘宝网、58同城、一品威客、泉州惟思商家联盟、微信公众号、百度、微博、博客等进行项目宣传与业务拓展。线下营销模式依托实体团队专业技能，现场彩绘实操，并与惟思文化传播、莫云工作室、艺途工作室等运营实体达成营销合作伙伴关系，开展平面业务、墙绘业务商务合作。

雅绘文化通过个体辅导、团体咨询等形式，提供专业心理辅导培训，提高贫困生自信自强意识，把外部支持转为对扶贫对象的自主自立帮扶，提供创业通识课程、岗位技能、专业实操技能等培训。

案例阅读

专注校园手机维修

陈文超，计算机专业学生，对手机很感兴趣，自学手机维修，刚开始为周围的同学修理手机，后来看到大学校园内对手机维修的需求很大，就去专业机构培训手机维修，在学校的创业孵化基地申请创业店铺，成立了暗潮科技手机维修。

手机维修市场存在着维修效率低、标准模糊、价格偏高、维修不够专业等痛点，暗潮科技在高校校园内为大学生提供手机快修的优质服务，包括手机换屏、主板维修、手机保养等维修服务，兼营手机配件批发零售等，以快捷维修、可视化维修、维修价格透明、手机测评等优质服务满足了大学生客户的各种手机维修需求。创业一年，为在校师生维修过1 000多部次手机，盈利40 000多元。陈文超打算开展大学生手机维修培训，在各大高校建立手机快修服务中心，提供辐射社区的手机维修服务。

（三）网络服务领域

网络服务的概念非常宽泛，包括为企业提供网络化客户关系、自动化办公、营销等方面的管理服务，同时也为网上开店或利用网络的个人服务。例如，软件开发、网站建设、网页制作、网络服务、手机游戏、校园动漫店。

以校园快递服务为例，无论是网上店铺还是网上拍卖，最终都要在现实生活中进行交易，必然涉及物流，各网店为第三方物流企业提供了宽广的需求空间。大学生网上消费群体的崛起，也为校园快递服务提供了机会。

再如，运营校园自媒体。现在微信、微博、博客、百度贴吧以及各种论坛等网络社区聚集着大量人气，如何吸引和利用好这些人气流量就是自媒体营销赚钱的关键。每天发布一些校园资讯，或者优秀软文，或者提供校园服务，都可以积聚人气。有了足够的人气，无论是广告植入还是提供大学生需要的产品和服务等，都可以获得不菲的收入。

（四）加盟连锁领域

在相同的经营领域中，个人创业的成功率低于20%，而加盟创业的则高达80%。对于创业资源十分有限的大学生来说，借助连锁加盟的品牌、技术、营销、设备优势，可以以较少的投资、较低的门槛实现自主创业。但加盟连锁也并非“零风险”，在市场鱼龙混杂的现状下，大学生涉世未深，在选择加盟项目时更应注意规避风险。一般来说，大学生创业者资金实力较弱，适合选择启动资金不多、人手配备要求不高的加盟项目，从小本经营开始为宜。

（五）其他凸显个性的独占市场领域

随着消费的不断升级，彰显个性已是更新更高的消费主流和要求，而商机也正是附着在提供“个性选择”上。个性化概念可分为两种：一种是商品个性化，主要是抓住时下消费者求变求新、标榜另类和时尚的特性，提供独一无二的个性化商品；另一种是店铺个性化，从文化理念入手博得消费者的认同感。从这两种概念划分出发，有两种个性创业模式值得借鉴：

(1) DIY 类店铺。这是近年来走势较为可喜的一种特有形式，从陶吧、银饰吧到纸艺吧、花艺吧等，DIY 开始渗入生活的方方面面。和一般店铺不同的是，这些小型手工作坊提倡“Do It Yourself”甚至“Enjoy It Yourself”的新消费理念，其卖点不是产品本身，而是制作产品的过程，这正是吸引人的地方，也是利润的主要来源，从而为经营留下了很多可以创意开发的余地。

(2) 以个性化商品为主打的店铺。如做专做精的海报馆、派对用品专卖等，提供具有独特创意的商品，满足一部分追求个人风格、品位的消费者的需求。个性化商品虽需与众不同，但并不等于标新立异，其定义部分趋同于“小众市场”商品，如何把握独特性与实用性的尺度，显得尤为重要。

走个性化路线需要创业者有独特的思路和品位，对创业项目前景有充分的前瞻和预期，在选料、进货、销售的过程中，更要注意保持原创的独特性。此外，个性化项目普遍的风险是流行时限不长，当个性不再个性时，创业者就应当机立断，快速做出调整。

活动与训练

活动 1：头脑风暴寻找商机

很多创业成功的实例说明，利用自身知识、专业优势或兴趣爱好进行创业是取得创业成功的有效途径之一。请结合所学专业知识，运用创新思维在相关行业寻找商机。具体操作步骤如下：

(1) 采用头脑风暴法寻找潜在的商机，商机越多越好，然后进行分析判断，选出一个适合创业的商机，并讨论出具体的实施方案。(提示：如电子商务专业的同学可尝试“互联网＋”创业，机械类专业的同学可利用自己的发明创造进行创业，爱好餐饮的同学可创办创意餐厅等。)

(2) 选取实验组，每 4～6 人为一组，按照方案进行创业实践。

(3) 撰写实践总结，内容包括创业实施效果、实践心得及体会。

活动 2：小组实践活动——从问题中发现商机

请每个小组（5～8 人）选择附近超市里的一种产品，采访至少 5 位购买这种产品的顾客，了解他们使用这种产品过程中的主要问题或他们不喜欢的方面，然后让他们描述他们认为理想的产品。最后，根据顾客反馈的问题提出解决方案，学会从问题中发现并把握商机，并写出具体的实施方案。

第三节 评估创业机会

学习目标

1. 理解和掌握评估创业机会的方法。

2. 能够对创业机会进行有效评估。

案例导读

两个月就关张的食品杂货店

学生小刘毕业后一直想自己做老板，看到邻居在小区里开了一个食品杂货店收益不错，颇为心动。于是，小刘租了小区内一个库房做店面，筹集了一万多元钱做启动资金，进了一些货品，开了一家食品杂货店。但是经营了两个月后，小刘的食品杂货店就撑不住了，不得已关张。为什么同样是食品杂货店，邻居可以干得红红火火，小刘的店就经营惨淡呢？原来，小刘为了突出自己食品杂货店的特色，没有像邻居一样经营茶、米、油、盐等大众用品，而是将经营范围锁定在沙司、奶酪、芝士等一些西餐调味食品上。但是小区里的居民对她的货品需求少，加之店面的位置在小区边缘，而且营业时间不固定，很多居民都不愿意绕道过去购买，所以她的小店支撑不下去了。

分析：

需求调查是开店之前必须要做的工作，小刘在小区开食品杂货店之前没有对市场进行充分的评估，自己的想法与市场需求存在着差距。

知识与背景

一、如何评估创业机会

对于创业者来说，关键在于如何能够从众多机会中找出真正有价值的创业机会，并采取快速行动来把握机会。大学生创业者对于学生市场的需求是最为了解的，这也是多数大学生开始创业时首先考虑的方向，比如：校园的水果店不多，性价比不高，品种较少，我想开个网上水果超市，提供各种水果送货上门服务；大学生周末不是回家就是宅在宿舍，缺乏锻炼的机会，我想提供大学生周末交友、郊游的服务；大学期间是青年人谈恋爱的多发时期，但由于缺乏经验，在面对情感困惑时没有好的解决渠道，我想成立一个情感辅导中心，为大学生情感问题提供咨询和服务；大学生想要锻炼身体却坚持不下去，我想成立个跑步俱乐部，提供各种打卡服务；大学期间有许多闲置的物品和书籍，却没有很好的处理渠道，只能当废品卖了，我想成立个校园二手商品交易中心，为大家的闲置物品提供帮助和服务。

发现环境的不足，产生不满情绪并寻求改变，这是大学生创业的开始，但创业之前需要对这些创业机会进行有效评估，这样才能提高创业成功的概率。

对于创业机会的有效评估包括市场评估、商业模式评估、财务计划评估三个方面，如表 2-1 所示。

表 2-1 评估创业机会

市场评估	谁会买你的产品/服务	1. 你准备卖什么？是产品、服务或其他？
		2. 他们是谁？他们在哪里？他们买你的产品/服务实现了什么样的现实/心理诉求？
		3. 还有谁在卖同类/相关的产品/服务？
		4. 你的优势和盈利点在哪里？
商业模式评估	如何去卖你的产品/服务	1. 营销模式。
		2. 市场发展策略。
		3. 未来的发展规划。
财务计划评估	按计划是否可以保持盈利	1. 单位时间内的收入预估是多少？
		2. 单位时间内的支出预估是多少？
		3. 可能产生的变动是什么？

二、评估市场

（一）卖什么

明确你在卖什么比如何去卖更重要。产品是由需求驱动的，有需求自然便有了产品，应清晰地洞察市场需求。人类有了衣食住行的需求，于是便有了各种款式的衣服、鞋子、房子、交通工具的出售。人类对于衣食住行有更个性化的需求，于是便有了定制的产品出售。

在卖什么的问题上，需要考虑以下细节问题：你的项目准备以什么为主要卖点，是某种产品还是服务，或是背后的某种心理需求和价值。也许你准备售卖的产品包含了以上诸多元素，你需要思考的是其中的核心价值是什么，就像同样卖手机，小米手机的核心价值在于高性价比，苹果手机的核心价值在于软件整合并凸显身份。

（二）卖给谁

考虑完卖什么之后，自然就要问自己以及团队：你们准备把产品卖给谁？关于用户的分析，传统观念认为，一个好的产品应该是大部分人都喜欢的产品。事实上，这种求大求全的产品设计思路，已经过时。创业者必须细化市场，选择最有利的目标群体，以提供令人满意的产品。购买者对于产品的各种性能、样式、价格存在着不同的敏感度和偏好。一般来讲，市场细分要素如表 2-2 所示。

表 2-2 市场细分要素

细分变量	细分因素	细分结构举例
人口变量	年龄	婴幼儿、少年、青年、中年、老年
	性别	男性、女性
	受教育程度	初中、高中、专科/本科、硕士研究生及以上
	宗教信仰	佛教、基督教、伊斯兰教
	家庭规模	单身、二人世界、三口之家
	职业	工人、农民、知识分子
	收入水平	低收入、中等收入、高收入

续前表

细分变量	细分因素	细分结构举例
心理变量	兴趣爱好	阅读、音乐、书法、绘画、运动
	个性特点	自由、独立、自主、保守
	生活方式	时尚、冒险、刺激、简单、朴素
	社会阶层	进城务工人员、工薪阶层、政府公务员
行为变量	购买动机	必不可少、可有可无
	决策因素	物美价廉、彰显地位与品位
	使用数量	潜在客户、初次使用者、回头客
	品牌忠诚度	多变者、转移型忠诚者、不坚定的忠诚者、坚定的忠诚者
地理变量	地区	农村、乡镇、城市
	国家	亚洲国家、欧洲国家
	气候	多雨、酷热、严寒、大风、干燥

对于卖给谁，腾讯公司开发的人物角色模型值得借鉴。人物角色模型针对目标群体真实特征将用户进行分类并形成典型角色，每个角色都代表一群真实的人物，人物角色概括了用户调查发现的一系列数据和信息，并且栩栩如生。通过人物角色模型，我们可以发现以下要素信息：人口信息、现状描述及内心诉求，这也是需要描述的三个基本方面。人口信息通过人口学信息，真实地呈现出目标群体（市场细分）的形象；现状描述表现出当下问题的“痛点”，能够让人们产生共鸣；内心诉求表现出客户内心的声音，这一点是驱动客户愿意进行购买的核心要素。

案例阅读

润妍——宝洁的中国之痛

宝洁素以产品多样化著称，实行多品牌战略，同一领域开发了多个品牌，比如潘婷、海飞丝、飘柔，同属于宝洁旗下洗护用品但针对的客户群体不同，在产品细分与市场定位上取得了很大的成功，但润妍却是宝洁失败的产品。

润妍上市仅仅2年，就已经全面停产，退出市场，润妍怎么了？

早在20世纪末期，中国洗发水市场关于“黑头发”的概念就很流行。重庆奥妮率先喊出“黑头发，中国货”“植物一派，重庆奥妮”，取得了理想的效果，并由此开创了国内品牌挑战宝洁的先河。其后，夏士莲着力打造黑芝麻黑发洗发露，利用强势广告迅速对宝洁的品牌形成新一轮的冲击。一些地方品牌也乘机而起，就连河南的鹤壁天元也推出了黛丝黑发概念产品。

一方面，这些产品基本上采取定位区隔的方式，将植物与化学进行系统区分，将宝洁划分为化学成分阵营，有效击中了宝洁的要害；另一方面，在世界范围领域，天然、环保的潮流愈演愈烈，成为未来主导的流行趋势，而这很可能使得宝洁的洗发水走向穷途末路。面对这一局面，宝洁也不得不正视这一块市场，中草药和植物概念必须被引入宝洁的品牌当中；同时伴随着重庆奥妮的衰落，这一块的市场有许多的既有消费者等待新品牌的出现，由此也更加坚定了宝洁推出该类产品的信心与决心.

1997年，宝洁开始确定新品战略，并从此开始长达3年的市场调研与概念测试。宝洁在新产品开发上采取其一贯的做法，从消费者到竞争对手，从品牌到包装等无不经过科学与严格的市场测试。

1999年9月，在润妍产品测试阶段，宝洁再次反省了对产品定位、品牌概念、产品包装、广告创意等的认识，对原有的计划进行了部分修正。2000年，润妍正式诞生，针对18～35岁女性，定位为“东方女性的黑发美”。润妍的上市给整个洗发水行业以极大的震撼，其包装、广告形象无不代表着当时乃至今天中国洗发水市场的极高水平。

但润妍推出的两年时间中，其市场表现却令宝洁上下感到失望。资料显示，润妍在上市后的销售额在1亿元左右，广告费用约占10%。两年时间里，润妍虽获得一些消费者认知，但其最高市场占有率从未超过3%，这个数字不过是飘柔市场份额的1/10。在润妍上市半年后，一份对北京、上海、广州和成都女性居民的调查也显示，在女性最喜爱的品牌和女性常用的品牌中，夏士莲黑芝麻排在第6位，而润妍则榜上无名。另一份调查则表明，看过夏士莲黑亮去屑洗发水的消费者中有接近24%愿意去买或者尝试，而看过润妍广告的消费者中愿意尝试或购买的不到2%。

润妍是一个产品、广告与形象都不错的品牌，为什么不能成为宝洁的第五大品牌？

1. 进入市场的时机滞后

1997年，宝洁公司就提出中草药洗发水的概念，提出了研制中草药洗发水的要求。然而，由于中草药洗发水的配方研制只针对中国市场，在全球来说属于优先级比较低的项目，这件事情就一拖再拖。直至两三年后，由于洗发水市场整体竞争的不断加剧，宝洁急需新的业务增长点，才开始大规模进入这个有巨大潜力的细分市场，可惜已错过了品牌推出的最佳时机。

1998年，重庆奥妮和奥美合作投入巨资推广当时表现不佳的奥妮皂角，因为广告投入过大而销售效果远不如预期，致使重庆奥妮现金流紧张，被迫停止广告投放，

曾被奥妮牢牢占据的“植物”“黑头发”概念市场，此时出现了空白。这是一个难得的市场机会。而这时，宝洁仍然在做市场调查，它的老对手联合利华抢先推出了夏士莲黑芝麻洗发露。

宝洁注重市场调研当然是好的，而做好调研也是宝洁战略的一个重要组成部分。但是宝洁却忽略了一个现实的市场影响。市场战略上有一条规则，不能放弃战略，但是当机会大于战略时，一定要把握机会。三年的苦苦等候，宝洁终于将润妍推出，可此时市场地位已经尘埃落定。

2. 消费群体的需求不够明确

应该说，从孕育开始，润妍就是一个继奥妮推出“健康、黑发”概念之后的延续产品，这一部分人群已经具有对黑头发的认知和使用习惯，也是品牌切入最为经济的办法。但不知是不屑于跟随还是对未来趋势的判断过于自信，宝洁居然舍弃了已经存在的市场而“另辟蹊径”，将目标人群定位为18～35岁的城市高知女性。于是我们可以看到润妍具有唯美的广告形象和唯美的视觉冲击，其包装也是素雅和高贵的。

但是润妍定位的人群，属于社会阶层当中的潮流引导者，她们的行为特点就是改变与创新，随着时尚的不断发展，其发型与颜色都在不断变换，在她们眼里，黑色是最守旧的一种。深层次地分析发现，“黑发美”已经远离时尚，不是18～35岁女性的追求了，但在润妍的宣传中，消费者只明白“黑头发”的概念，对其中是否含有植物配方养发护发的效果知之甚少。润妍在大量的推广中并没有把消费者最重视的利益点突出来，这就使广告诉求无效，做了无用功。

3. 营销渠道缺少支持

强有力的营销渠道一直是宝洁公司在市场分销上的强项。宝洁进入中国市场后，能够使旗下品牌在中国市场拥有众多忠实消费者和相当高的市场占有率，与其强大的分销系统和科学的渠道管理密不可分。但是随着宝洁公司在中国市场的品牌知名度和美誉度的不断提升，宝洁的四大品牌已经成为主导渠道的代表，每年固定6%左右的利润率成为渠道商家最大的痛。许多经销商只是因为消费者指名购买的原因，不得不做宝洁的产品，但也仅仅限于四大品牌范围内，润妍作为一个新上市的品牌，当然不具备这样的实力，于是思维定式造成的利益矛盾就十分明显了。

一方面，润妍沿袭了飘柔等强势品牌的价格体系，在这种价格体系下，经销商没有多少利润；另一方面，经销商出于销售额的考虑，不能不做。但新品牌润妍的价格政策，则无疑会导致经销商对其采取抵制态度，致使产品不能快速地铺向市场。脱离了经销商渠道，润妍就失去了与消费者面对面沟通的机会，自然不可能被消费者所选择。

（三）竞争和优势

我们可以用波特五力竞争模型（见图 2-1）来分析行业的竞争。波特五力竞争模型认为，五种力量分别来自竞争对手与产业链两方面，即潜在竞争者的威胁、现有竞争者的威胁、替代品的威胁、供应商的议价能力和购买者的议价能力。其中，供方指上游供应商，其提升价格会影响你的效益；买方指消费者，如果买方和供方拥有讨价还价的能力，那么企业的竞争力自然下降。

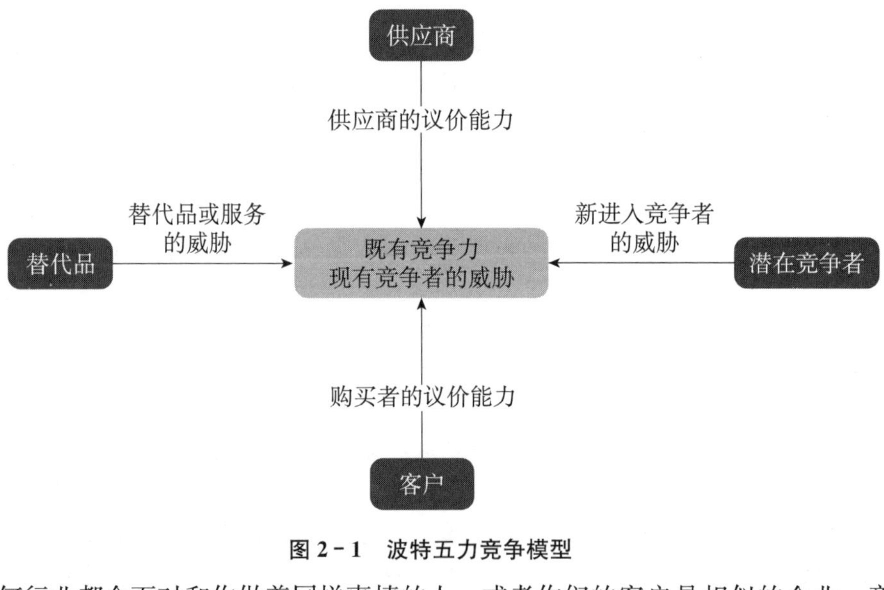

图 2-1　波特五力竞争模型

任何行业都会面对和你做着同样事情的人，或者你们的客户是相似的企业。竞争无处不在，竞争决定了你未来的高度。例如，传统的银行从事的业务和提供的服务是相同的，它们是直接的竞争关系。随后，银行结合互联网技术推出了网上银行，利用技术优势，形成了一定的竞争优势，即当下无直接竞争的其他组织。后来，支付宝的出现颠覆了传统的银行体系，无论是第三方支付还是余额宝的推出，成了银行潜在的竞争对手。2014 年，微信支付的红包产品，再一次与传统银行形成了明显的竞争，原来看似不相干的社交软件成了银行的竞争对手，各个银行开始争相推出手机银行。

竞争同样推进了合作。从当代的商业竞争趋势来看，每个行业纷纷“抱团取暖”：优酷与土豆合并、滴滴与快的合并。如果想要在竞争中生存，不仅要考虑如何与别人竞争，也需要考虑通过合并、战略合作等方式存活下去。通过合作，可以很好地规避竞争。

对于具体创业项目而言，首先，分析你的竞争对手（直接竞争和间接竞争）有哪些；其次，结合竞争对手，了解自己创业机会的优劣势是什么；最后，明确对于竞争对手，你有哪些应对的方式。

三、评估商业模式

商业模式即通过什么样的方式来赚钱的过程，其可以指引创业的方向。

（一）销售策略

你准备用什么样的方式销售你的产品/服务？这些销售模式的优势是什么？这些销售模式的劣势是什么？还有没有其他的方式能够帮助你销售？传统的店铺模式是指在具有潜在消费者群的地方开设店铺，提供产品或服务，可以简单地概括为商业组织对个体的模式，也叫 Business to Customer（B to C）。

20 世纪 50 年代，麦当劳创造了标准化的商业模式，在多方考察顾客的意见后撤销了烤炉等费时费力的工具，将菜单减少到只有 24 道菜，顾客不用专门进入店里等待，只需要在车上等着从窗口传出做好的汉堡，并且每个汉堡的分量、材料等都是统一标准的。麦当劳以快速、精准的管理方式和风格，从 20 世纪 50 年代开始迅速扩张。

20 世纪 60 年代，日本丰田汽车公司创造了精益生产的商业模式，推出了一种准时化和自动化的生产方式来满足顾客的个性化、差异化需求，生产的小排量汽车使得日本的丰田汽车一度超过了美国汽车，成为最受欢迎、销量最高的汽车。

20 世纪 70 年代，FedEx 快递确立了现代快递的商业模式，即转运中心及航线网络系统的快递业模式。

20 世纪 80 年代，戴尔创立了直销的商业模式，对价值链进行缩减，取消了中间商、代理商，直接接受顾客的订单生产产品并送到顾客手中，大大减少了库存压力与经营成本。这其中，不仅包括对个体的服务，也包括对企业的服务。企业对企业的商业方式，一般称之为 Business to Business（B to B）。

20 世纪 90 年代，美国西南航空创新了商业模式。之前，美国的航空几乎被其他航空公司垄断，实行高票价，将成本转嫁给消费者。而西南航空则实行差异化与低成本战略，减少了航空旅程的豪华套餐，开启了短程飞行，大大地便利了乘客。

21 世纪是互联网的时代，商业模式呈多样化的趋势，互联网的免费模式就是其中典型的代表，每一次商业模式的革新都能给公司带来一定时间内的竞争优势。随着时间的推移，公司必须不断改变它的商业模式，以适应新的变化。如社交网络带来了分享经济，App 手机软件带来了大数据和流量价值，这些都拓宽了商业模式的边界。

案例阅读

绿山咖啡的成功商业模式

绿山咖啡的成长史，简单地可以概括为“前期卖习惯，后期卖标准”。它的商业模式从文字上看，并没有太高深，甚至算不上原创，其精髓在于能够借力渠道和“标准”的地位迅速地将收益范围最大化。

一说起咖啡，许多人想到的都是星巴克，许多商家都以星巴克为楷模和标杆。在外行人看来，绿山咖啡的名头跟星巴克完全无法相提并论，但事实上，这家公司2006—2010年期间股价狂飙了九倍，远超星巴克。

绿山咖啡主要生产克里格咖啡机和配套的K杯咖啡。消费者通过绿山咖啡的克里格咖啡机和配套的K杯咖啡，能方便而快捷地煮出口感很棒的咖啡。

“K杯”是绿山咖啡的一项专利产品，是一个外表像纸杯的容器，里面有一个小一点的纸杯状的渗透装置，只能渗透液体，上面用铝箔盖封口，以保证咖啡的香味不会散发。将K杯置入克里格咖啡机，按一下按钮，加压注水管就会穿破铝箔盖进入滤杯中，注入热水。咖啡机会精确控制水量、水温和压力，以保证咖啡香味最大化。

对于消费者来说，把K杯放在咖啡机里，一分钟之后，一杯香腾腾的咖啡就出现在你的面前了。不用磨咖啡豆、不用称量、不用清洗、杯底无残渣、每次正好冲一杯，而且从来不用掂量是否放多了材料，较之传统咖啡机更便捷，咖啡香味也更浓郁，而价格只有星巴克的十分之一。

绿山咖啡的咖啡机只卖100多美元，基本是不赚钱的，主要靠销售K杯赚钱，24杯装的K杯通常卖12美元，相当于每杯0.5美元。

很有意思的是，绿山咖啡现在没有咖啡店，它在1998年关闭了所有零售店，改为与批发商合作，进驻了埃克森美孚加油站和Stop&Shop便利店。

绿山咖啡还进入了史泰博北美600家办公用品超市，并进入其邮购目录，通过这个渠道输送超过45万千克的咖啡。

后来，绿山公司又进入美国东北地区数以千计的办公室。大多数企业都很乐意安装绿山的咖啡机，因为这有利于避免员工以“办公室咖啡太难喝”为由溜到外面去喝咖啡。

如今，北美的家庭和办公室，每天都会消耗掉300多万个K杯。绿山20多亿美元的销售收入中有近三分之一来自直接向办公室销售咖啡。

更酷的是，绿山咖啡允许其他饮料生产商生产K杯，绿山咖啡申请了多个K杯相关专利，凭借这些专利，绿山咖啡的K杯向所有饮品商开放。

绿山咖啡允许其他咖啡、茶或热可可生产商采用K杯包装，在绿山咖啡的克里格咖啡机上使用，这些公司只需为此向绿山咖啡支付6美分/杯的许可费。

绿山咖啡把K杯做成了一个饮料行业的开放平台，一般来说，同行是冤家，但绿山咖啡通过K杯的开放，和许多咖啡品牌成为合作伙伴。比如2007年，美国知名咖啡品牌嘉瑞伯，通过特许权协议，加入K杯品牌组合，星巴克也是绿山咖啡的合作伙伴。

现在K杯的品种很多，有13个品牌200多种咖啡、茶和热可可，能满足消费者不同的需求。

合作伙伴为每个K杯包装支付6美分的许可费。2008年，绿山咖啡卖了10亿个K杯，也就是仅许可费就是6 000万美元。

目前绿山咖啡在美国家庭和企业中总的装机量已经达到了1 600万台，按照每天1杯的消耗量计算，每年K杯的消费总量约60亿杯。按照0.064美元/杯的授权使用费计算，每年授权的许可费收入约3.84亿美元。

绿山咖啡的模式就是管理界说的剃刀模式，就像吉利剃刀一样，刀架很便宜，但需要不断购买刀片，绿山咖啡的咖啡机不赚钱，但只要用了咖啡机，就只能用K杯。咖啡机卖得多，就吸引其他饮料商和绿山咖啡合作，使用K杯技术，其他饮料商越多，K杯产品越丰富，就会有越来越多的人买绿山咖啡的咖啡机。

案例阅读

九阳 OneCup 的失败

2013年，九阳公司推出了 OneCup 豆浆机新品，产品采用“豆浆机(随饮机)＋豆粉盒(随饮杯)”模式。与传统豆浆机不同的是，消费者不再需要在机器内研磨豆料，而是放入定制的豆粉盒，按一下按钮，机器内的刺针会穿透豆粉盒封盖注水冲泡，30秒钟即冲出一杯豆浆，没有噪声，不需清洗。

想喝豆浆？一次一杯。这样的消费模式与绿山咖啡十分相近，因此在 OneCup 推出后，券商纷纷表示看好“中国绿山”——九阳股份，公司股价也在一片叫好声中大涨。

尽管 OneCup 的推广采用了彻底的互联网思维，但其实际效果并未达到外界预期。衡量一个产品是否得到市场认同，销量无疑是个重要指标。九阳股份在2014年6月9日的投资者关系活动记录中披露，截至6月9日，OneCup 大概卖了1.2万台。而对比九阳旗下同类产品，这样的销量在豆浆机市场并不算好。

在价格方面，最初公测时，OneCup 售价为799元，2014年4月11日天猫正式首发时，标明定价1 999元，实际售价为999元，而到了“6.18”京东首发时售价已经降至499元。豆粉盒的价格也从标定的4.5～8.9元降为2～4.5元。

从横空出世时的火热到现在遇冷，策略调整也没看到很大改观，如此大的反差需要从商业模式上找原因，即公司如何设计并运营这种“类免费”商业模式。

好榜样绿山咖啡——闭环生态下的免费商业模式在互联网经济兴起之前，吉列剃刀、电信运营商送手机和绿山咖啡的K杯系统是典型的原子经济“类免费”商业模式（《长尾理论》和《免费》的作者克里斯·安德森将依靠涨价销售的实体消费称为原子经济），即以成本价或者免费销售或赠送机器，依靠耗材销售赚取利润，这个模式的可行性，必须依托三个条件：首先，商品是必需的快速消费品，以保证耗材销售带来的现金流和利润迅速填补并超越机器的损失；其次，对消费者而言，在使用周期内的消费在经济上有明显的性价比优势；最后，专利授权体系和消费黏性构成一个闭环生态，以防止喧嚣过后为别人作嫁衣。

分析这个例子，我们可以发现：市场需求、价格定位、用户需求都是无法让 OneCup 成为爆品的原因。

第一，中国人的豆浆消费量远远无法和西方社会的咖啡消费量相比。一般来讲，豆浆仅仅是部分人的首选早餐。而大部分城市居民，早餐是无法在家中享用的，这是制约销量的因素之一。第二，豆浆的口感相对单一，不同于多样品质的咖啡带来的丰富体验。第三，也是最为重要的，绿山咖啡的低价，足以让消费者产生极强的消费冲动，即足够强的引爆点。九阳的 OneCup 的价格并不能让人们对产品产生极强的兴趣，无论通过什么样的营销，都无法让人们对新产品产生信任感，这也是导致失败最重要的原因。

（二）发展策略

在发展策略上要考虑市场的准入策略，应思考：你的创业项目所面临的市场领域是哪一种？进入的策略是什么？面对挑战，是否有一些可以调整的方式？

在进入策略上，原有市场、细分市场和全新市场的进入是完全不同的。面对有很多竞争对手的原有市场，你的创业项目要具有很强的竞争优势，例如资源优势、人脉优势。面对已经成熟但需要细分的市场，你的策略是从差异化的角度进入，如同餐饮行业已经很成熟，海底捞主打服务，素餐厅主打健康等特色。全新的市场代表了当下并没有的领域，你的创业项目就需要引导人们意识到它的重要性。

作为培训行业的领军企业，新东方就是原有市场的代表，直接与其竞争，结果必然是惨烈的。因此，好未来主打突出细节特色，如小班制、不满意可以退费等，确保用户的口碑和满意度，让人们意识到，原来 K12（指从幼儿园到 12 年级的教育，国际上用作基础教育阶段的通称）培训还可以这样做。

（三）未来计划

理性并客观地评估你的发展计划：

对于未来的短期（1～3 年）发展目标，实现这一目标的发展计划是什么？

对于未来的中期（3～5 年）发展目标，实现这一目标的发展计划是什么？

对于未来的中长期（5～10 年）发展目标，实现这一目标的发展计划是什么？

四、评估财务计划

创业项目需要进一步从财务角度进行可行性分析，以提高创业的成功率，同时也能为投资者提供依据。财务评估包括以下内容：

（1）确定评估的单位时间，一般以一年为限；

（2）预算有哪些收入项目，预算单位时间内最高和最低的收入情况；

（3）预算有哪些支出项目，预算单位时间内最高和最低的收入情况；

（4）列表评估，见表 2-3；

表 2-3　财务评估表

最高收入		平均收入		最低收入	
最低支出		平均支出		最高支出	
最优评估结果		平均评估结果		最劣评估结果	

（5）考虑可能调整的方案。

例如：李阳在一家少儿绘画培训机构当老师，教学经验丰富，积累了一定的工作经验，打算成立自己的少儿绘画培训工作室。按照目前的财务评估，她做出了以下安排：

以一年时间为限，她可以有的收入项目是培训班（60 元/人/次，一次可以教 12 人），若自己当老师，一个星期开 2 个班，每班满员的情况，每月收入为 12×2×60×4＝5 760 元，一年可以收入 69 120 元。如果按照最好的情况，她会雇用 3 个老师，每年的收入为 276 480 元。如果按照最差的情况，自己教，每班不能满员，一个班约 6 人，那么每月收入为 6×2×60×4＝2 880 元，一年可以收入 34 560 元。

接下来考虑支出的数字，最好的情况下，租用教室一年的房租水电费约为 30 000 元，3 位老师的人力成本为 43 200 元，宣传费用约为 4 000 元，相关的其他费用合计 10 000 元。这样一年下来，最高支出共 87 200 元。最差的情况是自己教，人力成本和场地费可以省去很多，可以租用别的培训机构的场地，一年 14 400 元，自己的收入为 34 560－14 400＝20 160元。

按照财务评估表，列出数据，见表 2-4。

表 2-4 财务评估数据

最高收入	276 480	平均收入	69 120	最低收入	20 160
最低支出	14 400	平均支出	22 000	最高支出	87 200
最优评估结果	262 080	平均评估结果	66 920	最劣评估结果	−67 040

看完最终结果，李阳得出以下结论：如果一切顺利进行，按照最好的打算来做，未来前景是很好的。但是师资和招生问题是她现在迫切需要解决的问题。如果培训班出现最差的情况，她也不会赔本，因为她从中获得了创业的经验。最大的开销来自场地的租金，这是最先要考虑的重点，如果不具备很好的生源和师资，不能急着租场地。基于此，李阳决定：

（1）继续在其他培训机构授课，先积累良好的人脉资源和生源；

（2）在合适的时机租房开班；

（3）和出租方协议，是否可以随时调整教室租赁的数量，解决淡旺季生源不均的问题。

案例阅读

迪士尼策略：天堂-人间-地狱之旅

迪士尼策略第一步：梦想家的“天堂之旅”。任何创意的产生，需要天马行空，不受任何传统思维的制约。梦想家在这里可以自由发挥，这也是迪士尼公司那些住在高层的创意生产者最痴迷的工作方式。

迪斯尼策略第二步：实干家的踏实工作。梦想家们会把自己很多的创业点交给中间的实干家，把创意放到“人间”，实干家们需要考虑清楚：这些想法该如何实现。这些实干家都是勤勤恳恳的工作者，同样不会对创意冷嘲热讽，只是忠实地思考该如何把创意变成执行计划。

迪士尼策略第三步：批评家的严苛。执行计划被传递给迪士尼公司的外聘专家——批评家，他们专门负责给这些计划挑毛病、找漏洞。所有的计划都要经历“地狱之旅”。面对严苛的要求，只有那些真正可行的项目才会脱颖而出。

一般的迪士尼策略，还会把经过“地狱之旅”的执行计划交还给实干家，让他们重新修改计划和策略，最终交还给梦想家，由他们来思考如果按照计划执行，能够带来的美好世界是什么样的，从而提升大家对项目的热情。

需要注意的是，“天堂”和“地狱”不可以直接交流，因为那样往往会扼杀好的想法。

梦想家：我有个很好的想法。

实干家：我们该如何去实现。

批评家：如果遇到什么问题，我们该怎么办，这个项目的预算/资源是否充足。

如果梦想家和批评家直接交流，就会变成：

梦想家：我有个梦想。

批评家：别想太多了，根本不行。

大部分人的创意都是这样被扼杀的。

活动与训练

活动 1：用所学的创业机会评估方法评估下面的创业机会是否可行并说明原因

在市场需求下，宠物美容业迅速发展。李梅想在小区附近开一个宠物美容店，专门提供宠物用品零售、宠物美容、宠物寄养、宠物乐园、宠物销售等服务。

活动 2：思考与讨论

对小组创意进行修改，并把创意升级为项目，完善其中的商业模式。

第三章
制订创业计划

导读

大学生创业本身就是一项充满风险和未知的挑战，尤其是由于自身资源的局限性，好的创业想法不一定能够落地。本单元从准备创业计划、制作创业计划书和筹集资金计划三个方面进行阐述。通过对创业计划书的编制，大学生可以对自己的创业项目进行全面摸底，减少盲目性和冲动；也可以通过撰写创业计划书，明晰自己筹集创业资金的渠道，使学生能够自我制订创业计划，提高创新创业能力。

学习指南

一、学习方法

1. 案例学习法。
2. 情景学习法。
3. 项目学习法。

二、注意事项

1. 树立终身学习的观念。知识经济时代，科学技术突飞猛进，企业环境复杂多变。大学生创业者要想把工作做好，就必须有好学的精神，善于学习。创业者要学习经营管理知识、科学技术知识，以及社会学、心理学、经济学等一系列相关学科知识；同时，还要善于从自己及别人的成功和失败中吸取经验教训。这样，才能跟上时代的步伐，以系统的思路、全新的理念实施创业计划。

2. 树立求真务实的观念。创业不一定是开大公司、做大买卖，哪怕是传统行业中一项具有革新意义的技术创新也是创业，关键在于创业者有没有从小做起、从实际做起的勇气。创业者应对行业进行深度审视，从自身实际出发制订创业计划。

第一节 准备创业计划

学习目标

1. 理解什么是创业计划。
2. 了解创业计划的特点和作用。
3. 掌握制订创业计划前的准备内容。

案例导读

张华的创业计划

张华毕业于某名牌大学，经过多年的业余研究，他在室内环境污染治理方面取得了一项重要的技术突破，这项技术如果在实际中得到应用，前景将非常广阔。于是张华便辞去原来的工作，准备自己创业。但由于多年的积蓄都用在了室内环境污染治理的研究上，在七拼八凑注册了一家公司后，张华已经无力再招聘员工、买实验材料了。无奈之下，张华想到了风险投资基金，希望通过引入合作伙伴的方式解决困境。为此，他多次与一些风险投资机构或个人投资者接洽商谈，虽然张华反复强调他的技术多么先进、应用前景多么好，并拍着胸脯保证投资他的公司回报绝对低不了，但总是难以令对方相信，而且他对于投资者问到的多数数据也没有办法提供，如市场需求量具体有多少、一年可以有多大的销售量、投资后年回报率有多高，就连招聘一些技术骨干也比较困难，这些人也总是对公司的前景缺乏信心。

这时，曾经在张华注册公司时帮助过他的一位做管理咨询的朋友一句话点醒了他："你的那些技术有几个投资者搞得懂？你连一份像样的创业计划都没有，怎么让别人相信你？投资者凭什么相信你？"于是，在向相关专家请教咨询后，张华又查阅了大量的资料，然后静下心来，从公司的经营宗旨、战略目标出发，对公司的技术、产品、市场销售、资金需求、财务指标、投资收益、投资者的退出等方面进行了分析和论证。在这个过程中，他还得不时搞一些市场方面的调查。一个月后张华就拿出了一份创业计划初稿，经过几位相关专家的指点，又进行了修改和完善。凭着这份创业计划，张华不久就与一家风险投资公司达成了投资协议，有了风险投资的支持，员工招聘问题也迎刃而解。现在，张华的公司经营得红红火火，年销售利润已达到500万元。

分析：

创业计划的制订绝不是随便写一篇文章的事。创业计划是企业的行动纲领和执行方案，其目的在于为潜在投资者提供一份创业项目的介绍，向他们展示该创业动机的潜力和价值，并说服投资者进行投资。

知识与背景

一、认识创业计划

（一）创业计划的概念

创业计划是创业者叩响投资者大门的“敲门砖”，是创业者计划创立的业务的书面摘要。研究表明，美国快速成长的企业中68%是从创业计划开始的，有创业计划的企业与没有创业计划的企业相比，从快速获得收入来看其成功率提高了69%。一份优秀的创业计划往往会使创业者达到事半功倍的效果。

创业计划又称商业计划，创业计划是一份全方位的商业计划书，其主要用途是递交给投资者，以便于他们能对企业或项目做出评判，从而使企业获得融资。它是用以描述与拟创办企业相关的内外部环境条件和要素特点，为业务的发展提供指示图和衡量业务进展情况的标准。通常创业计划是市场营销、财务、生产、人力资源等职能计划的综合。创业计划主要回答三个问题：有没有市场？自己有没有优势？赚钱有没有模式？

（二）创业计划的主要内容

（1）分析和确定创业机遇与内容；

（2）说明创业者计划利用这一机遇发展新的产品或服务所要采取的方法；

（3）分析和确定企业成功的关键因素；

（4）确定实现创业所需要的资源以及取得这些资源的方法。

（三）创业计划的特点

1. 结构合理

创业计划本质上是提交给投资者的指南，不同于一般的商业文件。为了展示企业的优势和发展机会，创业者需要把严密的逻辑思维融汇在客观事实中，使投资者能够在计划中找到他们所关注问题的答案，并能容易地找到他们感兴趣的点。这就要求创业计划必须有一个清楚的结构，切忌华而不实。

2. 以客观性说服投资者

客观性是创业计划的重要特点。在论证每一个关键要素时，创业者都必须依据充分的市场调研数据和客观的分析结果，而非创业者的主观判断。这些依据使创业计划具有较高的真实性，创业计划的客观性来自实践，来自大量的一线信息和数据，这是创业计划具有可操作性的基础，也是创业计划吸引投资者的基本前提。

3. 让大众也能读懂

一些创业者认为，他们可以用丰富的技术细节、精心制作的蓝图以及详细的分析给投资者留下深刻的印象。而实际上，只有极少数情况下，会有技术专家详细地评估这些数据。大多数情况下，简单的说明、草图和照片就足够了。如果计划中必须包括产品的技术细节和生产流程，应当把它们放在附录中。

（四）创业计划的作用

由于大学生创业存在经验、资源缺乏等客观情况，创业计划就显得尤为重要，它对深入分析创业项目、厘清创业思路、指导创业行为、帮助创业者获得融资、帮助创业者提升能力等都具有重大的实践意义，很大程度上关系到创业的成败。

1. 明确创业的可行性和企业战略

创业计划的准备是基于有效的信息收集和分析的基础之上的。这些信息有利于确定商业机会的价值，有利于确定创业的宗旨、目标和方法。准备创业计划的过程也是指导创业者收集什么信息和如何收集信息，从而确定创业是否可行和达到什么目标的过程。明确创业的可行性即分析商业机会的价值，从而明确创业的战略，即确定如何实现商业机会的价值。

（1）分析商业机会的价值。

信息用于管理不确定性，拥有必要的信息意味着可以减少创业的风险和提高成功的可能性。创业者在收集信息、分析信息以确定商业机会的价值时要考虑风险，并将价值与风险进行比较，以确定实现这个商业机会的可能性，即明确机会的价值是否高于风险，从而决定是否值得去追求。

（2）制定企业战略。

在创业行动尚未开始的时候，创业者就应当对企业的未来战略规划有所设想。创业计划的准备有利于明确企业战略，包括战略的内容和执行的过程，因为创业计划的准备过程回答了制定战略所需要考虑的有关问题。创业计划对制定企业战略的作用体现在它对市场、顾客和竞争对手的信息收集和分析，它提供了进行战略决策的基础。

2. 沟通的工具

创业计划是获取人力资源和资本的有效工具，将新创企业的发展潜力、所面临的机会，以及以一种明确的、有效的方式开发这个机会的方案与有关方面进行沟通。沟通对象包括内部和外部的利益相关者。沟通是进行信息的传递，旨在使信息的接收者做出反应，即不仅要使信息接收者收到并理解信息，而且还要据此采取相应的行动。创业计划作为沟通的工具，其目的是获得各种必要的支持。因此，创业者特别应利用创业计划与相关人员进行沟通。

二、创业计划的 6C

撰写创业计划，需要明确 6C 的规范。

（1）概念（Concept）：让别人知道你要卖的是什么。

（2）顾客（Customers）：顾客的范围要很明确，比如将 30～50 岁的女性设定为自己的顾客。

（3）竞争者（Competitors）：需要了解你卖的东西是否有人卖过，是否有替代品，竞争者跟你的关系是直接竞争还是间接竞争等。

（4）能力（Capabilities）：要卖的东西自己懂不懂。譬如开餐馆，如果厨师辞职了又找不到合适人选，自己会不会做菜？如果没有这个能力，至少合伙人要会做，再不然也要有鉴赏的能力，不然最好不要做。

（5）资本（Capital）：资本可能是现金，也可以是有形或无形资产。要很清楚资本在哪里、有多少，自有的部分有多少，可以借贷的有多少。

（6）持续经营（Continuation）：明确知道当事业做得不错时将来的计划是什么。

技能与行动

创业不能仅凭热情和梦想，在决定创业前，必须做好创业计划的准备工作。创业计划的准备主要包括信息收集和市场调研两大部分。生意要想做红火，首先得了解即将闯入的市场，这也是成功创业的关键。

一、信息收集

（一）明确信息收集的目的和目标

例如，创业者可能会认为他们的产品或服务存在一个市场，但他们不能确信；产品或服务如果以某种形式出现，谁将是顾客。这样，一个目标便是向人们询问他们如何看待该产品或服务，是否愿意购买，并了解有关人口统计的背景资料和消费者的个人态度。当然，还有其他的目标，如了解有多少潜在顾客愿意购买该产品或服务，潜在的顾客愿意在哪里购买，以及顾客是在哪里听说或了解该产品或服务的等。

（二）从已有数据或二手资料中收集信息

这些信息主要源自杂志、互联网、行业协会等。收集二手资料较容易，但可靠性较差。创业者应尽可能利用这些信息。

（三）从第一手资料中收集信息

收集第一手资料是一个数据收集的过程，可通过观察、上网、访谈以及问卷等方式。其时间及费用耗费较大，但能够获得更有意义的信息。创业者可根据需要灵活采用信息收集方法。

案例阅读

小侯的汽车饰品店

2017年8月中旬，小侯走上了创业之路。因为喜欢汽车，他把目标锁定在了与汽车有关的项目，在一番忙碌之后，一家属于他自己的汽车饰品店诞生了。但是仅仅半年，他就鸣金收兵，败下阵来。回忆那段创业的日子，小侯很是痛苦：付出了很多，回报太少，归根究底还是创业计划准备不足。

创业之初小侯先到网上搜集了一些关于汽车消费品的创业项目。考虑到随着人们生活水平的提高，买车的人越来越多，而爱车的人一般都比较注重车内装饰，那么，开一家汽车饰品店生意应该不错吧。小侯觉得自己的想法还是比较顺应市场发展的，于是高高兴兴地开始了第二步工作。他先从网上搜索了一些经营汽车饰品的代理商，并对各家的产品质量和价位进行了比较，然后选定一家太原的代理商。经过联系，他和那家代理商签好了协议，交了6 000元的加盟费，就开始租房子、装修、进货，脑子里满是憧憬的小侯很快就成了老板。但是现实给小侯的热情浇了一盆冷水，开张后，顾客寥寥。尽管他店里的饰品很吸引眼球，无奈饰品店所处的位置比较偏，路过的车倒是不少，但也仅仅是路过，而且大部分是大货车，根本不会在这里停车，也不会来买车内饰品。小侯每天都早早开店，很晚才打烊，商品的价位也定得很低。就这样，开业半年，总共才卖出两三千元的货。这时，房租也到期了，小侯不敢再恋战，把剩下的货放到朋友空着的车库里，从此不提开店的事。

二、市场调查

行之有效的创业计划离不开全面的市场调查。市场调查，顾名思义，即调查市场状况、周边环境和消费者需求，通过搜集、整理、分析有关市场营销的数据信息，了解市场现状和发展趋势的过程。创业离不开市场，市场对创业者也是一道必经的坎。把握好了，可以为创业者所用，把握不好，就会迫使创业者败下阵来。市场调研需解决的问题有：市场在哪里？市场有多大？市场中的价值链是怎样的？谁和你竞争？你的机遇在哪里？

案例阅读

老李的包子店

老李是个下岗职工，创业开店不容易，从资金和心理上，老李都有很大压力。在权衡许久之后，老李看上了一个投资少、回报快的项目——风味灌汤包。虽说店面不大，但投资也不少，房租、设备、原料、员工，还有学习技术的费用，林林总总加起来也花去三四万元。为了开店，除了把自己的储蓄拿出来，老李还向朋友借了一万多元的外债。但不管怎样，老李总算是把自己的店开起来了。开张的一个多月里，老李的生意好得不得了，每天都是顾客盈门。可是就在这一个多月内，风味灌汤包的小吃店如雨后春笋般出现在太原的大街小巷，没过几个月，老李小店的顾客数量明显减少。老李在朋友的建议下，在小店里也开始卖其他风味小吃，但生意还是没有多大的起色。在连续亏了两个月后，老李的店就关门大吉了。老李还了外债之后，赔了一万多元，对一个下岗职工来说，这并不是个小数目。老李失败后，没有再选择创业，而是选择给别人打工，老李说，给别人打工虽说赚得少些，但心里踏实。

老李的失败原因很显而易见——没有做好市场调查和市场预测。选择创业项目一定要有自己的特色，老李的失败是在项目选择上，他选择的项目没有很大的市场潜力，同时该项目已经市场饱和，缺乏发展潜力。成功者往往都是有独到见解的人，他们总能从不同的角度看问题，发现新的机遇。不仅要看到市场需求什么，还要注意事物间的联系。

（一）市场调查的作用

1. 防止盲目投入

根据调查结果，创业者可以对自己的创业项目做出准确、科学的定位。在了解消费者需求、评估市场运营、发现市场机会和分析行业发展态势的基础上，可以明确企业发展目标，制订营销计划，确立组织和管理要略，确定财务计划。有了市场调查，还可以防止盲目投入，避免不必要的风险，同样也可以对市场的发展做早期的预见。

2. 准确选择场地

通过市场调查，可以准确选择场地，对自己以后的创业可以减少因客流量不多、定位不准确而造成的麻烦。

3. 确定创业项目

一些成功的创业者表示自己或多或少都有过市场调查的经历和做法，尽管这样做有时会对自己的创业项目产生难以确定的情况，因为通过调查会发现这也不能做、那也有困难。但从长远发展来说，这种做法还是必需的，毕竟能对自己选定的创业项目有足够的思想准备。

案例阅读

宝洁公司和一次性尿布

宝洁公司在生产一次性尿布之前做了充分的市场调研。实际上一次性尿布的想法并不新鲜，当时美国市场上已经有好几种牌子的一次性尿布了。经过市场调研后，宝洁公司发现多年来一次性尿布只占美国市场份额的1%。原因首先是价格太高；其次是父母们认为这种尿布不好用，只适合在旅行或不便于正常换尿布时使用。调研结果还表明，一次性尿布的市场潜力巨大。美国和世界许多国家正处于战后婴儿出生高峰，将婴儿数量乘以每日平均需换尿布次数，可以得出一个大得惊人的潜在数量。根据市场调研的结果，宝洁公司发现了其他品牌的产品不能畅销的根本原因是价格过高和使用不方便，这说明市场上现有的一次性尿布产品并不完善，不符合消费者的需求。根据调研所了解的有关资讯，宝洁公司对该产品进行重新设计，让大多数家长都觉得新产品比尿布方便，使之符合市场要求。同时又出现了一个新的问题，产品的价格高于消费者的期望值，依旧不符合消费者的需求。于是，宝洁公司开始寻求降低成本和提高新产品质量的方法。最后研究出了成本低且比传统尿布方便的一次性尿布。宝洁公司研发的一次性尿布终于成为具有方便、卫生和经济等特点且满足市场消费需求的畅销产品。

宝洁的成功之处在于进行产品开发和市场营销活动之前充分收集信息，真正理解和把握市场需求。一次性尿布虽然不是宝洁公司最先开发的产品，但通过正确把握消费者的需求，成功占领了一次性尿布的市场。宝洁公司在产品开发过程中后续的决策也都依赖于对潜在用户直接、反复进行的各种形式的市场调研，通过调研结果将用户的需求体现在产品设计中。

（二）市场调查的内容

1. 经营环境调查

宏观环境指影响企业的各种宏观力量，包括以下几方面：

（1）经济环境，如社会经济结构、经济发展水平、经济体制和政策、当前经济状态等经济环境；

（2）社会和文化环境，如人口因素、社会流动性和各阶层对企业的期待、消费者心理、文化传统和价值观；

（3）政治法律环境，如政治局势、政府行为、法律法规、路线方针等。

2. 行业环境调查

行业环境调查即调查经营项目所属行业的历史、现状、趋向、结构、行规和管理。

3. 竞争对手调查

竞争对手调查是关于竞争环境、竞争对手和竞争策略的调查研究。

4. 经营策略调查

经营策略调查即调查本企业产品的价格、销售渠道、广告、商标及外包装等存在的问题及跟进情况。

（三）市场调查的步骤

市场调查工作必须有计划、有步骤地进行，以防止调查的盲目性。一般来说，市场调查可分为确定目标、正式调研、分析资料、撰写报告四个阶段。

1. 确定目标

科学的市场调查需要明确调查目标，有针对性地获取关联信息，高效地解决问题。

2. 正式调研

首先确定应该搜集哪些资料，接下来要确定搜集资料最有效的方式。

3. 分析资料

调查员可以先对这些资料分别从价值大小、适用领域等角度进行分类，以方便取用。接着可以进行全面检查，多余的先剔除，遗漏的再填补。最后是资料分析，并将分析结果以统计图表的样式展示出来。

4. 撰写报告

调查报告重在报告调查结果，从中得出调查结论。

案例阅读

一个始于创业计划的成功行动

杨丽娜在校期间与几个同学成立了上海平远眼镜有限公司，除了眼镜批发、配送外，公司还在大学的新校区开了第一家零售店，经营状况很好。其实杨丽娜和同学最早的想法只是为了参加“挑战杯”创业大赛，但经过市场调研、反复论证，他们认为：做眼镜中间商是完全可以实现的创业设想。于是，20×× 年年初他们在上海成立了公司。

创业团队在调研中还发现，就是这么一个非常普及的小产品，到目前还没有公认的品牌。他们在同学中做了一个小调查，发现大家只知道近视眼镜的店面品牌，却几乎没有人能说出产品本身的品牌。这个问卷结果更加坚定了他们的想法：创造自己的眼镜品牌。他们决定先从中间商做起，虽然眼镜零售竞争激烈，但在中间商阶段竞争还不是非常充分。不过他们随后发现，要建立自己的品牌，还需要直接的市场反馈，于是他们调整计划，实现“前向一体化”，既做中间商也做零售商，这是目前眼镜行业还没有的营销模式。20×× 年9月，第一个眼镜零售店在大学的新校区开张纳客。开店一个多月后，学校的同学们不仅认可了这个眼镜店，而且没有一个同学因为配得不好而找上门来。公司开展的配送中间业务也逐步打开了市场。目前甘肃、陕西、江苏、安徽都已经有“平远”的产品，连一向挑剔的零售商竟然都说：“你们的产品质量真好。”杨丽娜说这是严把进货关得来的。

杨丽娜觉得在创业中最难的是把同学的热情变成现实，因为实际经验太少。刚开始时，大家经常各持己见，常争论得翻天覆地。比如，在确定什么是同学更换眼镜的原因时，有的人坚持认为是时尚因素。可是后来经过调查发现，损坏率高、度数变化快才是同学们换眼镜的两个最主要原因，而时尚只是次要因素。

他们有一套吸引风险投资的设想：现有运营资金 50 万元，据测算，若注入风险资金 200 万元，则计划投资回收期为 10 个月，第二年预计盈利 512 万元，第 5 年预计盈利 1 434 万元，风险投资者在第 5 年撤出风险投资的前提下将获得1 450 万元的投资回报。目前，他们已经看好南京、天津等地新建的大学城，准备从中选址开第二家零售分店。

活动与训练

活动 1：准备创业计划能力自测

活动主题：对准备创业计划能力进行自测。

活动目标：通过自测了解自己准备创业计划的能力。

建议时间：20 分钟。

活动准备：发放自测答题纸。

活动步骤：10 分钟自测，10 分钟讨论。

总结评价：根据下表所描述的情况与自身实际情况相符合程度，回答问题并将得分填写在下表中。回答“是”得 1 分，“否”得 0 分。

准备创业计划能力自测表

序号	问题	得分
1	是否曾经为了某个理想而设立两年以上的长期计划，并且按计划进行直到完成？	
2	在学校和家庭中，你是否能在没有父母及师长的督促下，就可以自动地完成分派的工作？	
3	是否喜欢独自完成自己的工作，并且做得很好？	
4	当你和朋友在一起时，你的朋友是否常寻求你的指导和建议？你是否曾被推举为领导者？	
5	求学时期，你有没有赚钱的经验？你喜欢储蓄吗？	
6	是否能够专注地投入个人兴趣连续 10 个小时以上？	
7	是否有保存重要资料的习惯，并能将其整理得井井有条，以备需要时随时提取查阅？	
8	平时生活中，你是否热衷于社会服务工作？你关心别人的需要吗？	
9	是否喜欢音乐、艺术、体育以及各项活动课程？	
10	在求学期间，你是否曾经带动同学完成一项有你领导的大型活动，譬如运动会、歌唱比赛等？	
11	当你为别人工作时，发现其管理方式不对，你是否会想出适当的管理方式并建议改进？	
12	你喜欢在竞争中生存吗？	
13	当你需要别人的帮助时，是否能充满自信地提出要求，并且能说服别人来帮助你？	
14	你在募捐或义卖时，是否充满自信而不害羞？	
15	当你完成一项工作时，是否能给自己足够的时间仔细完成，而绝不会让时间虚度，在匆忙中草率完成？	
16	参加重要聚会时，你是否准时赴约？	
17	你是否有能力安排一个恰当的环境，使你在工作时不受干扰，有效地专心工作？	
18	你交往的朋友中，是否有许多有成就、有智慧、有眼光、有远见、老成稳健型的人物？	
19	你在工作或学习团体中被认为是受欢迎的人吗？	
20	你自认为是个理财能手吗？	
21	你是否可以为了赚钱而牺牲个人娱乐？	
22	你是否总是独自挑起责任的担子，彻底了解工作目标并认真地执行工作？	
23	在工作时，你是否有足够耐心和耐力？	
24	你是否能在很短时间内结交许多新朋友？	

评分标准：

0～5 分：目前创业能力有待提高，仍需不断完善自身，做好充分的创业准备；

6～10 分：需要在旁人的指导下创业，更能获得创业成功的机会；

11～15 分：非常适合自己创业，但是必须分析出自己的问题并加以纠正；

16～20 分：你个性中的特质足以使你从小事业慢慢开始，并从妥善处理中获得经验，成为成功的创业者；

21～24 分：你有无限的潜能，只要懂得掌握时机和运气。

活动 2：市场商机调查

活动主题：市场商机调查。

活动目标：掌握创业计划准备技巧，能够独立进行市场调查和分析。

建议时间：40 分钟。

活动准备：课前由教师准备市场商机调查表，并把表格发放给学生。

活动步骤：

第一，教师用 PPT 展示通过市场调查寻找商机的成功案例，并进行讲解。

第二，将团队分成若干个小组，每 4～6 人为一个小组，共同讨论并填写下表，限时 15～20 分钟。

市场商机调查表

调查目标	问题观察记录	可转化的潜在商机	资源评估	机会评估
商机排序				
商机决策				

第三，各小组选出代表讲述。

总结评价：市场调查是创业相当重要的一环，市场调查主要是寻找目标市场可能的商机，为进入该创业领域提供依据。教师对各小组的讲述进行即时点评，使学生通过市场商机调查活动训练提高市场调查的质量，掌握市场调查的方法，习得创业计划准备技巧。

活动 3：思考与讨论

（1）创业计划有何特点和作用？

（2）完成一份好的创业计划需要做哪些准备工作？

（3）撰写创业计划要做大量辛苦的工作和调研，但为什么创业者应该撰写创业计划呢？如果直接去创建企业，会有什么不妥之处？

第二节 制作创业计划书

学习目标

1. 了解创业计划书的基本内容。
2. 掌握创业计划书各部分的写作要领。
3. 能够向各方面人员讲解创业计划书的核心内容。

案例导读

张元刚的创业计划书

张元刚写了一份创业计划书交给了上海市杨浦区创业办公室，他的创业项目是开发一款餐饮管理软件，创业计划书较为简略，定价是 18 万～28 万元。当时担任张元刚创业项目初审的是创业导师李肖鸣。李老师看到张元刚的简历里没有在餐饮企业工作或者实习的经历，而且仅从这份简单的计划书看不出这项目有任何优势，因此没有通过张元刚这份申请。

后来在杨浦区创业俱乐部成立大会上，李老师见到了张元刚，经过一番交谈，李老师感受到了这个年轻人的创业渴望和激情。她主动跟杨浦办要求实地考察，并根据考察结果重新审核了张元刚的申请，给予了通过。张元刚便得到了 10 万元的创业扶持基金，开启了创业之旅，目前张元刚已经成为优秀青年企业家。

分析：

创业计划书的好坏，往往决定着投资交易的成败。当你选定了创业目标与确定创业的动机，在资金、人脉、市场等各方面的条件都已准备妥当或已经累积了相当实力，这时候，就必须提供一份完整的创业计划书。创业计划书是整个创业过程的灵魂，只有内容翔实、数据丰富、体系完整、装订精致的创业计划书才能吸引投资者，对于一个发展中的企业，专业的创业计划书既是寻找投资的必备材料，也是企业对自身的现状及未来发展战略全面思索和定位的过程。

知识与背景

一、创业计划书的内容

制订一个完整的创业计划需要投入相当多的精力，最终计划应做成一份结构清晰完整、可作为公司宪章的业务文件。通常，一份创业计划书是一份完整、独立的文件，用以介绍可行的市场需求，公司如何满足这些需求，并强调实施工作所需资源。创业计划书要提交给公司筹办合伙人、潜在投资者及融资公司、潜在雇员、合作伙伴及顾问、客户及供应商。创业计划书没有严格一致的格式与体例，一般而言需要包含以下内容。

（一）封面

创业计划书的封面通常包括企业名称、地址、电子邮箱、编制日期、主创业者的联系方式及企业网址等内容。如果企业已有商标或徽标，就把它置于封面页。在设计技巧上，封面的设计要有审美观和艺术性，可以结合企业的产品或者服务特点，对封面进行适当的修饰和美化，一个好的封面会使阅读者产生最初的好感，给人留下一个良好的第一印象。

（二）扉页

扉页一般为保密承诺（须知）。在保密承诺中，要注明“请收到本创业计划书的贵单位相关负责人签署”。保密承诺的内容一般为：“本创业计划书内容涉及商业秘密，所有权属于本公司/项目负责人，仅对有投资意向的投资者公开，本公司要求投资公司项目经理在收到本创业计划书时做出以下承诺：妥善保管本创业计划书，未经本公司许可，不得向第三方公开本创业计划书所涉及的商业秘密。”最后是承诺人签字及签字日期。

（三）目录

创业计划书页码一般多达数十页甚至上百页，为了便于阅读和查找，应该在创业计划书正文内容之前设置目录。创业计划书的每个主要部分都应列入目录，并标出页码。

（四）执行摘要

执行摘要是创业计划书的第一项内容，它浓缩了创业计划书的精华，能让投资者迅速对企业有一个全面的了解，快速掌握创业计划书的重点。如果执行摘要不能引起投资者的兴趣，后面写得再好也没有用。执行摘要应该简短回答关键问题，它是创业计划书的重要组成部分。执行摘要应该包括：企业描述、市场分析、营销计划与销售预测、产品与技术、管理团队与组织、财务计划、风险分析等。

执行摘要的写作应注意以下几点：

（1）最好在完成创业计划书后，再写执行摘要。这样会对整个创业计划有一个更加系统、清晰的理解。可以从整个计划书中提取精华，以反映创业计划书的全貌。

（2）执行摘要部分要有针对性。不同的投资者的兴趣和背景不同，他们在看摘要时的侧重点也不相同。因此，要在摘要部分突出投资者最感兴趣的方面。

（3）语言的使用上，要简明易懂、开门见山，应抓住重点。

（五）企业描述

在获取资源前，创业者首先要进行自我介绍，让投资者认识自己。通过企业描述，可以使投资者对要创立的企业有一个大概的了解。可以从以下四个方面来描述。

1. 企业的一般性描述

企业的一般性描述包括企业概况、地址和联系方式等。

2. 经营业务或行业的历史背景及现状

这部分主要是简明地介绍创业企业的历史及其产品或服务，如果企业提供的是一种特色的产品或服务，在这一部分就更要突出。关于业务的现状及展望，就是要简明地介绍产品的市场定位。

3. 公司的组织结构

通过公司的组织结构图简要说明企业的组织结构。

4. 产品或服务的独特性

在进行投资项目评估时，投资者最关心的问题之一就是企业的产品、技术或服务有什么样的优势，其产品或服务是否能给消费者带来真正的利益。因此，产品的介绍是必不可少的。产品介绍应包括以下内容：产品的概念、性能及特性，产品的市场竞争力，产品的研究和开发过程，开发新产品的计划和成本分析，产品的市场前景预测，产品的品牌和专利。

案例阅读

某环保干洗店的服务独特性描述

本店所提供的服务属于都市新型服务业。它是传统洗衣方式的革新，用环保材料和新工艺来提高洗衣的质量，适应人们对环保和时尚的需求。因此，本行业属于洗衣行业的高端市场。这迎合了人们从温饱走向小康、从生存需求提高到安全需求的必然发展趋势，有着广阔的社会经济背景和市场前景。

（六）市场分析

市场分析是编制创业计划书的依据，是对整个产业链及竞争状况进行详细的分析，是制定企业战略的依据。后面介绍的营销计划和销售预测，都要以市场分析为基础。市场分析的目的是让投资者相信企业有光明的市场前景，可以从以下几个方面来对市场进行分析。

1. 整体市场

描述企业所在产业的整体市场情况，包括该市场的现状、销售额、利润、增长率的预计。此外，还应该问答：谁是该行业的领导者？为何它们取得了成功？你的市场定位及范围是什么？

2. 细分市场

将注意力缩小到企业的细分市场中，首先提出决定消费者购买的基础，然后列出潜在的消费者以及他们产生兴趣的原因。

3. 竞争因素

这方面很重要，应当描述并解释各种因素怎样影响企业的销售额和利润水平。应该同时分析企业竞争力的本质和吸引力。列出所有的竞争对手，通过一些关键数据比较自己的企业与其他竞争企业的优势与不足。再在一个小范围市场内与几个主要竞争对手进行优劣势比较，给出企业竞争地位的一个大概陈述。准确的竞争因素分析能帮助投资者估计企业未来的灵活性、成功率、回报率和潜在利润，同时能帮助创业者将目标市场定位在自身优势较大且竞争较弱的范围内。

案例阅读

某广告公司的竞争因素分析

在我处南边300米的地方，有一个“艺术字牌社”，向北20米有一个“为民字牌社”，目前都以经营铜牌、灯箱为主。一般店里有2个员工，场地小，人员素质差，提供的产品和服务属于低档的，而且生意也不太好。而我选择了中档消费市场，并且有特色服务，跟它们是错位竞争，因此，它们对我的经营不能构成威胁。

4. 宏观环境

这方面是要评价各种宏观环境因素的影响，通过分析政治环境、经济环境、技术环境、社会人口环境和生态环境，给出最好、最有可能以及最坏的情况分析说明。

市场分析是企业编制创业计划书的依据，这一部分就是要让投资者确信创业者已经详细、完整地了解竞争环境和宏观环境。

（七）营销计划与销售预测

营销计划也是创业计划书中的重要组成部分。它不仅让投资者相信创业企业的盈利能力，同时也可以为企业未来的营销活动提供参考。前面介绍的市场分析为营销计划的编制提供了依据。在竞争分析的基础上向投资者说明企业用于应付竞争的各种营销战略，如定价战略、分销和广告战略等，然后结合市场分析对销售做出预测，并确定企业的销售目标。

案例阅读

某干洗店的营销计划

促销方式

印制宣传广告到附近市场或小区发送；上门收货，送货上门；保证质量可靠，使客户信得过；开业后实行一段优惠期，并鼓励买卡，留住客源。

分销渠道

本项目采取的服务模式是直接面对终端——消费者，没有其他环节。

1. 营销战略销售和分销

简明陈述市场战略如何体现产品的优势，这一战略将如何利用竞争对手的不足之处；阐述产品的包装、商标计划；解释如何分销，说明分销涵盖的地域范围、分销的渠道及其优势；解释销售区域如何划分。

2. 销售目标

应该用列表的方式给出企业的销售预测，给出企业在最佳情况、最有可能的情况和最坏情况下的预测结果。

根据前面的分析，得到企业最初一年的销售目标和预期以后几年的销售目标，这个目标应当符合市场和创业企业的实际。

3. 广告和促销

说明将来采用什么样的广告投放方式对产品进行宣传，以达到预期的效果。促销就是促进销售，需要清楚地说明促销的对象和促销的方式。

4. 定价战略

讨论定价战略是营销计划的重要组成部分。产品的价格将影响企业在市场的竞争地位。应回答以下问题：与竞争对手相比，你将如何进行定价？你选择的定价战略与你试图树立的形象是否一致？

（八）选址、产品制造及开发

1. 选址

在选址时应当考虑当地可用劳动力、工资率、与供应商和消费者的距离等。此外，当地的赋税和地区的需求量、当地银行对创业企业的支持力度也应该考虑。

2. 产品制造

如果新产品或服务无法得到，那么营销和获利就成为不可能的事情。创业计划书中应当包括：产品制造和技术设备现状、新产品投产计划、技术提升和设备更新的要求、质量控制和质量改进计划。在寻求资金的过程中，为了增大企业在投资前的评估价值，创业者应尽量使生产制造计划更加详细、可行。

3. 开发

创业企业需要对产品的开发进行说明，尤其是高科技企业。应根据现有产品的不足简单描绘未来市场产品的发展趋势、向投资者展示企业的研发力量、说明企业准备推出新产品或服务的研发计划等，让投资者确认他们的投入是有价值的。

（九）管理团队与组织

把一个思想转化为一个成功的企业，其关键的因素就是要有一支强有力的管理团队。这部分的内容是为了让投资者对企业的基本情况和人员构成有一个初步的了解。许多风险投资者表示，他们宁愿投资于具有二流创意的一流团队，也不愿投资于具有一流创意的二流团队。尽管这有点夸张，但是也反映了风险投资者对管理团队的重视程度。正是由于这个原因，这部分可以着重突出团队的介绍。一个具备正式结构的组织，能够更好地得到资金和提供更强的管理能力，因此也能够更好地实现目标。

在创业计划书中要清楚地阐述几个问题：第一，创业企业中的关键管理角色和担任这些角色的人员的情况；第二，创业企业对管理团队的激励约束机制及人力资源管理情况；第三，法律结构以及董事会、顾问、咨询人员情况。

1. 管理层的展示——关键人员介绍

对企业的关键人物进行介绍，具体包括：

（1）列出组成管理团队的关键人员的名单和基本信息，包括每个成员的教育背景、工作经历、工作业绩、领导能力等。创业者应当把管理团队中每个人的技术和特长结合起来，以确保管理团队较高的工作效率。

（2）通过表格或图表的形式向投资者展示管理团队的能力结构、教育结构、年龄结构等方面的互补性，让投资者感到企业团队不但人才济济，而且结构合理，足以保证公司以后的成长和发展。风险投资选择管理团队时的标准是有稀缺的难以复制的人才资源，或者可以帮助公司获得其他战略性资源。

2. 鼓励和约束机制——人力资源管理

企业所采用的激励约束机制也是投资者感兴趣的问题。在创业计划书中应当对其进行说明。比如，高层管理者的最初薪水、激励方式、奖金、养老金和额外福利等，还应当就职务升迁、培训进行阐述。

陈述企业对人力资源管理的基本看法，包括采取严密监督还是宽松监督，员工的工资、利润分成、雇员权益，企业将如何管理和控制医疗和保险费用等。

3. 法律结构以及董事会、顾问、咨询人员

法律结构中应该阐明股权协议、雇佣协议、公司所有权。另外，在这一部分还应当对董事会、顾问、咨询人员的作用进行说明，明确职责。

案例阅读

携程的创业团队

个人业务专长

季琦，在上海交通大学念机械工程硕士时，就自己开过电脑公司，拥有与生俱来的冲劲与生意头脑。1992年3月至1994年6月在长江计算机集团上海计算机技术服务公司工作，历任技术支持部工程师、销售工程师、项目主任、市场部经理、市场及销售部经理等职。1994年7月至1995年3月旅居美国。1995年4月任北京中化英华智能系统有限公司华东区总经理。

梁建章，Oracle（甲骨文）公司中国区技术总监。

沈南鹏，德意志银行的董事兼中国资本市场主管。

范敏，上海旅行社、上海新亚国旅总经理兼大陆饭店总经理。

个人技能专长

季琦，充满活力和创新意识。

梁建章，在携程推出的六西格玛管理相当成功。

沈南鹏，善于运用资本，富有与国际资本谈判经验，将携程、如家助推上市。

范敏，带领携程从简单的机票预订向度假产品过渡，形成进步的携程体系。

“这就像是盖楼，季琦有激情，能疏通关系，他去拿批文、搞来土地；沈南鹏精于融资，他去找钱；梁建章懂IT、能发掘业务模式，他定出大楼的框架；而我来自旅游业，善于搅拌水泥和沙子，制成混凝土去填充这个框架。”范敏用这段话来描述四人的合作关系。“选择了正确的团队，就是完成了80%的工作。”这是很多风险投资者的经验之谈。创业计划书的一个关键部分就是描述企业管理团队，携程的创业团队使其在创业计划书中极具特色，更有助于达成目标。

（十）财务计划

财务计划常常被认为是创业计划书的核心和灵魂，投资者可以从财务计划中看到一个好的创业计划如何转化为利润。这一部分提供了有关公司当前财务状况、公司将如何使用从投资者那里获得的资金、公司如何管理其财务资源以实现组织目标等。需要注意的是，这部分的写作应当是相当专业的。要包括的主要内容如下。

1. 财务报表

财务报表需要向投资者提供资产负债表、损益表和现金流量表。财务报表不仅对投资者很重要，对于公司的管理层也很重要。因为它们不仅可以让投资者建立对风险和投资回报率的评价，也有助于管理层进行业绩管理。

（1）资产负债表。

资产负债表用来表示不同时期的财务状况。应当包括现金、应收账款、应付账款、薪水、权益负债率、经营资金、存货周转率等。

（2）损益表。

损益表需要与营销计划结合进行，用来说明基于损益的预期运营结果。应当包括销售成本、费用、利润或亏损，还应当考虑销售预测、生产成本、广告成本、分销和储备成本以及管理费用。

（3）现金流量表。

一般按照未来一定年限来准备，表明预期现金流入、流出的数量和时间安排。

企业要根据生产经营计划、营销计划并结合市场分析，做出未来3至5年内企业的预计资产负债表、预期损益表和预期现金流量表。其中，第一年预期损益表应该每月都有，之后两年应该按季度准备，之后是每年给出。第一年的现金流量表应该按月准备，直到企业的现金流量为正，随后两年按季度准备，以后按年给出现金流量表。

2. 财务预测

财务预测和企业的生产计划、人力资源计划、营销计划与销售预测等都是密不可分的。财务预测中最重要的是企业的盈亏平衡预测，它表明为补偿所有成本所需要的销售数量。创业者经常对他们的企业如何快速实现盈利抱有乐观态度，盈亏平衡与测试是对这类创业者的一种很重要的现实检验。

3. 财务战略

这一部分要说明资金的来源和使用。陈述将通过什么渠道获得资金，是从运营中获取、依靠贷款还是发行股票；获取资金后将怎样使用，是选择扩张还是选择分红。这部分还应该包括财务的内控和监督机制，如采用什么安全措施保证企业资金的安全。此外，还应当叙述企业的内部审计程序。

（十一）风险分析

创业的高风险是众所周知的，风险投资者在向创业企业投资时，总是希望尽可能地弄清企业可能面临的风险、风险的程度和如何规避风险。这一部分将有助于消除和减轻投资者的疑虑。内容包括政策风险、行业风险、技术开发风险、市场开拓风险、生产风险、财务风险、对公司关键人物依赖的风险等。每项都要单独叙述控制和防范的对策与方法。风险分析不仅能减轻投资者的顾虑，更能体现管理团队对市场的洞察力和解决问题的能力。

（十二）收获及退出机制

对于企业家来说，当企业发展壮大时，做好有序过渡的计划是很重要的。投资者需要知道他们如何从新企业中获利、他们的资金怎么能够回收、何时能够收回。因此，风险投资者通常对创业投资的收获、退出战略也极为关注。退出也是带有不确定性的，因而，投资者需要退出的准确细节。常见的投资退出方式主要包括公开上市、兼并和回购、管理层收购等。创业企业应该对这几种方式进行可行性分析，并且说明每种退出方式的投资回报率。

（十三）关键里程碑事件时间表

创业计划书中还应该说明主要活动何时实施、关键里程碑事件何时发生，并且认真思考何时完成不同任务或达到特定目标的问题，这对创业者和潜在投资者都很重要。从投资者的角度来说，这个部分表明创业者的确仔细关注了企业的运营，并且已经为企业的未来发展制订了清晰的计划。

（十四）附录

附录主要就是针对创业计划书中提到的一些关键问题，提供一些必要的说明或者证明材料。附录有附件、附图、附表三种形式，是创业计划书的补充部分，主要内容包括企业相关的资质材料；生产、技术和服务相关的技术资料；市场营销相关资料；财务相关资料等。附录不宜过长，仅需要包含那些不宜放在创业计划书正文中而又十分重要的材料。

二、创业计划书的撰写原则

一份专业的创业计划书不仅是对自己创业项目的简单介绍，也是自己关于创业项目经营理念、经营思路的完美体现，能引人入胜，将自己的创业思想推销给别人。在撰写过程中，应遵循以下原则。

（一）语言精简，突出重点

创业计划书语言要通俗易懂，具有鲜明的个性特色。对于技术术语和专业词语，应该通过由浅入深的形式来呈现，让阅读者容易理解接受，不要使用艰涩的词语。语言表述必须准确，符合一般语言习惯，切忌使用含混不清或无确实根据的论述、计算，防止出现歧义。

（二）脚踏实地，量力而行

概括性地说明目前的资金情况以及提出切实有效的解决措施。因为资金缺乏是很多初次创业者所面临的最大问题之一，自有资金不足会导致创业者在创业初期利息负担过重，心理压力难以承受。因此作为初次创业者必须面对现实，要以自己现有的资金以及可能得到的资助为起点，切忌过度举债经营，不能贪“大”，踏踏实实地从“小”做起。

（三）充分展示，适度包装

利用多种形式来展现创业计划书。创业计划书一般都是通过 Word、WPS 等软件来完成的，还可以采用其他的文件类型，如将创业计划书作成幻灯片可以使其有声有色，更加活灵活现地表达自己的创业思想。

技能与行动

一、创业计划书的撰写技巧

（一）亲自撰写

不少创业者希望借助外部力量来撰写创业计划书，市面上也有很多咨询机构提供此类项目服务。尽管这种做法的确能够使撰写创业计划书变得更加专业，但是创业计划书必须表现出创业企业的可预测性和激动人心的感觉，这种任务只能由创始人及其团队来完成。

（二）关注产品

在创业计划书中应提供所有与企业的产品或服务有关的细节，包括产品正处于什么发展阶段，它的独特性怎么样，谁会使用企业的产品，产品的成本是多少，售价是多少，企业分销产品的方法是什么，等等。产品对于创业者来说是非常明确的，但是投资者却不一定清楚，因此撰写创业计划书的目的不仅要使投资者相信产品所带来的革命性影响，同时也要使他们相信企业有证明它的依据。

（三）敢于竞争

在创业计划书中应细致分析竞争对手的情况，包括竞争对手都是谁，他们的产品如何工作，他们的产品与本企业产品相比有哪些相同点和不同点，竞争对手的营销策略是什么。要明确竞争对手的销售额、毛利润、收入以及市场份额。在此基础上讨论本企业相对于竞争者所具有的竞争优势，要向投资者展示顾客偏爱本产品的原因。创业计划书要向读者展示本企业不仅是行业的有力竞争者，还将会是行业的领先者。

（四）了解市场

创业计划书要向投资者提供本企业对市场的深入分析和理解。要细致分析经济、地理、职业以及心理等因素对消费者选择购买本企业产品这一行为的影响，以及各因素所起的作用。创业计划书还应包括一个主要的营销计划，计划中应列出本企业打算开展广告、促销以及公共关系活动的地区，明确每一项活动的预算和收益。另外，创业计划书中应简述企业的销售战略，关注销售中的细节问题。

（五）阐述行动方针

创业计划书中应明确以下问题：企业如何把产品推向市场，如何设计生产线，如何组装产品，需要哪些原材料，企业拥有哪些生产资源，还需要什么生产资源，生产和设备的成本是多少，企业是买设备还是租设备，解释与产品组装、储存以及发送有关的固定成本和变动成本的情况。

（六）展示管理队伍

管理是一个队伍的准则和核心，创业成功的关键因素之一就是要有一支强有力的管理队伍。这支队伍的成员必须具备较高的专业技术知识水平、管理才能和多年的行业工作经验。在创业计划书中应首先描述整个管理队伍及其职责，然后分别介绍每位管理人员的特殊才能、特点和造诣，细致描述每位管理者对公司所做出的贡献。在创业计划书中还应该明确管理目标、管理人员的配置以及组织机构图。

（七）出色的计划摘要

创业计划书中的计划摘要是十分重要的。它必须能够让读者有兴趣并渴望获得更多信息，同时给读者留下深刻的印象。它从创业计划书中摘录出与筹集资金最相关的细节，包括对公司内部的基本情况、公司的能力以及局限性、公司的竞争对手、营销和财务战略、公司的管理队伍等情况的概括。

二、创业计划书的展示技巧

（一）明确创业计划书的展示对象

不同的展示对象，所关注的创业计划书的侧重点会有较大的差别，这当然与编撰创业计划书的根本目的，即个人需求也存在紧密的关系。

1. 针对资金资源的创业计划书

这一类创业计划书主要用于面向投资者，特别是面向风险投资者募集资金。面向投资者的创业计划书是最重要的一类创业计划书。投资者评估投资项目首要的评估资料就是创业计划书。如求职自荐书一样，一份简练而有说服力的创业计划书能让投资者对投资项目的运作和效果心里有数。投资者只有从创业计划书获得所需的项目经营资讯后，才会做出是否投资的决策。这一类创业计划书在准备过程中要注意以投资者的需求为出发点。一份能够吸引投资者注意的创业计划书，必须能够说明创业者的项目有足够大的市场容量和较强的持续盈利能力，有一个完善、务实和可操作的项目实施计划，有完全具备成功实施项目素质能力的管理团队，并且具备项目运营的成功保证。

2. 针对人才资源的创业计划书

这一类创业计划书主要为了获取创业团队的新成员以及有特定意义的关键员工，在最初准备创业计划的时候，创业者往往从亲朋好友中寻找创业伙伴，这种方式在很大程度上降低了成本，并且有利于创业初期资源整合。但一旦企业做大，或者随着创业者的创业模式逐渐成熟，创业者将会尝试从并不熟悉的人群中逐渐寻找新的合作伙伴。此时，一份结构清晰、前景良好的创业计划书就对吸引创业团队成员相当有用。这一类型的创业计划书不仅要清晰阐明企业的商业模式和未来发展规划，更要对如何吸纳新的合作伙伴、如何针对这些合作伙伴分配利益和权限做出说明。

3. 针对政策资源的创业计划书

对于国内的创业活动来说，政府部门所制定的支持性政策具有重要意义。例如在政策允许和鼓励的条件下，高科技企业能够获得更多国内外人才、贷款、投资、各种服务与优惠等。这一类型的创业计划书类似于传统项目的可行性分析书，在创业计划书中应当强调企业的项目投资可行性，尤其要着重关注企业的社会效益和社会成本，只有项目的社会影响较好、符合政府的区域总体发展规划，才有可能成为政府部门扶持的对象。

4. 针对网络资源的创业计划书

这一类型的创业计划书主要针对企业大型客户群体、原材料供应商、行业协会等可能合作的对象。在创业过程中，有效的合作关系对创业者的帮助是非常大的。为了有效获得这些合作关系，在必要的时候创业者往往需要向合作伙伴提交创业计划书，阐明自身优劣势以及双方进一步发展合作关系的有利之处。基于这一要求，创业计划书就必须有针对性地阐述具体的合作方案以及合作双方可能获得的利益。

（二）向投资者陈述创业计划书的技巧

1. 陈述准备

与投资者会面之前，创业者一定要准备好创业计划的幻灯片，而且内容要以预定的陈述时间为限，严格遵守会议时间，做好准备。

2. 注意事项

（1）幻灯片内容要简洁鲜明、重点突出；

（2）陈述内容应通俗易懂，避免使用过多专业术语和缩写，以便于阅读和理解；

（3）确保陈述流畅通顺；

（4）提前到场准备，避免把演示时间浪费在调试电脑、投影仪接线上，如有充足的时间做准备，最好做个预演，把内容再过一遍；

（5）将演示文件拷贝到U盘，调整好打印格式，随时准备打印，以便投资者查看。

案例阅读

小王的创业计划展示

跟投资者的第一次面谈，通常需要进行创业计划展示。小王到达会议室后胸有成竹地打开PPT，但在将笔记本电脑连接到投影仪时出现了问题，经过小王、公司技术人员、几个行政助理的百般努力，投影仪还是无法识别小王的笔记本电脑。还好，小王把演示文件拷贝到U盘里了，可以打印出来供投资者查看。

小王刚松了一口气却又傻了眼，当谈到公司资金需求及资金用途时，所有投资者都拿起了那份打印的财务预测模型，它已经被分解成了40页，因为没有调整成适于打印的格式，有一半的打印页上只有一列数字，让人难以解读。小王花了几分钟才意识到这样的混乱是由文件格式错误引起的，这使得投资者认为小王似乎并没有搞清楚公司的现金需求。

这很不公平，因为小王只不过是没有把文件格式调整成适于打印而已。但是，对于参加会议的大部分投资者来说，这是他们第一次看到小王的财务预测模型。

3. 关键点展示技巧

幻灯片展示时页数控制在10～15页，一般不超过20页，尽量少用没有实际意义的图片，将重点放在关键点的展示上，应包括以下几个部分：

（1）项目名称。

用1张幻灯片介绍公司概况和目标市场。

（2）问题。

这是陈述的核心内容，应与项目一一对应，展现出对该领域的深入洞察，最好占2～3张幻灯片。500 Startups的合伙人Dave McClure主张“强调问题所在而非解决方案”的原因是，太多创业者在推销他们的解决方案上用力过度，却没有让潜在投资人明白他们要解决的问题是什么。

（3）解决方案。

该项内容需回答以下问题：人们现在正在使用的其他解决方案是什么？为什么这些解

决方案都没有真正解决问题？你的解决方案是什么？你的方案为什么比其他解决方案更好？最终能带来的好处是什么？你的方案有什么专利或者独特之处？创业者应提出产品的核心功能，而不是人人都想得到的功能，该项内容需要 1～2 张幻灯片。

（4）管理团队。

用 1～2 张幻灯片简要介绍团队、成员各自的职务和过去的经历。要向投资者解释为什么你的团队是执行这个点子的最佳选择，包括你的团队里有谁，他们有什么相关技能和经验，你是如何认识你的联合创始人的，你们曾做过什么可以表明你们能一起顺利工作的事情，你有哪些顾问，他们的经验与你正在解决的问题有什么关系。

（5）产业、目标市场。

用 1～2 张幻灯片介绍企业即将进入的产业及目标市场状况。

（6）竞争者。

用 1～2 张幻灯片简要介绍直接和间接竞争者，并详细介绍企业打算如何与目标市场中的现有竞争者竞争。

（7）知识产权。

用 1 张幻灯片介绍企业已有的或待批准的知识产权。

（8）财务。

强调企业何时盈利，为此需要多少资本，以及何时实现现金流持平。最好用 2～3 张幻灯片简要说明。

（9）资金需求和退出战略。

用 1 张幻灯片说明企业需求的资金数额及设想的资金退出战略。

活动与训练

活动 1：策划校园主题活动

活动主题：策划校园主题活动。

活动目标：通过策划校园主题活动培养学生组织计划的能力，了解撰写创业计划书的格式和内容。

建议时间：45 分钟。

活动准备：发放答题纸。

活动步骤：

第一，将团队分成若干个小组，每 4～6 人为一个小组，共同讨论设计校园主题活动，限时 25 分钟。

第二，在活动中体现创意产生、组建团队、活动调研、活动预算、活动宣传、研究设计方案、团队合作执行计划等方面内容。

第三，各小组选出代表讲述。

总结评价：

第一，各小组选出代表讲述之后，其余小组对其进行评价，如该策划有何亮点，策划方案是否完整，如不完整，还缺乏哪些内容。

第二，教师即时点评、总结。

活动 2：撰写创业计划书

活动主题：撰写创业计划书。

活动目标：通过撰写创业计划书，掌握创业计划书的写作要领。

建议时间：45 分钟。

活动准备：课前由教师准备创业计划书简本（见下表），并将其发放给学生。

创业计划书简本

<table>
<tr><td>项目名称</td><td colspan="4"></td></tr>
<tr><td>所属领域</td><td colspan="4"></td></tr>
<tr><td rowspan="2">项目负责人
联系方式</td><td>姓名</td><td colspan="3"></td></tr>
<tr><td>电话</td><td></td><td>E-mail</td><td></td></tr>
<tr><td>项目摘要</td><td colspan="4"></td></tr>
<tr><td>商业模式及
收入来源</td><td colspan="4"></td></tr>
<tr><td>项目满足及
解决的问题</td><td colspan="4"></td></tr>
<tr><td>行业状况
及发展潜力</td><td colspan="4"></td></tr>
<tr><td>竞争对手</td><td colspan="4"></td></tr>
<tr><td>未来客户</td><td colspan="4"></td></tr>
<tr><td>项目发展现状</td><td colspan="4"></td></tr>
<tr><td>目前投资人
及未来资金来源</td><td colspan="4"></td></tr>
</table>

项目		
项目运营及团队架构		
项目骨干简介		
项目 SWOT 分析	优势	
	劣势	
	机会	
	威胁	
项目主要风险		
目标评估价值		
资金需求		
退出机制		

资金使用计划	20×1 年	20×2 年	20×3 年	20×4 年	20×5 年	备注
资金需求						
预计收入						
预计用户数						

活动步骤：

第一，教师展示优秀创业计划书案例。

第二，课堂讨论该案例有何优点和不足，如果由你来写这个创业计划书会怎么写。

第三，教师讲解。

第四，将团队分成若干个小组，每 4～6 人为一个小组，各小组按照其创业项目及思路，寻找自己的创业目标，并试着编制一份完整的创业计划书。

总结评价：

第一，各小组选出代表讲述，其他同学可以进行质疑。

第二，教师即时点评、总结。

活动3：思考与讨论

（1）请分析你生活地区的特点，提出一个创意，然后根据你的创意创建一个企业，制订创业计划。

（2）发挥你的想象力和创造性思维，撰写一份让人看后怦然心动、意欲创业的创业计划书。

第三节 筹集资金计划

学习目标

1. 了解创业资金及其意义。
2. 熟悉筹集创业资金的原则。
3. 掌握影响筹集资金计划的关键因素。
3. 掌握创业资金筹集的渠道以及选择策略。

案例导读

视美乐的成败

1999年3月，王科、邱虹云和徐中组队参加了清华大学第二届学生创业计划竞赛，并作为最优秀的5个团队之一参加了全国大学生创业计划竞赛的决赛，获得了金奖。同年5月，视美乐诞生，注册资金50万元，邱虹云任公司总工程师，王科任总裁，徐中任总经理，其核心产品为多媒体超大屏幕投影电视，被专家称为“具有革命意义的产品”，是一种集光学、电子学、机械等多领域专利合成技术的创新型高技术产品，不但价格较低，而且对产品模仿和解构都较为困难，因而增强了产品的市场壁垒作用，吸引了风险投资商的注意。

创业初期的视美乐急需大笔资金注入，因此他们开始了艰难的融资工作。2000年4月25日，视美乐公司与青岛澳柯玛上海第一百货公司风险资金分两期给，第一期是250万元，然而第二年由于没有得到5 000余万元的二期投资，最终上海第一百货公司将其股权卖给了澳柯玛集团。视美乐与该集团共同组建北京澳柯玛视美乐信息技术有限公司，注册资金3 000万元，双方各占50%的股份。原视美乐公司的主要技术人员全部进入澳视公司。

但没过几年，情况发生了变化，青岛澳柯玛集团控股澳视70%的股份，三位视美乐创始人只作为小股东存在，相继退出了公司管理层。而随着澳柯玛侵占上市公司资金案发的伤筋动骨，视美乐也从此一蹶不振。

分析：

在没有对未来做出完整规划时，为眼前利益而融资，很容易丧失企业管理经营的主动权。曾被誉为中国第一家高科技学生创业公司的视美乐，如今几乎销声匿迹。视美乐的创始人之一涂中对外公开表示："我们几个人当初满怀理想创立了视美乐，希望三五年能够上市，20 年能发展成为中国的索尼、爱普生。现在，公司已不是当初所想象的样子了，我们几个都转变了方向，可以说是壮志未酬。"

知识与背景

一、认识创业资金

（一）融资的定义

狭义上的融资是指一个企业筹集资金的行为与过程，也就是企业根据自身生产经营状况、资金拥有状况、未来经营发展的需要等，通过科学的预测和决策，采用一定的方式，从一定的渠道向企业的投资者或债权人筹集资金，并组织资金的供应，以保证正常生产需要以及经营管理活动需要的理财行为。

广义上的融资也叫金融，就是货币资金的融通，是当事人通过各种方式到金融市场上筹措或寻求贷放资金的行为。

（二）筹集创业资金的重要性

知名投资人 Fred Wilson 曾经罗列出了初创公司 CEO 需要做三个关键工作：第一，为公司设定总体规划和战略，然后和全体股东交流确认。第二，挖人、招聘，给公司找到最好的人才。第三，确保公司的银行账户里始终有足够的现金。另一位投资人 Chris Dixon 谈到了资金风险对初创公司的重要性，他说一定要在银行账户里留有足够公司运营 18 个月的资金。创业计划的启动和发展必须靠足够的资金来实现。如果一个企业没有资金或者资金不足，再好的计划和项目都是空想，再好的投资活动都有可能中途搁浅。充足的资金是企业经营活动顺利进行的重要保障之一，起着根本性作用。企业之所以在运转，是因为资金在不停地流动。

二、筹集资金计划的原则

（一）确定合理的资金需求量

所谓合理的资金需求量，是指按照计划规模计算的筹建费用、经营活动所需的资金数量与能筹到的资金数量这三者之间保持平衡或基本平衡，如果缺口过大，即"失衡"严重，应采取压缩规模或增加筹资渠道进行解决。要做到心中有数、比例均衡。同时，要根据不同阶段和时期的情况对资金需求进行合理分配。资金周转速度越快，资金使用频率就越高，所获得的利润自然就越多，如果不筹划和分配好，产生闲置资金，将导致严重的后果。

（二）确定资金的合理结构

所谓资金的合理结构，是指筹集资金中经营者的自有资金和外部所筹资金之间保持一定的比例关系。这就要求创业者在向外部筹资前，要进行借入资金利用率和利用效果分析，结合经营效益进行预测，在期望投资收益率高于借入资金利息率的条件下，可以适当提高借入资金与自有资金的比例，以提高自有资金的利用率。但是一般来说外部借入资金越多，风险越大，这就要求创业者将向外部筹资的规模和数量控制在一定的范围内。

技能与行动

一、筹集资金计划的关键因素

（一）拟办企业的行业特点

不同行业的企业所需的创业资金是不一样的，往往相差巨大。例如钢铁、汽车、石油、冶金、航空等行业的资金需求量一般在亿元以上，一般创业者是无法进入的；而一般服务行业所需资本规模相对较小，在目前情况下，一般数万元资金就能支撑一个小型服务企业。

（二）拟办企业的法律形式

法律所规定的个人独资企业和合伙企业的规模相对较小，所需资金较少，一个人或者几个人达成共识就可以开业；而有限责任公司则有一定资金要求，注册资金最低不能少于10万元人民币。

（三）创业者的创业策略

创业者必须考虑要在哪种类型的市场中竞争，是刚萌芽的早期市场，还是快速成长市场，或者是成熟市场。不同类型的市场对资金需求量的差别是较大的。一般而言，刚萌芽的早期市场的资金需求量较小，而完全成熟的市场的资金需求量较大。

（四）创业的不同阶段

创业过程一般可以分为五个阶段，不同阶段的资金需求量、类型以及成本各不相同。

1. 种子阶段

种子阶段基本上处于技术和产品的研究开发阶段，一般来说，投资者在研究开发阶段投入资金应非常谨慎，且金额不高。

2. 创建阶段

这一时期企业的资金需求量不大，但风险仍然很高。由于创建阶段的技术风险和市场风险未得到有效释放，企业仍处于现金流出远大于现金流入的阶段，因此，创建阶段的企业资金需求量比种子阶段资金需求量大，而投资回报较高。

3. 成长阶段

创业企业进入成长阶段后，其发展潜力已初露端倪。但创业企业仍没有销售收入，而费用却不断增加，资金需求量较前两个时期有了大幅度的提高。企业必须在短时间内获得大量资金，以便迅速组织生产和销售，抢占市场。这一阶段创业企业的资金需求量迅速上升。

4. 扩张阶段

在这一阶段企业的生产、销售、服务已具备一定基础，企业初步形成规模生产，由于生产和销售扩大需求，扩张阶段的资金需求量达到自种子阶段以来的最高水平。

5. 成熟阶段

进入成熟阶段后，企业已经盈利，属于收获阶段，资金需求趋于平稳，而此阶段也是风险投资退出较好的时机。

二、筹集资金计划的渠道

缺乏资金是制约大学生创业的主要原因，相当一部分大学生创业因为缺乏启动资金或后续资金而以失败告终。资金是一家企业的血液，有钱不能使企业必然成功，但是没有钱对企业来说却只有死路一条。

对于创业者来说，无论是在创业初期手握项目却没有资金的时候，或是遭遇突发事件现金流中断的时候，还是需要大笔投入度过成长阶段的时候，能够通过各种手段筹集到资金的能力，已成为现代创业者必备的基本素质。

（一）自筹资金

1. 自有资金

总的来说，成功的企业家的创业资金有30%来自自己的积蓄。创业初期团队成员依靠自身筹资，往往具备了初期项目启动的能力。同时自我筹资也是一种自我承诺，能极大地坚定与鼓舞团队士气。

使用自有资金有以下好处：

（1）保证经营的自主性。创业者不必担心别人来干涉自己的经营计划，可以完全按照自己的理念和想法经营。而如果是借别人的资金，无论是投资还是借贷，他们总会对企业进行一定干预或者监督，这可能对企业造成一些不利的影响，或许使创业者被迫放弃一些风险很大但是回报较高的项目。

（2）减少创业者的压力。创业者面临的压力很大，若创业资金是借来的，不仅要为这些资金承担利息费用，而且如果投资失败，将使创业者背负沉重的债务负担。如果是自有资金，那么即使投资失败，也可以通过其他方式回避暂时不利局面，仍然可以谋求东山再起。

案例阅读

李立寅：四年打工逐步积累创业资金

“上大学时，我就萌生了创业的想法。大学四年没闲着，我利用课余时间拍摄婚礼纪录片，4年积累了5万元创业资金。”某大学导演系学生的李立寅笑着说。他一手创办的“雕虫小记文化传播服务中心”主营广告片摄制、婚庆专辑制作。目前公司经营已经步入正轨，并和省会的电视台建立了合作关系，他个人的月收入已达万余元。

“上大一时，我给新人做婚庆专辑制作，一场的收入能有150元左右。”回顾上学时打工的辛苦，李立寅有些唏嘘，“那会儿既要跑市场、找客户，又要拍摄婚礼，还得进行后期的剪辑制作，很辛苦，但是也很有成就感，每天都感到自己离创业的目标又近了一些。”

在李立寅看来，大学四年的打工经历不仅为他筹集了创业资金，更让他提升了个人能力，积累了社会资源和经验。

2. 向亲朋好友筹资

大学生创业者处在起步阶段，贷款能力有限，通常会依靠向亲朋好友借钱的方式筹资。这是一种最简便可行的筹资方式。

案例阅读

没钱也可以开店

张大勇性格开朗，待人热情，头脑灵活，善于社交，有一定的管理能力，他酷爱电脑，也结识了众多电脑爱好者。由于当今的网络已成为年轻人生活的一部分，张大勇就瞄准了一个挣钱的机会——开一家网吧。但是，张大勇自己的积蓄不够，经过仔细分析和市场调研后，在一个交通便利又比较热闹的地段，张大勇和几个朋友一起开了一家规模较大的网吧。一年后，张大勇不仅收回了本钱，自己又开了一家分店。

张大勇的成功归功于他对自己有清醒的认识，对市场需求有充分的了解，同时借助于和朋友合作，既解决了资金问题，又壮大了个人的实力，将自己的优势有效地与外部条件结合起来，成为一个成功的创业者。

在自筹资金的过程中，创业者必须注意以下问题：

首先，无论亲戚朋友给予的资金有多少，原则上，经营事业必须保证自己拥有主导权，也就是说，自己应该拥有最大的股权，否则，创业者在企业经营过程中就会由于过多地受到他人的制约而缺乏魄力。所以，创业者要想事业顺利，就必须自己拥有足够的资金，这是创业者首先必须具备的经济观念。

其次，创业者必须是具备“储蓄性格”的人。那些下个月的薪水还没有领到、这个月薪水就花光的人，或者是到处向人借钱的人，很难成功经营事业。现在，是否具备储蓄性格也是很多银行在贷款给客户前要考察的一个项目。具备储蓄性格的人，自然就具备了偿还能力，这也就是所谓的信用基础，只有具备了这样的信誉，别人才会借钱给你。所以，每个月能够持续积蓄一部分资金的人，在几年间也就能积累一笔不少的资金了。这样，不仅自己有了比较充足的资金储备，而且也能为能够顺利地从亲戚朋友那里借到钱，能打下一个良好的信誉基础。

（二）外部资金

1. 银行贷款

如今筹资问题已经成为个人创业的首要焦点，而80％以上的创业者由于不知道怎样贷款，或者根本就不敢向银行贷款，使他们与“大好商机”擦肩而过。对于大部分创业者来说，银行贷款是最为传统的筹款方式。目前能够为创办中小企业提供贷款的银行主要有四大国有商业银行的中小企业信贷部，同时，光大银行、广东发展银行、中信银行等金融机构也纷纷推出了专为个人创业者打造的贷款品种，这些举措都将使个人创业者的资金筹集问题变得越来越简单。而且近几年国家各项政策都鼓励在校大学生创业，为大学生提供各项政策支持。所以，对大学生创业者来说，根据自身情况科学地选择适合自己的贷款品种，创业将会变得更加轻松。

案例阅读

杜德文的低代价筹资

杜德文做了几年的外贸服装生意，积累了一定的业务渠道，便打算自己办一家鞋厂。他仔细算了算，办一家年产50万双皮鞋的中等规模的鞋厂需要100万元设备和周转资金，外加一处不小于200平方米的厂房。杜德文通过朋友在近郊某镇找到了一家负债累累、濒临倒闭的板箱厂，以“零转让”的形式接手了这家工厂，也就是该镇以资债相抵的办法，将工厂所有的动产和不动产，以及工厂的债务全部一齐转让给了杜德文。厂房的问题是解决了，但是100万元的投资从哪里来呢？杜德文到银行去贷款，银行要他提供担保，可是上哪儿去找担保人呢？正在杜德文着急万分的时候，他的一位朋友一语点醒了梦中人：板箱厂的厂房就是现成的抵押物。就这样，杜德文不花一分钱，就解决了资金和厂房的问题，当然，他也因此背上了较重的债务，这就要靠他通过今后的创业慢慢地偿还了。

2. 政府机构的资助与支持

政府的资助通常用于企业的初创阶段，此时企业最难获得投资资金，现金流十分紧张。政府机构一般不直接向初创企业投资，而是提供担保由商业银行向企业提供贷款，但这种贷款要由政府有关机构进行审批，因为要承担担保引起的责任。除了提供资金资助以外，政府可能还提供其他支持，如咨询服务和培训等。例如美国的小企业管理局、英国的培训和企业委员会、我国的国家发展和改革委员会中小企业司等。

作为国民经济中重要组成部分的中小企业，由于受到资金和规模的限制，经常会在企业发展过程中遇到各种困难。所以，我国各地政府出台了一系列针对创业和中小企业发展的优惠政策。中小企业融资担保基金、科技型中小企业技术创新基金、地方政府的留学生创业基金等，都可能成为创业企业筹集创业资金的选择。

案例阅读

小额担保贷款助公司突破瓶颈

从大二开始，李茂青便开始琢磨开公司的事。他和几位好伙伴一拍即合，靠节假日打工、奖学金等几个人凑齐了3万元的启动资金，靠系里免费提供的办公场地解决了房屋租赁问题，“石家庄行天下文化传播有限公司”诞生了。

初次创业时，李茂青通过打工积累了创业资金。在第二次创业时，李茂青选择了申请小额担保贷款。“一个好的创业者应该善于运用各种资本条件，”李茂青说，“我到省会劳动就业服务局进行了咨询，申请了5万元贷款，省会小额担保贷款管理中心为我提供了担保。”有了小额担保贷款，李茂青很快为新项目上齐了配套设施，迅速打开了省会市场。“很多人认为申请贷款的门槛有点高，但我认为这是有必要的。”李茂青说，“对于创业者来说，申请贷款毕竟有风险。创业者一定要先认清自己的还贷能力，这样才能提高申请贷款的成功率。”

案例阅读

政府提供的政策性扶持资金

章教授是一名计算机专业的教师，计划创办一家软件开发公司，怎奈教师工资微薄，没有资金搞创业。后来她得到了一条十分有价值的信息：该市为扶持高科技企业的发展壮大，将创办高科技企业孵化基地，对通过资格审查的企业将提供免三年租费的办公场所，并给予一定的创业扶持资金。这无疑是个难得的机会，章教授立即带领几个成绩优秀的学生创办了一家软件开发公司，不仅成功地进驻了位于黄金地段的孵化基地，不花一分钱就获得了一百多平方米的办公场所，还得到了10万元的扶持基金，正好作为创业资金。

3. 风险投资

风险投资简称风投，主要是指向初创企业提供资金支持并取得该公司股份的一种融资方式。风险投资是私人股权投资的一种形式。风险投资公司是专业的投资公司，由一群具有科技及财务相关知识与经验的人组合而成，经由直接投资被投资公司股权的方式，提供资金给需要资金者。风投公司的资金大多用于投资新创事业或是未上市的企业，并不以经营被投资公司为目的，仅是提供资金及专业上的知识与经验，以协助被投资公司获取更大的利润为目的，所以是追求长期利润的高风险、高报酬事业。我国目前专门从事风险投资的金融机构日益增加，此外，还有一些大企业、大集团也在进行风险投资，风险投资已逐渐成为创业者获得资金的一种方式。

案例阅读

投资者提供的风险投资

尚雄伟是某粮油食品商店的职工，近年来商店连年亏损，上级公司决定将该商店向社会进行公开拍卖。尚雄伟十分看好这家商店的未来，经过分析他认为商店地理位置十分理想，之所以亏损主要是因为经营管理不当，只要对商品的品种结构做一番调整，再加强商店的内部管理，完全可以盈利。但是要将商店拍到手，起码得有60万元以上的资金，凭自己的实力显然无法企及。于是尚雄伟想到了昔日的同学庄岩俊，庄岩俊如今是庄氏集团的董事，向他借几十万元应该不成问题。庄岩俊了解了尚雄伟的来意后说：动用集团的资金必须经过董事会讨论，外借资金一般是难以通过董事会的，而以投资的方式参与合作竞拍是可行的。一个月后，尚雄伟在庄氏集团100万元风险投资的支持下一举拍得粮油食品商店。

4. 天使投资

该词源于纽约百老汇的演出捐助，1978 年在美国首次使用。天使投资指具有一定净财富的人士，对具有巨大发展潜力的高风险的初创企业进行早期的直接投资，是权益资本投资的一种形式，属于自发而又分散的民间投资方式。这些进行投资的人士被称为“投资天使”，用于投资的资本称为“天使资本”。天使投资是风险投资的一种形式，在根据天使投资人的投资数量以及对被投资企业可能提供的综合资源进行投资。天使投资是风险投资的先锋，当创业设想还停留在创业者的笔记本上或脑海中时，风险投资很难眷顾它们。此时，一些个体投资人如同双肩插上翅膀的天使，飞来飞去为这些企业“接生”。投资专家有个比喻，好比对一个学生投资，风险投资公司着眼大学生，机构投资商青睐中学生，而天使投资者则培育萌芽阶段的小学生。

天使投资的特点是：

（1）资金主要源于富有的个人。与银行贷款不同，天使投资的资金主要源自富豪的个人闲置资本。当然，他们进行天使投资的一个主要目的同样是使资本增值。虽然投资期限会比较长，但是，一旦这部分资本“功成身退”，它所带来的绝不仅是两三倍的投资效益，而是几十倍的回报。

（2）主要投资于初创企业和早中期企业。企业在刚刚起步时需要的资金不是很多，向银行贷款条件又比较苛刻，而风险投资对于这种小业务又不愿意去接。此时天使投资家由于资金限制，一般只会选择企业早期进行投资。这样，创业者跟天使投资家就有了千丝万缕的联系。

案例阅读

摩拜单车的融资

胡玮炜是摩拜单车的创始人，2015年1月份成立了摩拜科技公司，仅用了2年，她就从0开始把一个企业做到了估值高达100亿元。

创新工场的创始人李开复在摩拜单车获得富士康战略投资以后，第一时间在微信朋友圈里发了一条微信，也正是这条微信揭开了摩拜单车的融资大幕。摩拜单车A轮融资在2015年10月完成，那个时候摩拜单车还没有上线。2016年4月22日，摩拜单车正式上线，并在上海投入运营。仅仅运营了4个月，就被广泛关注，它的四轮融资在2个月中全部完成，如此密集实属罕见。其中，在B轮和B+轮中都有创新工场的身影，这就解释了为什么李开复愿意动用自己的资源来帮助胡玮炜。因为胡玮炜成功地让李开复成为摩拜单车的股东，她把李开复由“你我”变成了“我们”。创业者要想成功，就必须具备筹集创业资金的能力，以及随时调动社会资源的能力。

活动与训练

活动 1：投资挑战

活动主题：投资挑战。

活动目标：学生通过扮演“投资人”的角色，了解初期资本，培养资源整合技巧。

建议时间：1 天。

活动准备：将班级成员分成若干个小组，每组提供 50 元启动资金。

活动步骤：

第一，团队成员讨论并设计行动计划，行动计划应尽可能详细、具体，并预估可能赚取的利润。

第二，每个小组根据行动计划在 1 天内用 50 元启动资金创造尽可能多的利润。

第三，展示团队计划，描述团队是如何产生创意的、50 元发挥了什么作用。

总结评价：

第一，各小组选出代表讲述，其他同学可以进行质疑。

第二，教师即时点评、总结。

活动 2：计划筹集创业资金

活动主题：计划筹集创业资金。

活动目标；使学生从书本资料和完成筹集创业资金计划表中（见下表），了解筹集资金的重要性；掌握筹集资金时应考虑的资金使用情况，培养学生的信息处理能力、团队协作能力、口头表达能力及创业能力。

筹集创业资金计划表

序号	创业阶段	资金来源	预计金额	筹资方法
1	种子阶段	1. 家人、亲戚提供的资金		
		2. 政府支持的创业项目资金		
		3. 银行针对大学生的创业贷款		
		4. 好朋友、同学提供的资金		
2	创建阶段	1. 银行针对小微企业的贷款		
		2. 天使投资人		
		3. 成功的企业家		
		4. 财务自由的人		
		5. 具有一定投资能力的人		
		6. 相关行业和产业的集团公司		
		7. 认可、关心、支持你的人		
3	发展阶段	1. 风险投资人和机构		
		2. 成功的企业家		
		3. 相关行业和产业的集团公司		
		4. 银行贷款		
4	成熟阶段	1. 风险投资人和机构		
		2. 战略投资者		
		3. 私募基金		
		4. 上市辅导服务公司		
		5. 银行贷款		

建议时间：60 分钟。

活动准备：教师提供筹集资金典型案例素材及活动任务书，将班级成员分成若干个小组，每个小组自拟创业项目。

活动步骤：

第一，小组成员确定或假设选择的创业项目的所处阶段。

第二，小组成员根据所选择的创业项目所处阶段选择资金来源，选择项用“√”表示。

第三，小组成员填写可能的筹集创业资金金额和方法。

第四，各小组讲述自己的筹集创业资金的方法。

第五，选择不同类型的筹集创业资金计划，各小组选出代表讲述。

总结评价：

第一，各小组选出代表讲述，其他同学可以进行质疑。

第二，教师即时点评、总结。

活动 3：思考与讨论

（1）影响筹集创业资金方式选择的关键因素有哪些？

（2）简述创业资金的获取途径与方法。

第四章
创办你的企业

导 读

当你评估完了创业环境和创业机会，当你做好了创业计划书，摩拳擦掌准备开始创业时，你知道创办新企业需做好哪些准备吗？创业者需为企业选择好的经营地址，这是创办新企业的基础；需给企业起名，好的企业名字是无形的资产；需了解企业的几种法律形态，知道如何确定自己公司的法律形态；需清楚如何为企业办理工商注册，熟悉基本的办事程序，懂得新办企业的相关法律问题，确保企业的经营和发展不违反法律的相关规定。税务登记是企业创立的必经环节之一，国家规定的税种名目较多，创业企业要缴纳的主要税种有营业税、增值税、个人所得税、企业所得税等。创业者需确定是单打独斗还是组建团队，该如何组建团队，选择什么样的团队成员。创业者还需了解创业资源的分类，掌握创业资源的获取和整合的方法。创业者只有做好创办新企业的第一步，才能为企业的生产和经营奠定良好的基础。

学习指南

一、学习方法

本章宜采用将比较法、案例分析法与活动训练相结合的方式学习。创业者需要详细阅读本章节中的内容，了解创办新企业的前期准备工作，掌握企业选址、命名的技巧，结合创业者自身拥有的资源情况，选择合适的企业形态，组建好创业团队，做好企业的注册登记。

二、注意事项

1. 课前做好充分的预习和资料的收集。创办新企业需要准备的事项特别烦琐，单纯学习课本知识是不够的，还要登录相关政府网站了解具体的政策，学会将课本知识与实际情况相结合。

2. 积极参与课堂的案例讨论。课前学生阅读、思考形成自己的见解，再参与讨论。学生一方面通过老师的引导增强对问题的认识，提高解决问题的能力；另一方面在交流讨论中提高认识能力。

3. 活动都是以小组的形式开展，学生在参与活动时，学会自己设计、成果展示和分享、听取他人意见等，获得更多的锻炼和提高。

第一节 创办新企业

学习目标

1. 了解企业的组织形式，学会按自身的情况为企业选择合适的组织形式。
2. 掌握新企业取名的原则。
3. 了解企业选址的影响因素，掌握选址的原则。

案例导读

处于黄金地段的火锅店却没生意

毕业两年的小林积累了一些资金，加上家庭的支持，他决定加盟一家成熟的餐饮品牌，他认为借助别人的成熟品牌和管理可以让他的创业更容易成功。

经过一番选择和比较，小林最终选择加盟一家在行业内较知名的火锅店。很快，小林着手选址，一家位于十字路口的店面进入了他的视线，这家店面旁边是手机卖场，且附近没有其他火锅店，人流量比较大。小林认为经营餐饮店，地段和人流量很重要，店租贵一点没有关系，关键要看人气。按照加盟总部对物业的要求，几轮谈判，场地很快就敲定了。

开业、促销都按照计划如期进行着，生意却不尽如人意，即使是开业促销，也只是勉强坐满。小林开始有点不明白了，如此黄金位置，人流也不缺乏，可为什么偏偏生意上不来呢？经过观察，距离他店面不到一公里的另外一条街上，有好几家火锅店每日顾客盈门，甚至常有排队候餐的场景。这让小林陷入了困惑之中。

分析：

“独木不成林，万木才是春”，“从众”和“货比三家”是顾客的重要心理。餐饮行业和服装、建材行业一样，同一条街上开的店面越多，光顾的客人就越多，人气也越旺。小林面临的就是这样的问题，虽然在同一条街上没有竞争对手，可以“吃独食”，但同时失去了让顾客“货比三家”的环境，对顾客的“磁场吸引力”就远远不如那条火锅店集中的街了。

经济学上有“集聚效应”，就是很多同类型的企业汇集到一起产生经济效果以及吸引经济活动向一定地区靠近的向心力。当然在集聚效应发挥作用的同时也会产生过度竞争。企业要想在集聚效应和过度竞争之间的博弈中获利，就需要对市场有充分的调查，对自身和对手实力进行合理判断，对未来发展空间有合理估计，这样才能避免过度竞争，从而最大化地利用集聚效应的优势，使自己的企业立于不败之地。

知识与背景

一、选择企业的组织形式

企业的组织形式也就是企业的法律形式。企业是依法设立，以营利为目的的从事商品生产和交换的经济组织，应有一定的法律形式，即创业者需决定应该办什么形式的企业。为此，创业者需研究比较每一种企业法律形式的特点，以确保为自己的新企业选择一种最恰当的法律形式。企业的法律形式有很多种，大学生创业者一般都创办小微企业。适合微小企业的法律形式有个体工商户、个人独资企业、合伙企业和有限责任公司。大学生在登记注册前要了解四者在法律特征、设立条件、登记管理以及利润分配、风险管理等方面的不同之处，进行充分比较之后才能挑选适合自己企业的法律形式。

（一）个体工商户

有经营能力的公民，依照我国《个体工商户管理条例》规定经工商行政管理部门登记，从事工商业经营的，为个体工商户。

个体工商户以个人或家庭经营，向经营场所所在地登记机关申请注册登记。登记时需提交登记申请书、身份证明和经营场所证明，登记事项包括经营者姓名和住所、组成形式、经营范围、经营场所。个体工商户使用名称的，名称作为登记事项。个体工商户登记事项变更的，应当向登记机关申请办理变更登记。个体工商户变更经营者的，应当在办理注销登记后，由新的经营者重新申请办理注册登记。家庭经营的个体工商户在家庭成员间变更经营者的，依照规定办理变更手续。不再从事经营活动的，应当到登记机关办理注销登记。个体工商户在领取营业执照后，应当依法办理税务登记，如个体工商户税务登记内容发生变化的，应当依法办理变更或者注销税务登记。个体工商户可以凭营业执照及税务登记证明，依法在银行或者其他金融机构开立账户，申请贷款。

（二）个人独资企业

个人独资企业，是指依照我国《个人独资企业法》在中国境内设立，由一个自然人投资，财产为投资人个人所有，投资人以其个人财产对企业债务承担无限责任的经营实体。

个人独资企业的设立要求投资人为一个自然人；企业有合法的名称、有申报出资、有固定的生产经营场所和必要的生产经营条件及从业人员。个人独资企业设立申请书应当载明企业的名称和住所、投资人的姓名和居所、投资人的出资额和出资方式、经营范围。

个人独资企业的优点：建立手续简单，利润为投资人独享；经营灵活，决策迅速；保密性好。主要缺点：由于是个人出资，企业规模较小，且个人独资企业不具备法人资格，承担无限责任，经营风险大，须以个人的其他财产予以清偿。

（三）合伙企业

合伙企业，是指自然人、法人和其他组织依照我国《合伙企业法》在中国境内设立的普通合伙企业和有限合伙企业。普通合伙企业由普通合伙人组成，合伙人对合伙企业债务承担无限连带责任。有限合伙企业由普通合伙人和有限合伙人组成，普通合伙人对合伙企业债务承担无限连带责任，有限合伙人以其认缴的出资额为限对合伙企业债务承担责任。

合伙企业的设立，应当有两个以上合伙人。合伙人为自然人的，应当具有完全民事行为能力；有书面合伙协议；有合伙人认缴或者实际缴付的出资；有合伙企业的名称和生产经营场所。

合伙协议需写明的内容：企业的名称和主要经营场所的地点，合伙目的和合伙经营范围，合伙人的姓名或者名称、住所，合伙人的出资方式、数额和缴付期限，利润分配、亏损分担方式，合伙事务的执行，入伙与退伙，争议解决办法，合伙企业的解散与清算，违约责任。

合伙企业的主要优点：出资人较多，增加资本来源和企业信用；合伙人各具能力、经验和专长，能增强对企业的管理和企业的实力，有利于企业扩大生产规模。

（四）有限责任公司

公司是企业法人，有独立的法人财产，享有法人财产权。公司以其全部财产对公司的债务承担责任。有限责任公司的股东以其认缴的出资额为限对公司承担责任，由五十个以下股东出资设立。有限责任公司的成立，需要有符合法定人数的股东，有符合公司章程规定的全体股东认缴的出资额；有公司章程；有公司名称和住所。

有限责任公司章程应当载明下列事项：公司名称和住所、经营范围、注册资本，股东的姓名或者名称，股东的出资方式、出资额和出资时间，公司的机构及其产生办法、职权、议事规则，公司法定代表人，股东会会议认为需要规定的其他事项。股东应当在公司章程上签名、盖章。

案例阅读

在校学生注册个体工商户

某经贸职业技术学院与某电商培训机构合作开展创新创业教育，由培训机构的老师到校对学生进行开设网店的指导和培训。10个学生办理了个体工商户和食品流通证，走上了创业之路，采用线上网店和线下实体店结合的方式销售食品，开店当年就实现8万元的利润。

二、新办企业取名

（一）企业名称的作用

1. 企业名称是企业的名片

企业名称是企业参与市场活动的名片。企业要参与生产或者销售活动，都必须有个名字。企业有个好名字，才能更好地被市场和消费者认识，才能更好地参与市场活动。

2. 企业名称代表企业形象

企业名称是企业形象的代表之一。企业形象来自人们对企业的印象，而企业的名称则是人们对企业印象的首要的、最初的部分。企业名称的好坏，直接影响人们对企业的感觉，进而影响到顾客或者其他企业是否愿意与其产生经济关系。

案例阅读

淘宝网的名字

淘宝网已成为人们主要的网上购物平台。“淘”的本义是用水冲洗，去除杂质，又指使土、砾石或碎石矿等受水的冲刷作用而分出其中有价值的物质和无价值或价值较少的物质。如：淘金。淘宝，是一种在大千世界各个角落找宝的行动，是一种试图去伪存真的细致行为。这正是符合了淘宝网的立意和用心，即淘到宝，诚而信。

（二）国家对企业名称的相关规定

1. 企业取名的步骤

（1）企业名称的结构。

企业名称的结构是全国统一的，即行政区划＋字号＋行业＋组织形式。行政区划是指企业所在的省或市，字号就是企业的名称。

（2）进行名称查重。

企业起好名称后不能马上去核名，要先在工商系统进行查明，即不能与同行业已有的企业名称重复，才能通过企业核名。

（3）核名后领取通知书。

确认名称没有与其他企业名称重复后，即可到企业所属的市场监督管理局进行名称核准，获得通过后就能拿到市场监督管理局下发的“企业名称预先核准通知书”。

2. 企业取名的法律规定

（1）企业名称不得含有下列内容的文字：有损于国家、社会公共利益的；可能对公众造成欺骗或者误解的；外国国家（地区）名称、国际组织名称、政党名称、党政军机关名称、群众组织名称、社会团体名称及部队番号；外国文字、汉语拼音字母、阿拉伯数字；其他法律、行政法规规定禁止的。

（2）企业名称应当使用符合国家规范的汉字。

（3）企业法人名称中不得含有其他法人的名称，国家市场监督管理总局另有规定的除外。

（4）企业名称中不得含有其他法人的名称。企业分支机构名称应当冠以其所从属企业的名称。

（5）企业营业执照上只准标明一个企业名称。

（6）企业名称有下列情形之一的，不予核准：与同一市场监督管理机关核准或者登记注册的同行业企业名称字号相同，有投资关系的除外；与其他企业变更名称未满一年的原名称相同；与注销登记或者被吊销营业执照未满三年的企业名称相同；其他违反法律、行政法规的。企业名称需译成外文使用的，由企业依据文字翻译原则自行翻译使用，不需报市场监督管理机关核准登记。

三、新办企业选址

（一）新办企业选址的重要性

1. 经营地点是企业经营的根据地

创业者在确定创业项目后首先考虑的是经营地址，必须综合考虑经营所在地区的社会环境、人口特点、交通状况和市政规划等因素。合适的创业经营地址有利于创业者顺利实现和实施经营目标与策略。

2. 经营地点是企业的长期性投资

经营地点是创办新企业的基础。创业者开展创业活动就必须有经营地点，只要经营地点确定，无论是租赁还是购买，装修和经营都需要大量资金投入，就涉及企业人力、物力、财力等方面的资源配置。因此创业地址选择具有长期性和稳定性的特点，创业者选址要深入调查、慎重选择。

3. 经营地点影响企业的经济效益

经营地点是否合适会影响企业能否收到好的经济效益，特别是对门店而言，合适的地址会使企业获得很多客流量，产生巨大的经济效益，反之则会造成入不敷出，甚至倒闭。

（二）影响选址的重要因素

影响企业选址的重要因素包括以下几个方面。

1. 经营方式

企业的经营方式主要有：科研开发型、生产加工型、批发或零售型、中介服务型、劳动服务型等。如科研开发型企业，成长性好，要求具有良好的企业形象，尽量选在高端的写字楼；便利店和小型超市选在居民区；而专业店和专卖店则可选择中心商业区、商业街等位置。

2. 行业因素

创业者从事的行业影响创业者选址。如生产型企业要求场地大一些；商业服务型企业的选址较复杂，饮食服务、商业便利店，小超市要求在居民区附近；而律师事务所、会计师事务所等宜在高端商务区。零售型和服务型企业选址时，宁可选址在街道较有利的这一边的最末端，也不要在不利的那一边。因为步行者一般不会因对面商店的装潢很吸引人而绕到马路对面去购物。

3. 经营品种

创业者经营品种的消费方式、商品大小、购买频率等都会影响选址。如经营高档消费品宜在繁华地段；日常消费品宜在居民区；大件商品的经营要考虑有足够的陈列和展示空间；购买频率高的商品一般客流量也较大，要考虑门面方便顾客进出等。

4. 政策法规

国家政策法规影响企业的选址：一是限制，政策法规限制某地兴办某项产业，但在其他地方不限制，创业者如要兴办该项产业，必须在政策法规允许的地方选址；二是鼓励，政策法规鼓励在某地兴办某项产业，可以享受税收、土地、电力供应等优惠，如创业园就是初创业者较好的选择。

5. 竞争因素

竞争因素对企业的选址有两方面的影响：一方面，有些行业，如电子产品、装修建材，客户需要进行多家比较，可选址在同类公司林立的地方。虽然存在较大的竞争，但有助于吸引有相同需要的客流，如电子商品一条街、电脑城、建材市场等。另一方面，小型的商超、理发店等，所在片区的消费能力有限，多开一家店，另外一家店的生意就会减少，不能发生集聚效应。

案例阅读

詹女士的工艺品店选址

詹女士经营了一家民俗工艺品店，利润还不错，她认为成功的最大原因在于选对了店址。

詹女士最初想在一个宁静的社区经营，后来发现那里的人流量太少，只有很少的人会光顾小店，于是决定将店址选择在闹市区，并看中了一个自认为比较理想的店址。这里客流量大，店租也还合理，但处于酒吧、咖啡店、夜总会的包围中，是个更适宜夜生活的商业区，与民俗工艺品的经营风格、气氛不符，所以，詹女士又放弃了这个想法。接着，她在距车站约一公里处找到一家店铺，这家店铺位于旧住宅区的商业街一角，各种条件也不错，但这一带日用百货专卖店比较集中，单独在这里开一家民俗工艺品店，让人找不到感觉。最后，詹女士的店在一处高级住宅区的一角落脚，这里临街，从高架桥上就可以看见店面、店牌，过往行人也会时常进来看看。在这里，詹女士的生意日渐兴隆。

技能与行动

一、企业组织形式选择的策略

大学生在选择企业组织形式时，必须掌握企业组织形式选择的策略。

（一）比较法

结合创业者自身所拥有的资源和条件，充分比较，了解每种法律形式的特征、设立条件、利润分配、风险承担等（见表 4-1），选择适合自己创办企业的法律形式。

表 4-1　各种法律形式的比较

	创建人数和注册资本	成立条件	经营特征	利润分配和债务条件
个体工商户	一个人或一个家庭，无最低注册资本	一定的经营资金和场地	资产属于创建者个人所有，自己既是经营者又是管理者	利润归个人或家庭所有，以个人或家庭资产承担无限责任
个人独资企业	一个人；无最低注册资本	投资者是一个自然人；有合法的企业名称和固定经营场所，有必要的从业人员	资产为投资人个人所有，业主既是投资者又是经营管理者	利润归个人所有，投资人以个人资产对企业承担无限责任
合伙企业	普通合伙企业由 2 个以上普通合伙人组成	合伙人是具有完全民事行为能力的自然人；有合伙企业的名称和生产经营场所，有合伙书面协议；有合伙人认缴或者实缴的出资额	按照合伙协议约定或者经营者全体合伙决定，可以委托全体合伙人决定，可以委托一个或者数个合伙人对外代表合伙企业，执行合伙事务	利润和亏损按协议约定办理；合伙企业不能清偿到期债务的，合伙人承担无限责任
	有限合伙企业有 2 个以上 5 个以下合伙人，其中至少有一个普通合伙人		由普通合伙人执行合伙事务；有限合伙人不得对外代表有限合伙企业	普通合伙人对债务承担有限连带责任，有限合伙人以认缴出资额为限对企业承担债务责任
有限责任公司	股东在 50 人以下，无最低注册资本要求	股东符合法定人数，股东出资达到认缴额度，股东共同制定公司章程；有公司名称，建立符合有限责任公司要求的组织机构；有规定的经营场所和必要的生产经营条件	公司设立股东会、董事会、和监事会；由股东会聘请职业经理人管理公司业务	按股东实缴的出资比例分配利润，以其认缴的实缴额为限对公司承担责任
		一人有限责任公司即只有一个自然股东或者一个法人股东有限责任公司	不设股东会；应在每一会计年度终了时编制财务会计报告，并经会计师事务所审计；可设一名执行董事	股东不能证明公司财产独立于股东自己财产的，应对公司债务承担连带责任

（二）评估法

1. 评估创办企业的规模

创业者如果准备创办的企业规模小，资金和投资人少，所有风险都由自己承担，就可以选择个体工商户或个人独资企业形式。

对于大学生创业者来说，往往有志同道合的同学或朋友愿意一起干，则可以考虑选择合伙企业或者有限责任公司的法律形式。

若是有较强独立意识，怕与人合作中产生麻烦等，则可以考虑选择个人工商户、个人独资企业或者是一人有限责任公司。

2. 评估行业类型及发展前景

创办企业前，创业者要通过市场调研充分收集资料，分析创办企业的行业特点和市场环境，要有清晰的行业定位，对行业未来发展趋势进行分析。

二、新办企业取名的技巧与方法

名字是企业的招牌，也是企业发展的因素之一。好的企业名称常具有易记、易读、易上口、音韵清晰、易写的特点，能给人留下深刻的记忆。具体可以从以下几个角度给企业取名。

（一）从消费者的角度取名

从消费者的角度去取名是商家和企业首选的取名思路，要求取名字应符合顾客的需要，使顾客产生好感，得到某种心理满足。例如，“好又多超市”“便民超市”“利民鞋业”等。

（二）从经营者的角度取名

从经营者的角度取名最常用的，就是以经营者自己的姓名或者家人的名字作为店铺、商号的名称。例如，“老干妈”和“李宁”便是两个典型的例子。

（三）从产品和服务的角度取名

从产品的角度取名的常用方法是突出自己产品的特性。例如，用来表明自己经营特点的“美廉美超市”，告诉消费者这里的东西物美价廉，值得信赖。“省心家政”“正义律师行”等，都是以自己提供给顾客的服务所具备的特点来为企业取名的。

（四）从产地的角度取名

如果创业者的经营的产品和项目的产地是广为人知的地方，可以考虑以产地命名，以此来表明自己提供给顾客的是原汁原味的“正宗”产品。

三、新办企业选址的技能与方法

（一）怎样开始选址

明确的目标是选址的前提，只有清晰地知道要办什么样的企业、要经营什么样的创业项目以及采取什么样的经营模式，才能开始进行选址工作。

1. 什么时候开始寻找办公场所

大多数初创企业都低估了寻找办公场所所需要花费的时间和需做的准备工作。想在短时间内找到合适的办公场经营场所并不是件简单的事情，即使是几十平方米的场地也要提早 3 个月准备。

2. 选址涉及的人员

企业在选址时需组建队伍，结合创业团队成员的意见，以便满足更多员工的要求。选址队伍中最好有一个对企业房产和设施布局领域比较清楚的人，选择好的房产经纪人有利于找到好的房产业主。

3. 如何提高选址效率

（1）确定计划租期，租期越长选择越多，但要结合企业发展的具体情况。

（2）筛选价格合适的场地，结合企业租金预算和其他费用，如停车费、清洁费、拆迁费、保险费等费用。

（3）筛选布局，筛选位置包括交通枢纽和便利设施状况。

（二）怎样选择适合的场地

1. 创业之初不宜选太大场地

创业初期，企业规模一般比较小，应根据企业员工需要的面积来计算场地的大小，太小不利于工作的开展，太大会增加企业的经济压力，甚至有场地闲置亏损的风险。

2. 企业场地应尽量离创业团队成员近

企业在选址时要尽量考虑到团队成员上下班交通便利，可以是大多数成员住处的中间地区，或者是交通便利的地区。

3. 扩张场地的速度要慢于发展的速度

企业在发展中不要急于扩张场地，以免发生场地浪费和财务压力。

活动与训练

活动 1：确定企业名称

活动主题：确定企业名称。

活动目标：依据企业特征和经营范围为企业确定名称。

活动时间：10 分钟。

活动准备：纸、笔、字典、笔记本电脑等。

活动步骤：

第一，将班级同学分组，每组 4～6 人为一组，各小组按照不同类型的企业模拟设立至少五个名称。

第二，利用计算机联想式输入法，查询企业名称是否出现谐音歧义，进行讨论，注意选择有文化底蕴，或具有新意等特点的词汇。

第三，小组讨论时重点考虑以下问题：应按照企业特征和经营范围取名，贴近主营项目；不同类型的企业注册制度不同，区别有限责任公司与其他企业的要求。

第四，老师随机选择小组进行分享。

总结评价：为企业取名首先要严格遵守国家相关规定；其次是要符合企业的特征和经营范围；最后要求新求变，按照创业者的对企业的期望取名。

活动 2：确立企业法律形式

活动主题：为企业选择法律形式。

活动目标：掌握选择企业法律形式的关键要素，了解法律形式对企业经营决策的影响。

活动准备：老师提出两个问题供学生讨论：（1）影响企业选择法律形式的关键因素有

哪些？（2）这些因素对企业决策和经营有哪些影响？

活动步骤：

第一，随机分组，4～6 人组成一个小组，实施“企业法律形式的调查”，设计调查工具对有代表性的行业或企业实施访谈并进行信息收集。

第二，老师提供分析模板，各小组将信息进行分类整理，并将结果图表化。

第三，老师提供调查表，小组讨论调整相关调查信息，开展访谈活动时，老师应给予必要的指导。

第四，各小组与老师一对一开展访谈活动信息收获与问题交流，老师给予及时指导及改进建议。

第五，小组交流围绕两个问题展开。

第六，各组选派一名代表汇报分享，老师进行点评总结。

总结评价：应在实际的商业环境中完成“企业法律形式的调查”，企业法律形式没有好坏之分，只有恰当与不恰当之分，必须根据实际情况进行选择。企业的法律形式不是一成不变的，在企业的发展过程中是可以变化的。

活动 3：思考与讨论

（1）分析适合大学生创业的几种法律形式各自的优缺点。

（2）归纳企业取名的几种方法。

（3）结合自己的创业项目分析企业选址应注意哪些问题。

第二节
新办企业流程与相关法律问题

学习目标

1. 了解企业创建的流程。
2. 了解企业注册中的法律知识。
3. 熟悉企业注册的核心步骤。
4. 掌握签订合伙协议、制定公司章程的要求。

案例导读

公司申请注册

刘同学和李同学正式为他们名为“盛润（沈阳）科技有限公司”的净化水设备生产制造厂设立申请注册。租场地、核名、工商注册、刻章、国地税登记等一系列手续办理都很顺利，直至办理银行开户证明手续时被告知原“盛润”公司已联系不上，但此公司未在银行系统办理任何注销银行开户证明手续。刘同学和李同学立即赶回工商审批注册部门说明，经查询核实，原“盛润”名称使用者因超出未开展工作业务时长，根据相关法律制度的规定已经在6个月前被工商注册部门系统删除，并允许新公司设立使用此名称。尽管工商注册部门按照法律相关制度同意批准使用，但是银行系统无法对此名称用户进行二次开户，最后刘同学和李同学只能办理该公司的注销手续，重新申请注册公司的设立。所有的注销程序办理结束经历了3个月，新公司申请注册的工作还要继续。

分析：

刘同学和李同学对设立公司的制度要求和经验不足，导致在注册时花费了较多时间。

知识与背景

一、企业创建的流程

创业者最基本的是要掌握企业注册的流程和基本途径，以避免做重复无用的事情，使创业者成立企业获得事半功倍的效果。企业注册是指创业者根据国家法律法规相关规定获得合法经营手续的行为。新企业创建流程包括以下内容。

（一）核名

创业者在至少设计好5个以上的新企业名称后，在当地市场监督管理局网站或者去市场监督管理局领取一张“企业（字号）名称预先核准申请表”，填写拟定的企业名称，由市场监督管理局上网检索是否有重名，如果没有重名，就可以使用这个名称，就会核发一张“企业（字号）名称预先核准通知书”。

（二）签订租赁合同

租赁办公场地，自有房产需要提供房屋产权证明。租房后要签订租房合同，并让房东提供房产证的原件及复印件。

（三）编写公司章程

可以在市场监督管理局网站下载公司章程的样本以供参照，按公司的具体情况进行编写，公司章程要明确规定各股东的投资金额、所占股权比例及出资方式等，再由所有股东签名。

（四）注册公司

到市场监督管理局领取公司设立登记的各种表格，包括设立登记申请表、股东名单、董事经理监理情况、法人代表登记表、指定代表或委托代理人登记表。填好后，连同核名通知、公司章程、房租合同、房产证复印件一起交给市场监督管理局。

（五）办理公章、财务章

凭营业执照，到公安局指定的刻章社，刻公章、财务章、法人章等，其他印章可根据要求自行申请。

（六）银行开户

凭营业执照正本、身份证、公章、财务章、法人章到银行开立基本账户。

（七）申请领购发票

如果公司是销售商品的，应该到国税局申领发票；如果是服务性质的公司，则到地税局申领发票。

（八）纳税申报

企业无论有无经营收入，无论是否享受税收减免，都应在规定的申报期限内办理纳税申报。企业办税人员在规定期限内，向主管税务机关办理纳税申报。

案例阅读

大学生办公司开业九天宣告倒闭

大学毕业后，舒正义和同学、朋友等8人筹资7.8万元，开始创办自己的公司。4月21日，这家主营域名注册、网站建设开发等项目，并取得了一种环保防水手电陕西总代理的公司成立了。“把一件平凡的事做好就不平凡，把一件普通的事做好就不普通，这是我和我们公司的宗旨。”公司成立当天，舒正义信心十足。

公司先后招聘了20多名员工，而且大多数都是在校大学生，他们代理的产品也在不断地拓宽市场。但是经营公司和上学完全是两回事，短短几天时间，舒正义就感到了压力。当初承诺办理公司注册手续的代理公司在拿了他1万元后杳无音信，一时资金短缺成了这家刚刚起步公司的绊脚石。

4月29日，舒正义一天没有吃饭，他拖着疲惫的身体跑学校、跑银行，但是没贷来款，“原因很简单，现在我没有房子、汽车做抵押，也没公司当担保”。在困境中，舒正义宣布公司“破产”。

其实，由于注册一直没办下来，从严格意义上来讲，舒正义的公司还未成立便夭折了。

二、注册中的法律知识

新企业成立之初，必须了解和处理一些法律问题及要承担的法律责任，以免由于法律问题而给新企业带来沉重的打击，甚至导致企业夭折。

（一）相关法律

创业者必须了解和遵守有关的法律法规（见表4-2），自觉树立“学法、知法、懂法、守法、用法”的观念，以维护自己的利益，确保企业合法、有序地经营与发展。

表4-2 相关法律及其内容

相关法律	相关内容
企业法	《公司法》《个人独资企业法》《合法企业法》《个体工商户条例》《中外合作经营企业法》中的相关内容
民法通则	农村承包经营户、个体工商户、合伙企业、企业法人、代理、财产所以权、债权、知识产权、民事责任等
合同法	合同的订立、效力、履行、变更和转让，权利、义务的终止，违约责任等
劳动法	劳动合同和集体合同、工作时间和休息休假、工资、女职工和未成年人特殊保护、职业培训、社会保险和福利、劳动争议、监督检查等
劳动合同法	劳动合同的订立、履行、变更、终止与解除，法律责任等

（二）企业纳税

根据我国税法规定，所有企业都要报税和纳税，创业者要计算企业应缴纳的各种税，就必须先判断自己企业的类型，明确自己是一般纳税人还是小规模纳税人，需缴纳哪些税种，以及如何缴费等。

1. 增值税税率

增值税是指商品生产、流通、劳务服务中新增价值或商品的附加值征收的一种流转税，是中国最主要的税种之一，占中国全部税收的60%以上。增值税由国家税务局负责征收，税收收入中75%为中央财政收入，25%为地方财政收入。增值纳税人可分为小规模纳税人和一般纳税人，创业者为了准确了解自己企业该怎么纳税、纳多少税可以前往当地税务局详细了解。

根据不同行业，增值税的税率也不同，分别有13%、9%、6%等，适用于一般纳税人。小规模纳税人税率为3%。

增值税的计税公式：

应纳增值税＝销售净收入×征收税

销售净收入＝含税销售收入/（1＋征收率）

2. 企业所得税

企业所得税税率分为法定税率和优惠税率。法定税率为25%；优惠税率分别为：小型微利企业20%，国家重点扶持的高新技术企业15%，个体工商户、个人独资企业和合伙企业的投资者不征收企业所得税，而是按5%～35%的超额累进税征收个人所得税。

3. 附加税费税率

城市维护建设税以流转税为基础，纳税人所在地区为市区的税率为7%，所在县城、镇的税率为5%，不在市、县、镇的税率为1%。教育费附加税率为3%。

（三）员工的合法权益

员工的素质和积极性是影响企业竞争力的一个关键因素，创业者要特别重视如何让员工全身心地投入工作，为企业的经营和发展贡献出更多的力量，在创业之初需要特别关注以下几个与员工有关的法律问题。

1. 订立劳动合同

劳动合同是劳动者与企业签订确立劳动关系、明确劳动者与企业双方权利和义务的协议，具有法律约束力。劳动合同保护的是劳动者和企业双方的利益，是解决劳动争议的法律依据。创业者要在雇佣员工前设计好合同。具体包括：工作内容及地点；工作时间和休息、休假时间；劳动保护和劳动条件；劳动报酬，包括工资组成形式、工资标准、奖金、津贴标准、加班工资；社会保险和福利待遇；劳动合同的变更、解除、终止或者续订等。

2. 明确劳动报酬

劳动合同中对员工劳动报酬的约定要符合当地人力资源与社会保障部门认定的最低工资标准，必须约定何时以何种形式发放劳动报酬给员工。遇到特殊情况的工资也应当有比较详细的规定，如安排员工延长工作时间的，应支付不低于员工工资1.5倍的工资报酬；休息日安排工作又不能补休的应支付不低于员工工资2倍的工资报酬；法定休息日安排员工工作的，应支付不低于员工工资3倍的工资报酬。

3. 提供劳动条件

创业者在创办企业时要尽量创造适合员工身心健康发展的工作环境，防止和降低发生工伤事故或者职业病的风险。做好危险品及有毒物品的使用和储存，以确保员工在相对舒适、安全的工作环境中工作，提高员工的积极性和工作效率。

4. 购买社会保险

为员工办理社会保险是企业吸引人才的重要因素，直接关系着员工对该企业的印象。社会保险是由国家立法强制实行的，是由劳动者、企业（或社区）、国家三方共同筹资，建立保险基金，在劳动者因年老、工伤、疾病、生育、残疾、失业、死亡等原因丧失劳动力或者暂时失去工作时，给予劳动者本人或者直系亲属物质帮助的一种社会保障制度。创业者在订立劳动合同前要向当地人力资源与社会保障部门咨询办理社会保险的具体要求。

案例阅读

未为劳动者缴纳工伤保险，企业要担责

某公司聘用李某从事造粒工作，约定月工资为3 500元，双方未签订书面劳动合同，该公司未为李某办理工伤保险。同年，李某在上班时不慎左手被机轮刀绞伤，并住院治疗。后经认定，李某的劳动能力鉴定为伤残七级。双方因工伤赔偿申请劳动仲裁后，诉至法院。

法院认为，某公司雇佣李某从事指派工作，对李某在从事指派工作中所造成的工伤负有赔偿责任。经鉴定李某为伤残七级，其可享受停工留薪期工资、一次性伤残补助金、一次性伤残就业补助金、一次性工伤医疗补助金等。

工伤保险用于保障因工作遭受事故伤害或者患职业病的职工获得医疗救治和经济补偿。用人单位应及时与劳动者签订劳动合同，依法为劳动者办理社会保险并足额缴纳保险费。如果没有依法办理社会保险造成劳动者损失，用人单位应予赔偿。在发生劳动争议时，劳动者应当及时寻求法律帮助，依法保障自身的合法权益。

技能与行动

一、签订合伙协议

成立合伙企业需签订合伙协议，其中除了要载明《合伙企业法》所规定的内容之外，还需要重视以下几方面的内容，以使合伙协议更有针对性和可操作性。

（一）投资撤资及职责的相关规定

（1）出资细节的规定：写明约定每个人的出资数量、分红或利润分配。

（2）议事规则的规定：约定遇到重大问题时如何讨论及如何决策。

（3）职责细节的规定：约定每个人职责范围及执行。

（4）退出机制的规定：约定在何种情况下合伙人可以退出、退出时如何计算资本。

（二）意见分歧的解决方式

（1）经营方向错误后的调整方案：约定是改变经营方向还是改变执行策略。

（2）观点分歧的解决方案：约定是直接投票解决，还是先找专家进行咨询论证后再解决。

（三）经营项目计划

（1）合伙企业主要经营哪些项目。

（2）经营项目如何分阶段推进。

（3）经营项目收益如何分配，如失败该如何承担责任。

（4）什么情况下该终止经营项目。

二、公司注册的核心步骤

公司在注册过程中有一些步骤是十分重要的，且比较烦琐，需要特别的注意。

（一）办理验资

公司法规定，注册公司时投资人或者股东必须缴纳足额的资本，可以以货币或者实物的形式出资。以货币出资的直接到银行办理，以实物出资的需要资产评估机构鉴定价值后出具评估报告，再以其实际价值出资。公司代表凭会计师事务所开具的银行询证函选择银行开立公司验资户，携带出资比例等额资金、工商核名通知书、法人代表和其他股东的私章、身份证，到银行开立公司验资账户。

（二）申请公司营业执照

申请人在提出办理营业执照后并不能马上拿到营业执照，需要在受理后5个工作日领取。下面以有限责任公司设立登记为例，列举申请营业执照时需提交的文件和证件。

（1）需提交“企业设立登记申请书”，内含“企业设立登记申请表”“单位投资者（单位股东、发起人）名录”“自然人股东（发起人）、个人独资企业投资人、合伙企业合伙人名录”“投资者注册资本（注册资金、出资额）缴付情况”“法定代表人登记表”“董事会成员、经理、监事任职证明”及“企业住所证明”等表格。

（2）公司章程（提交打印件一份，全体股东亲笔签字；有法人股东的，要加盖该法人单位公章）。

（3）法定验资机构出具的验资报告。

（4）“企业名称预先核准通知书”及“预核准名称投资人名录表”。

（5）股东资格证明和“指定（委托）书”。

（三）办理代码证

申请人申请办理组织机构代码证需要提供以下资料：

（1）营业执照的副本原件和复印件、单位公章。

（2）法人代表身份证原件及复印件（非法人单位提交负责人身份证原件及复印件）。

（3）集体、全民所有制单位和非法人单位提交上级主管部门代码证书复印件。

（4）单位邮编、电话、正式职工人数。

（5）经办人身份证原件及复印件。

（四）办理税务登记证书

办理税务登记证书有一定的期限，一般自领取营业执照之日起30日内办理。办理税务登记证书时要提供的材料如下：

（1）营业执照的副本原件和复印件。

（2）企业法人组织机构代码证书原件及复印件，个体经济可不报送。

（3）法人代表身份证原件及复印件。

（4）财务人员身份证复印件，个体经济可不报送。

（5）公司或企业章程原件及复印件，个体经济可不报送。

（6）房产证明或租赁协议复印件。

（7）各种印章。

（8）从外区转入当前地区的企业，必须提供原登记机关完税证明（纳税清算表）。

三、订立公司章程

（一）公司章程的概念及作用

1. 公司章程的概念

公司章程是指关于公司组织和行为的基本规范。公司章程不但是公司的自治法规，而且是国家管理公司的重要依据。

2. 公司章程的作用

（1）公司章程是公司设立的最主要条件和最重要的文件。公司的设立程序以订立公司章程开始，以设立登记结束。我国《公司法》明确规定，订立公司章程是设立公司的条件之一。审批机关和登记机关要对公司章程进行审查，以决定是否给予批准或者给予登记。公司没有公司章程，不能获得批准，也不能获得登记。

（2）公司章程是确定公司权利、义务关系的基本法律文件。公司章程一经有关部门批准，并经公司登记机关核准即对外产生法律效力。公司依公司章程享有各项权利，并承担各项义务，符合公司章程的行为受国家法律的保护；违反章程的行为，有关机关有权对其进行干预和处罚。

（3）公司章程是公司对外进行经营交往的基本法律依据。由于公司章程规定了公司的组织和活动原则及其细则，包括经营目的、财产状况、权利与义务关系等，这就为投资者、债权人和第三人与该公司进行经济交往提供了条件和资信依据。凡依公司章程而与公司经济进行交往的所有人，依法可以得到有效的保护。

（4）公司章程是明确股东之间权利义务关系的基本依据。由于新公司法没有具体的相关规定，对于公司股东之间权利义务关系的约束就只能靠公司章程了。所以，公司股东在成立公司时一定要在公司章程中将几方的权利义务都尽量写清楚、详尽，例如，出资问题、不出资的惩罚问题、分红问题、股东退出问题等，以保证出现纠纷时能够顺利地解决。

（5）公司章程是唯一也是最主要的解决股权纠纷问题的证据。随着新公司法的实施，公司股东之间的股权纠纷将进一步增加，而股权争议最有力的证据就是公司章程。

（二）制定公司章程的规定

鉴于公司章程的上述作用，必须强化公司章程的法律效力，这不仅是公司活动本身的需要，也是市场经济健康发展的需要。公司章程与“公司法”一样，共同肩负调整公司活动的责任。这就要求公司的股东和发起人在制定公司章程时，必须考虑周全，规定得明确详细。公司登记机关必须严格把关，使公司章程做到规范化，从国家管理的角度对公司的设立进行监督，保证公司设立以后能够正常运行。

有限责任公司章程由股东共同制定，经全体股东一致同意，由股东在公司章程上签名盖章。修改公司章程，必须经代表三分之二以上表决权的股东通过。有限责任公司的章程必须载明下列事项：公司名称和住所；公司经营范围；公司注册资本；股东的姓名和名称；股东的权利和义务；股东的出资方式和出资额；股东转让出资的条件；公司机构的产生办法、职权、议事规则；公司的法定代表人；公司的解散事由和清算办法；股东认为需要规定的其他事项。

活动与训练

活动 1：模拟企业创建流程

活动主题：模拟企业创建流程。

活动目标：通过模拟的方式，让学生熟悉企业创建的流程。

建议时间：10 分钟。

活动步骤：

第一，采用随机的方式进行分组，以每组 5～7 人为宜。

第二，老师设定情境。假定要设立注册两家公司：教育咨询公司和农业科技公司。

第三，小组讨论后确定公司的名称。

第四，小组用流程图的形式描述企业创建的一般流程。

第五，老师随机挑选一组汇报并点评总结。

活动 2：制定公司章程

活动主题：假设某自动化有限公司设立注册资金 100 万元，四人为股东，但其中一人不出资，以此为素材为该公司制定公司章程。

活动要求：公司章程必须载明公司名称和住所、公司经营范围、公司注册资本、公司的法定代表人、股东的姓名和名称、股东的权利和义务、股东的出资方式和出资额。

活动目标：培养学生的逻辑思维，提高分析问题与判断的能力。

建议时间：15 分钟。

材料准备：白纸和笔。

活动步骤：

第一，采用随机的方式分组，以每组 4～6 人为宜。

第二，每组以载明事项填写齐全为标准；经营范围不能偏离公司名称；设立经营项目主题；确定股东的出资方式和出资额。

活动 3：思考与讨论

（1）在实际的企业注册过程中有哪些关键步骤？

（2）结合自己的创业情况，绘制出一幅完整的企业注册流程图。

第三节
组建创业团队

学习目标

1. 了解创业团队的概念及组成要素。
2. 掌握创业团队的组建原则及步骤。
3. 掌握创业团队的管理技巧。

案例导读

苹果创始人分道扬镳

史蒂夫·乔布斯和斯蒂夫·沃兹尼亚克曾是老友，在1976年共同创立了苹果电脑公司。在合作过程中，沃兹尼亚克与乔布斯一个负责技术，一个负责市场，又迎合了个人电脑兴起的第一波浪潮，苹果公司很快就风生水起。

沃兹尼亚克是个技术牛人，在苹果公司发展初期的作用很重要，他在20世纪70年代中期创造出苹果一号和苹果二号，苹果二号风靡普及后，成为70年代初期销量最佳的个人电脑，苹果公司早期产品的专利权属于沃兹尼亚克。但没过多久，两位共同创始人的矛盾就公开化了。

乔布斯因经营理念与当时的主要管理者不同，加之其极端的行事风格，让他迅速走向危机。1985年，苹果公司董事会撤销了乔布斯的经营大权。就在这一年，沃兹尼亚克也离开了苹果。

乔布斯和沃兹尼亚克共同成就了一家伟大的公司。但是，这两个伟大的人物终究未能一直携手。

分析：

创业团队成员除了要在技能上互补外，还需要互相信任和相互包容，否则会因为个性不合而产生分歧，导致团队解散。

知识与背景

一、创业团队概述

（一）创业团队的概念

创业团队是指在创业初期由一群才能互补、责任共担、愿为共同的创业目标而奋平的人所组成的特殊群体。大学生创业团队应该具有较强的资源整合能力，能通过团队成员之间的技能互补来提高驾驭环境不确定性的能力，从而降低创新企业的经营风险，增加创业成功的概率。

（二）创业团队的优势及劣势

1. 创业团队的优势

一个好的创业团队对企业的成败与否起着举足轻重的作用，团队成员之间的互补、协调对新创企业起到了降低管理风险、提高管理水平的作用。与个体创业相比较，团队创业具有优势互补、资源共享、渠道拓宽、凝聚智慧、群策群力、降低风险等多方面的优势。

2. 创业团队的劣势

大学生创业团队的组建或因经验相似、或因友谊和共同兴趣爱好而一起创业，但也较容易因为团队成员个性不合、利益分配争议、经营理念不同、目标不一致等各种原因导致产生分歧，甚至团队解散。

案例阅读

俞敏洪创业团队

1993年，俞敏洪创办了新东方培训学校。创业之初，俞敏洪单枪匹马，仅有一个不足十平方米的漏风的办公室，自己拎着糨糊桶到大街上张贴广告，招揽学员。在新东方创办之前，北京已有三四所同类学校。参加新东方培训的多是以出国留学为目的的学生，新东方能做到的，其他学校也能做到，如何先人一步取得自己竞争优势，把新东方做大做强？俞敏洪认识到：从事英语培训行业必须具备一流的师资，需要找到更多的合作伙伴，帮他控制英语培训各个环节的质量。而这样的人不仅要有过硬的专业知识和能力，更要和俞敏洪本人有共同的办学理念。从1994年到2000年，杜子华、徐小平、王强、胡敏、包凡一、何庆权、钱永强等人陆续被俞敏洪网罗到了新东方门下。徐小平、王强、包凡一、钱永强等人分别在出国咨询、基础英语、出版、网络等领域各尽所能，为新东方打造了一条顺畅的产品链。徐小平开设的“美国签证哲学课”，把出国留学过程中大家关心的重要程序问题，上升到人生哲学的高度，让学员在会心大笑中打开思路；王强开创的“美语思维培训法”，突破了一对一的口语训练模式；杜子华的“电影视听培训法”，已经成为国内外教学培训中有影响力的教学方法；新东方的很多老师都根据自己教学中的经验和心得著书立说，并形成了自身独有的特色，让新东方成为一个有思想、有创造能力的地方。俞敏洪的温厚，王强的爽直，徐小平的激情，杜子华的洒脱，包凡一的稳重，五个人的鲜明个性让新东方总是处在一种不甘平庸的氛围当中。

（三）创业团队的组成要素

完善合理的创业团队应具备五个重要组成要素，称为“5P”，即目标（Purpose）、定位（Place）、职权（Power）、计划（Plan）、人员（People）。

1. 目标（Purpose）

目标即创业团队需要实现一个什么样的共同目的。目标在创业企业的管理中，以创业企业的远景、战略的形式体现。确立明确的团队发展目标，在团队组建过程中具有特殊的价值，能够振奋团队的精神，激发他们的工作积极性和创造性。

2. 定位（Place）

定位即创业团队通过对现有组织形式的组合，创造出新的组织形式。创业团队中的每个人都需要明白自己合适的位置，是大家共同出资委派某人参与管理；还是大家共同出资共同参与管理；或者共同出资，聘请第三方（职业经理人）管理。这体现在创业实体的组织形式上，是合伙企业或者公司制企业。创业团队的定位包括团队层面和成员层面的定位。团队层面的定位是指领导层面的定位，创业团队在企业中处于什么位置，谁作为主要责任人，由谁来遴选成员，创业团队采取什么管理模式等。成员层面的定位，即成员在创业团队中充当的角色。

3. 职权（Power）

职权是团队担负的责任和享有的权利，规定团队的工作范围和在该范围内决策的自主程度。创业团队的权限涉及企业活动的各个领域，创业团队当中领导人的权力大小与其团队所处的发展阶段和创业实体所在的行业相关。一般来说，创业团队越成熟，领导者所拥有的权力相应越小。在团队发展的初期阶段，领导权相对比较集中。

4. 计划（Plan）

企业发展目标的实现需要制订详细的发展计划，以便确定具体的行动方案。只有按计划开展生产及经营活动，才能确保创业团队按计划有步骤地顺利实现企业目标。

5. 人员（People）

人作为创业团队最核心的力量，是创业成功与否的决定性因素。应充分调动创业者的各种资源和能力，将人力资源转化为人力资本。创业团队由技能互补、目标一致的人员组成。团队成员必须扬长避短，合理配置，才能最大限度地发挥他们作用。

二、组建创业团队的原则和步骤

（一）组建创业团队的原则

对于初创公司的创业者而言，各方面的经验明显不足，需要通过团队合作来规避一些问题。创业团队的组建要遵循以下原则。

1. 人数适宜

一般而言，一个大学生创业团队以 3～5 人为宜。刚开始创业的时候，会碰到很多意料不到的问题，人少了，团队的优势发挥不出来；人多了，团队思想不容易统一。人数合理，便于领导与任务分配的有效开展，保证各项工作完成的速度和质量，提高办事效率，占据有利的市场地位。

2. 技能互补

作为创始人，要打造一个积极、团结的创业团队，重点是要在清楚认识自己的才能的同时还要找到具有互补技能的团队成员。创始人要懂得抓住机遇，创造一个好的创业发展环境，必须处理好队员的不同兴趣、期望、分歧等，从而促进企业发展。

3. 统一目标

目标在团队组建中具有有效的激励和协调作用。目标能激励创业团队克服困难，齐心协力，努力往一个方向使劲。成员们加入团队的目的不尽相同，需要组织者统一成员的目标，只有被所有成员接受和认可的奋斗目标才能将整个团队拧成一股绳，充分调动成员的积极性，共同为完成这个目标而奋斗。

（二）组建创业团队的步骤

创业者有了创业点子后，可采取如下步骤组建起一个值得信赖的创业团队。

1. SWOT 分析

创业者应认真分析内外环境，识别机会，发掘优势，克服缺陷，应对威胁，对自己即将从事的创业活动有足够清醒的认识。

2. 确定团队形式

创业者应根据自己的性格能力特征、知识、人际关系及资金等方面的情况选择最有利于实现创业计划的团队形式。

3. 寻求合作伙伴

组建创业团队的目的是要弥补创业者某些方面的不足，成功的创业者懂得如何根据商机和市场的不同来寻找所需的人才。创业的带头人可以通过互联网、媒体广告和亲朋好友介绍等方式来寻找自己的创业合作伙伴。

4. 甄选成员

列出包括创业者在内所有候选成员应擅长的业务，根据所选项目的特点和企业的组织形式来确定创业团队的规模（即成员人数），并基于比较优势理论来确定最终的团队成员。

5. 沟通交流，达成共识

全面深入的沟通交流有利于创业团队形成统一的目标，建立共同的行动纲领和纪律制度。

6. 谈判落实，明确职权

将企业的主要活动分配给所有的团队成员，为每一项主要活动设定范围，并为各队成员设定具体的职权和目标。

值得注意的是，组建优秀的创业团队并非一蹴而就，尽管我们强调创业团队的重要性，但这并不意味着每个新创企业都必须从一开始就拥有一支完整的创业团队。创业团队的建立与发展实际上是一个动态变化的过程，应随着企业的成长不断地调整和适应，发现问题及时纠正，确保团队成员行为和意识的始终一致性，永葆活力。

三、团队成员间问题的处理

一个成功的创业团队，不仅需要慎重选择成员，还需要处理好成员之间的问题。

（一）慎重选择成员

选择创业成员时，首先要看成员加入的目的，是否有志于创业，以实现人生价值作为目标。其次要组建知识结构合理的团队。最后是避免因为成员个性不合而导致创业团队解散。

（二）加强成员交流

矛盾的积累往往是由交流不畅所引起的。作为团队管理者要关注成员之间的交流沟通情况，遇到问题要及时处理。如召开讨论会，组织成员发表观点和看法，带动和激发所有成员积极交流；不方便在会上讨论的，可采取私下沟通的方法；组织户外活动也是让成员放松交流、增进团结的方法。

（三）及时化解矛盾

随着新创企业的经营和发展，成员间的矛盾和隔阂会逐渐产生。创业组织者要善于观察成员情况，当发现成员之间不和谐时要及时处理，在处理问题时要把握尺度，做到恩威并施。

（四）提高成员素质

团队组织者要不断提升自身和成员的素质及修养，通过组织学习、培训等方式，使团队在提高能力的同时不断提高自己的远见和情怀，树立集体意识。

案例阅读

相互了解，共同创业

海博思创科技有限公司有三个合伙人：张剑辉、舒鹏、钱昊，他们都有优秀的学术背景。张剑辉，清华大学本硕连读，美国加州伯克利分校电子工程博士；舒鹏，斯坦福大学电化学材料硕士；钱昊，弗吉尼亚理工大学电力电子学博士。

在美国博士毕业后便回国后的张剑辉敏锐地意识到，环境压力越来越大的中国，今后一定会大力发展电动汽车，他的专业技术会大有用武之地，因此萌发了干一番事业的念头。

回国前，他对自己一手培养起来的“老部下”舒鹏和钱昊说：“我先回去打个前站。”2010年，张剑辉回国。创业之初，启动资金几乎全部来自他个人的积蓄。

2011年组建公司后，三人分工明确：舒鹏负责销售，钱昊负责研发，张剑辉负责综合事务。

2012年5月，刚刚成立半年的海博思创就得到了1 500万元的风险投资，在2015年获4.5亿元的股权融资。

技能与行动

一、企业的人员组成与岗位职责

（一）小微企业的人员组成

1. 企业主

在大多数的小微企业中，企业主既是企业的所有者，又是经营者，是企业的灵魂和核心。企业主可以行使以下职责：

（1）开发创意，确定目标和行动计划。

（2）组织和调用员工实施行动计划。

（3）确保计划的执行，使企业达到预期目标。

创办企业时，企业主要考虑自己的经营能力，明确哪些工作由自己做，哪些工作是自己既没有时间也没有能力去做的等。

案例阅读

谁来当经理

小李和小黄夫妻二人决定创业，最初只有他们两个，夫妻俩就企业的管理和分工促膝长谈，分析各自的长处和适合做的工作。商量之后他们达成了共识：小黄见多识广、有主意，适合担任经理，负责产品设计、生产管理、工艺技术和企业计划；小李心细、善于沟通，适合负责账目管理、采购和销售。在企业大事上，他俩将共同商量决定。

2. 企业合伙人

如果一家企业不止有一个企业主，那么，这些企业主将以合伙人的身份共享收益、共担风险。他们将决定彼此如何分工合作，例如一个人负责销售，一个人负责采购，一个人负责管理。

合伙人之间的交流一定要透明和诚恳。合伙人无法形成统一决策往往会导致企业经营失败。因此，有必要在决定合作前签订股份合作协议或合伙协议。

3. 员工

如果企业主没有时间或能力把全部工作包下来，就需要雇用员工。小微企业可能只需要雇用1～2名员工，有的企业则需要雇用更多的员工。为了雇用到合适的员工，企业主要考虑以下几点：

（1）参照企业主的企业构思，把该做的工作列出来。

（2）明确哪些工作是企业主自己做不了的。

（3）详细说明员工应具备的知识、技能和要求。

（4）决定要由多少人来完成每项工作。

（二）确定岗位职责

1. 确定岗位职责

确定岗位职责就是让合适的人做合适的事。因此，企业主必须考虑建立企业的人员管理制度，明确岗位职责，让所有员工都知道自己必须做哪些工作，以及完成这些工作所需要的知识和技能，即以制度管人，而非人管人。

岗位职责规定了某一特定岗位的工作内容，对于这些内容，企业主必须清楚地描述出来。这样做有如下好处：

（1）能明确员工的岗位及职责、权利与利益。

（2）能提供绩效考评的依据，调动员工的积极性。

一般来说，确定岗位职责时应注意以下问题：

（1）根据企业经营需要确定工作岗位名称及数量。

（2）根据岗位工种确定岗位职务范围。

（3）明确岗位任职条件。

（4）确定各个岗位之间的关系。

（5）根据岗位的性质明确实现岗位目标的责任。

2. 制定岗位职责表

岗位职责表如表 4－3 所示。

表 4－3　　岗位职责表

岗位	工作内容	所需素质或技能	谁的任务	
			第一阶段	下一阶段
经理	做计划、制定目标、监督实施、协调内部关系、与工商和税务等部门打交道	有主见、认真、果断、应变能力强、人际交往能力强		
财务	出纳、收款、记账、管理现金、盘点库存	认真踏实、有条理、诚实、细致		
销售管理	市场调查、与顾客建立并保持良好的关系、接订单、预测销售量、确定价格、组织促销活动、发货送货、采购原料	认真、思路敏捷、有活力、善于与人交往、谈判能力强、讲诚信		
生产管理	组织生产、监督生产、控制质量、管理工具设备和技术资料、维修、制订生产计划	认真、熟悉产品、懂技术、动手能力强、善于和人相处、善于处理矛盾和解决问题		
产品设计开发	跟踪市场需求动态、收集样品信息、设计制作样品	有一定的美术基础、有较丰富的历史文化知识、富有创造性、懂工艺		
生产工人	配料、搅拌、制坯、晾晒、雕琢、涂色、包装	有责任心、勤快、能吃苦、手巧		

二、创业团队的管理

（一）确定明确的岗位职责

1. 确定团队领导者

团队的领导者是团队力量的协调和整合者，是企业发展的基石。一个创业团队，必须有一个强势的领导者，在企业发展的重要时刻做最后的决定。领导者要有较高的能力和素养，能组建和凝聚团队，既能稳定团队，又能激发成员的创业激情和创造能力；既能资金筹集、战略规划，又能在企业遇到危机时力挽狂澜。因此，领导者应有较强的守则意识，道德心和责任心强，敢作敢为，具有冒险精神，有强大的人格魅力，能凝聚团队，善于革新，具有较强的决断能力。

2. 配置合适人员

一个优秀的创业团队除了领导者以外，针对不同的岗位还应该配置不同的合适人员。

（1）生产人员：为人正直，守则意识较强，对权威性的规则具有较强的顺从心理；具有较强的道德心，对企业忠诚。

（2）研发人员：思维发散，多智聪明，具有创新意识，谦虚谨慎，为人随和等。

（3）销售人员：热情外向，具有开拓和冒险精神，思维缜密，能言善辩。

（4）财务人员：守则意识较强，诚实信用，谨慎稳重。

（二）建立公平合理的报酬激励机制

1. 制定规范的报酬制度

创业之初，必须制定规范的报酬制度，以合同的形式明确团队成员的利益分配机制。对于每一个关键团队成员都必须合理制定报酬制度，尽可能公平地反映每位团队成员的责任和风险，使每个成员的付出与报酬能够对等。

2. 综合考虑企业与个人的目标

合理的报酬激励机制需要综合考虑企业和个人的目标。如果一个企业不需要外部资本，就可以不考虑外部股东对报酬问题的态度或影响，但需要考虑企业的综合目标。如企业的目标是在未来 5～10 年获得大量资本收益，那么就需要针对如何完成这一目标以及如何保持创业团队长期的创业精神来制定报酬制度。

3. 实施合理分配方案

在整个创业的过程中，每个成员的贡献和利益诉求都存在差异，制定分配方案时，需要对成员的贡献大小进行衡量。

（1）创业点子和商业计划。对创业点子提出者的贡献应当予以充分考虑，尤其是提供对原型产品或服务极为重要的商业机密、特定技术，或是对产品、市场进行调研的当事者。制作一份优秀的商业计划需大量的时间、资金和精力，因此，商业计划书制作者的贡献应适当考虑。

（2）敬业精神和风险。创业者把大部分个人资产投入企业，并投入大量的时间和精力，在企业失败时承担巨大的风险，牺牲一定的个人利益。因此，应充分考虑成员的敬业精神和所承担的风险。

（4）工作技能、经验、业绩记录或社会关系。团队成员可能为企业带来工作技能、经验、良好的工作记录，或是在营销、金融和技术等方面的社会关系。

（5）岗位职责。不同的岗位职责所需的工作技能不同，工作强度也不同，因此，分配也要有所不同。

4. 综合考虑分配时机和方式

创业团队可以综合采用月薪、股票期权、红利和额外福利，根据创业团队的业绩，在创业的第一阶段制定出报酬分配制度，这也取决于企业发展的程度。以现金报酬为例，在企业成立的初期阶段，企业还未获得盈利甚至亏损，薪金往往较低甚至没有，其他红利和福利等则先不做考虑。企业获得盈利之后，现金的支付仍然会制约企业的成长。只有在企业顺利实现盈亏平衡后，薪金的提高才会提升企业的竞争力。至于红利和额外福利，对于新办企业，保持在较低水平比较好，可以为初创企业获得更多的创业资本，促进企业的运营。

活动与训练

活动 1：确定创业团队的组成要素

活动主题：确定创业团队的组成要素。

活动目标：学习构建合理的创业团队的要素。

建议时间：10 分钟。

材料准备：纸张、白板、笔。

活动步骤：

第一，将同学们组成若干小组。

第二，每组通过讨论，依据选择的创业项目和团队成员的情况，填写下表，确定团队具体构成。

目标	
人员	
定位	
职权	
计划	

第三，各个小组展示并汇报结果。

第四，老师进行点评总结。

活动 2：报酬分配的原则

活动主题：探讨创业团队的报酬分配。

活动目标：了解创业团队报酬分配的原则。

建议时间：15 分钟。

活动步骤：

第一，老师讲述以下故事：“有 7 个人住在一起，每天分吃一大桶粥，每个人都想吃到更多的粥。一开始他们通过抓阄决定谁来分粥，每天轮换。于是每周他们只有一天是能吃饱的，就是自己分粥的那一天。后来他们推选出一个道德高尚的人来分粥。强权会产生腐败，大家开始挖空心思去讨好他、贿赂他，搞得整个小团体乌烟瘴气。然后大家组成了三人的分粥委员会及四人的评选委员会，但他们常常互相攻击、扯皮，等粥吃到嘴里时都是凉的。最后他们想出一个方法：轮流分粥，但分粥的人要等其他人都挑完后才可以拿剩下的最后一碗。为了不让自己吃到的粥最少，每人都尽量分得平均。于是大家快快乐乐、和和气气，日子越过越好。”

第二，采用随机的方式进行分组，每组以4～6人为宜。

第三，小组成员讨论，分享自己从故事中得到的启示。

第四，老师挑选1～2名小组代表汇报启示并点评总结。

活动3：思考与讨论

（1）组建创业团队的注意事项有哪些？

（2）通过本章的学习，你可否举出一些创业团队案例？这些团队的组建和发展具有什么特点？

第四节 创业资源

学习目标

1. 认识创业资源，了解创业资源的获取途径。
2. 掌握创业资源的整合方法。
3. 掌握创业资源获取的技能。

案例导读

没有实现的创业计划

小黄毕业后参加了无数场招聘会，却无数次失望而归。在与企业的接触中，小黄了解到企业也存在类似的烦恼。因为缺乏对学生的了解，企业仅通过一次招聘会或一次简单的面试签订用人协议，事后却发现招聘来的员工并不适合这份工作，为此浪费了大量人力、物力。于是，小黄萌发出一个想法：办一个不同寻常的求职网站，为企业和大学生搭建起一个长期稳定的接触平台，只要大学生和企业登录注册，双方就可以通过这个平台相互了解，企业甚至可以跟踪大学生在校期间的各方面表现，决定毕业时是否录用。

接下来的几个月，小黄开始了广泛的市场调研。他登门20多家企业，与人力资源管理部门负责人沟通了这一想法，得到70%的人的肯定。小黄已明确了网站的盈利模式，并制定了网站的长远规划。小黄发布信息招聘技术人员，结果只找到一个做网站的高中好友。“人太少了，编好这个网站的程序至少要两年。”小黄说，目前高校毕业生具备这方面技术的人太少，而有丰富经验和能力的人不愿意放弃工作跟他一起创业，好比没有左膀右臂，小黄孤军奋战的结果只能是退下阵来。

目前，小黄暂时放下了自己的创业计划，开始忙于找工作，“等有了几年工作经验，我还会继续完成创业梦想。这几年，我会构建自己的资源网络，寻找创业的最佳团队”。

分析：

合理的创业方案、资金和团队是创业的三大要素，缺一不可。小黄有好的创业项目，却没有掌握充分的创业条件，缺乏创业必要的人力资源，导致创业项目没有办法实施。

知识与背景

一、创业资源的内涵与种类

（一）创业资源的内涵

创业资源是企业创业初期及成长过程中所拥有的各种生产要素和支撑条件，包括有形资源和无形资源。创业资源贯穿于企业经营和生产的所有环节，是大学生创立企业和使企业顺利运转的保证。

（二）创业资源的种类

1. 有形资源

有形资源是指企业可见的、能量化的资产，主要包括创业者的物质资源、资金资源和人才资源。

（1）物质资源，是指企业的有形资产，包括厂房、原材料、软硬件设备、运输工具等。

（2）资金资源，是指企业运营所需要的资金支持，包括存款、借贷款和筹款。资金是新办企业的“源头活水”，是大学生创业的关键资源。

（3）人才资源，是企业的核心，是企业可持续经营的关键资源。人才资源包括创业者和创业团队及雇员的知识、能力、经验及社会关系网络。大学生在创业过程中需要通过整合、管理，科学利用人力资源，实现“人尽其才，才尽其用”。

2. 无形资源

无形资源是指不以实物形态存在，但能产生和创造价值的资源，包括政策、技术、社会、管理、信息、品牌及文化等资源。

（1）政策资源，主要是指政府扶持大学生创业的政策和措施，包括税收优惠与减免政策、行业准入政策、创业扶持政策、保障创业者利益等方面的优惠。

（2）技术资源，是指与解决实际问题、软硬件设备等有关的知识。技术代表着企业的核心竞争力，关系着企业的发展和前景。技术包括创业者自有技术、团队的技术、购买的技术。

（3）社会资源，是指企业所拥有的各种社会关系，包括整个创业团队及雇员的社会关系。大学生的社会关系网络相对较弱，社会资源较少，主要依靠亲戚、朋友以及学校的支持。

（4）管理资源，是指企业的运行机制、管理制度以及创业者或管理者所拥有的管理经验、知识和管理能力。大学生偏重于专业知识的学习，对企业的运营和管理经验较为缺乏。

（5）信息资源，是指企业生产和经营活动过程中的各种信息。信息资源的开发和利用是整个企业运作的核心内容，有效整合和管理信息是保障初创企业健康、快速发展的重要手段。

（6）品牌资源，是指围绕品牌的创建、传播、培育、维护、创新等方面而涉及的一切可利用的资源。

（7）文化资源，是指汇聚和积淀企业文化的各种要素。企业文化是企业的灵魂，是企业经营发展的持续动力。作为初创企业，要特别注意文化资源的整合和管理。

案例阅读

整合人脉资源，分享成功快乐

广州华工百川自控科技有限公司于2000年12月18日正式挂牌成立，是由华南理工大学科技园有限公司与广州市“金鼎奖”获得者张海、马铁军共同发起，由华南理工大学控股的一家从事计算机过程智能控制装备及高分子特种材料生产的高新技术企业。

华工百川技术力量雄厚，依托华南理工大学，集中了橡胶加工工艺、工业自动化控制、高分子材料、应用数学、机械设计等学科优势，在工业自动控制、数学模型、计算机集成、新材料开发等方面颇有建树；拥有各种专利技术14项。

张海教授认为：“任何东西都要懂得分享，这样才能有更多的朋友、更多的人脉资源可以利用，进而创业才能够得心应手。”张教授作为技术带头人，作为华工工业装备与控制工程学院轻工机械与控制工程研究所副所长，有效地整合了各方面的人脉资源；校方、科技园以及华工百川的经营管理团队都在整合与分享的企业文化下达成了共同理念。华工百川在竞争中处在了十分有利的位置：技术上有保障，支持上有靠山，经营上有团队，广州的政策支持又十分到位。

二、创业资源的获取

（一）创业资源获取的内涵

创业资源获取是指新企业在成立及发展阶段确定了资源需求以后利用自身的资源禀赋获取资源的过程，可以通过积累、购买和吸引等方式获取。资源积累指企业在发展的过程中不断进行资源的内部积累。资源购买指利用资金购买外部资源。资源吸引指创业者利用商业计划书或核心技术等无形资源来获取外部资源。大学生在创业之初更多的是通过资源吸引的途径来获取自己所需的资源，在企业发展中进行资源的内部积累，当企业发展到一定规模及程度时，则通过资源购买的方式从外部获取企业所需的资源。创业者通过不同形式的资源获取途径，创造出不同创业阶段所需要的新资源，从而提高资源的使用效率和企业的核心竞争力。

（二）影响创业资源获取的因素

影响创业资源获取的首要因素是创业者自身的素质和能力，尤其是创业者的初始资源基础、资源整合能力和资源获取能力。

1. 创业者的初始资源基础

初始资源是创业者的创业基础，指创业者在创业初积累的经济资本、社会资本和人力资本，以社会网络、商业网络、支持性网络、政府网络的形式存在。资源获取实际上是企业在创立过程中，将创业者的社会资本不断社会化，同时获得企业绩效的重要途径。社会资本越丰富，创业者越容易获取创业资源，创业越容易成功。社会资本是创业者创业的优势，社会资本越丰富，创业者越容易捕捉和发现创业机会，越能快速地整合创业资源，推动创业活动的开展。

2. 创业者的资源整合能力

创业者的资源整合能力主要指在创业资源获取中表现出的对创业资源的识别、获取、配置和利用的能力，它是在创业中具有动态性质的能力。在动态的、不确定的环境下，这种能力能帮助企业快速整合内部和外部不同类型的战略性资源，进而构建和维持独特的竞争优势。

3. 创业者的资源获取能力

资源获取是创业者在识别资源的基础上，能利用其他资源或途径获取创业资源并服务于创业的过程。资源获取是小微企业资源整合过程中不可或缺的重要环节，它会促使资源整合能力的改进。

（三）创业资源的获取途径

从资源的来源可分为自有资源和外部资源。

1. 自有资源的获取途径

自有资源来自创业者的内部积累，是创业者自身所拥有的可用于创业的资源，如自有资金、自有技术、自有信息、自有物质资源或自有管理才能等。自有资源的获取，首先是创业者在组建团队时善于对有形资源的获取和整合。其次是通过对企业内部资源的开发，如无形资源的挖掘与利用、员工的培训及企业内部的学习提升等方式获得新的内部自有资源。

2. 外部资源的获取途径

外部资源包括：朋友、亲戚、合作伙伴或其他投资者的资金；借到或租到的场地、设备或其他原材料；通过提供未来服务、机会等换取到的资源；社会团体或政府的资助。外部资源的获取主要依靠的是对创业资源的整合与运用，创业团队应采取多管齐下的方式获得外部资源，如通过社会网络关系获得物资资源、通过核心技术获得外部资金资源，通过购买获得技术资源。

案例阅读

整合资源获取第一桶金

小王是一名大三学生，他看上了学校新建食堂四楼的一块闲置的大厅。这个大厅旁边是一个隶属于学校的高档餐厅，其生意一直很一般。

小王想通过关系低价把这块场地拿下来。身为学校英语俱乐部部长的小王接受指导老师的建议，开始整合资源：一是与后勤负责人协商，组织学生到四楼来吃饭，保证每个月给学校带来2万元的营业额，条件是免费使用这块闲置的场地。二是将场地用于晨读。三是与英语培训机构合作，培训机构为晨读免费提供资料，俱乐部负责招生。四是动用俱乐部的力量招晨读学生。俱乐部成员可以免费参加，只需交纳3.5元的早餐费。

于是，一个多方借力、多方获利的营销案例产生了。一是小王通过英语俱乐部招到学生400人左右，定价为每个学生每天6元（含2.5元早餐费），按月收取费用，每个学生毛利3.5元，一个月毛收入为400人 × 3.5元 × 30天 = 42 000元。二是英语俱乐部免费获得了活动场所，提升了形象。三是后勤集团每个月多收入2.5元 × 400人 × 30天 = 3万元，也带动了四楼的餐厅生意。四是培训机构在一个月内招到46名学生，一个学期招了近200名学生。等于培训机构免费拥有了一个学生试听试读的场所，不需要花力量宣传组织学生来听。

通过一年时间的运营，小王赚了30多万元，真正运用自己的力量，通过资源整合，利用简单的资源，赚取了人生的第一桶金。

技能与行动

一、创业资源获取的技能

（一）合作技能

合作使创业者获得资源。创业资源的获取首先要找到资源提供者；其次是找到利益相关者。资源提供者存在两种形式：一是本身就拥有丰富资源，如政府、银行及运营态势良好的公司；二是潜在的资源提供者。

创业资源的获取首先要求创业者掌握合作技能，创业者需要与创业资源提供者开展合作，共同获得利益。企业的经营强调的是获得利益，创业者需要辨明资源提供者关注的利益点，在获取资源时，找到双方的共同利益点，才是合作的基础。合作可以突破空间、制度等方面的限制，使创业活动范围更加广泛。要获取更多、更丰富的创业资源，创业者必须用创新的思维，掌握合作的技能，充分满足资源提供者的利益，通过各种合作关系达到共赢或者多赢。

（二）识人与用人技能

创业者要善于识人和敢于用人，这是任何事业成功的重要因素。创业者要善于识别人才，将不同能力的人放在对应的岗位，打破条框的束缚，唯才、唯业绩和贡献是举。

创业资源获取还和用人技能密切相关。比如，聘用理财能手，企业能获得更多的融资集道和更丰富资金资源；聘用营销能力强的人，更有利于拓展产品和服务市场；专业人才的使用，有利于新企业在创业选址、原材料采购、购置设备和产品质量把关方面获得事半功倍的效益，也有利于企业开辟技术、服务创新的新格局。

（三）沟通技能

沟通凝聚资源。沟通技能是企业获取创业资源的关键因素。据统计，创业者有七成的时间都花在书面和语言沟通上，如创业计划书的撰写、合同的拟定；又如谈判、开会、商议、走访客户和拜访投资者等。相反，创业者沟通能力弱容易引起企业领导力不强、员工执行力差、企业效率低下等问题。

创业企业在很大程度上通过与企业内外部的沟通来获取资源。企业通过与政府、银行、媒体、投资者、客户、供应商等外部沟通，建立联系并达成合作共识，使企业的社会网络关系得到强化，获得更多的支持，实现获利。在企业内部，创业者通过有效的沟通，有效分配不同岗位的工作任务，创业团队和成员间配合通畅，能有效降低内部冲突，提升整个企业的效率和业绩。

（四）发挥资源的杠杆效应

无形资源往往是撬动有形资源的重要杠杆。发挥资源的杠杆效应是指创业者掌握和充分发挥这种“撬动”作用的技能，以尽可能少的投入，获取尽可能多的收获。创业者不应被当前控制或支配的资源所限制，成功的创业者应当善于利用关键资源，特别是无形资源的杠杆效应来“撬动”资源。具体体现在以下几个方面：能比别人更长期地使用资源；更充分地利用别人没有意识到的资源；利用他人或别的企业的资源来完成自己的创业目的；将一种资源补足另一种资源，产生更高的复合价值；利用一种资源撬动和获得其他资源。

用人技能实际上是杠杆效应的一个特例，企业的人力资本会直接作用于资源获取，有产业相关经验和先前创业经验的创业者能够更快地整合资源，更快地识别和抓住市场机会；创业团队的社会资本能"撬动"信息、商机、市场、客户、资金等重要创业资源；技术诀窍、商标、品牌能带来企业核心竞争力的提升；诚信建设、企业文化能"撬动"融资机构、"撬动"供应链上下游的供应商、批发零售商，乃至终端用户。

（四）信息技能

信息带来资源。创业者信息技能包括信息需求识别及表述、信息检索及获取、信息评价及处理、信息整合及学习、信息利用与开发等。掌握并善用信息技能，对于创业者把握商机、获取创业资源、做出决策、推进创业企业成长都十分重要。

二、创业资源的整合

（一）创业资源整合的内涵

资源整合是指新企业对资源进行组合以构造或改变新企业能力的过程。新企业的创建通常是通过机会与资源的整合来实现的。处于创业阶段的企业，对资源的开发与运用决定了企业的战略导向。在企业进入成长与成熟期后，资源结构影响企业的市场地位与长期的发展模式。因此，企业需将资源的开发与整合置于发展的、动态的市场环境中进行系统分析。只有有效整合和管理创业资源，大学生创业才有可能取得成功。

（二）创业资源整合的方法

资源整合就是要优化资源配置，理智筛选、取舍、管理，从而获得部分乃至整体的资源优化。在创业中，大学生要根据不同的创业过程和环节，运用不同的方法进行资源整合。

1. 向外寻找式

大学生创业之初，创业所需资源主要依靠自身的努力和个人网络来获取，较少的创业资源很难维持企业的发展，要想使企业继续发展，就得从外界寻找创业资源。创业者要结合自身创业团队的资源情况，分析企业资源储备的情况，尤其是分析企业资源存在的不足，找出整合和利用外界资源的方法。向外寻找式的资源整合方法要求创业者准确地把握行业的发展热点和竞争焦点，才能获取有价值的创业资源，进而进行整合。

2. 对内累积式

创业发展中期，积累了一些企业赖以生存发展的创业资源。企业处于发展关键期，创业资源需要不断累积和增加，需要创业者掌握累积式的资源整合方法。为了使已获得的创业资源发挥其最大的效能，创业者必须进一步了解创业资源的特征，通过分析归类自身的资源积累情况，以便于更好地整合利用。只有对已有的资源进行准确的分析定位，才能发挥资源的最大效能，不断提高企业的核心竞争力。

3. 开拓式

企业取得发展之后，创业者要想使企业继续快速发展，就必须采用开拓式创业资源整合。开拓式创业资源整合方法要求创业者具有创新能力，用创新的思维和视角去寻找具有创新点的创业资源。特别是继续寻找企业的新的增长点，在新的增长点上充分开拓和整合利用资源。

案例阅读

牛根生的资源整合

牛根生刚开始只是伊利的一个普通员工，凭着自己的勤奋和聪明做到了生产部门的总经理。之后牛根生从伊利辞职，他邀请原来伊利的几个同事一起出来创业，人有了，但是没有奶源、没有工厂、没有品牌，每一项都是致命的。

牛根生开始资源整合，通过人脉关系找到哈尔滨一家乳制品公司，这家公司的设备都是新的，但是生产的乳制品质量有问题，同时营销渠道也没有打通，所以产品一直滞销。牛根生找到这家公司的老板说："你来帮我们生产，我们这边都是伊利技术高层，负责技术把关，牛奶的销售铺货我们也承包了。"这位老板一听，马上答应下来。创业团队有了落脚的地方，解决了生存的问题。

没有品牌怎么办？在乳制品这个行业，没有品牌很难销售，因为品牌代表着安全可靠。牛根生借势整合，打出口号："蒙牛甘居第二，向老大哥伊利学习"，让一个不知名的品牌马上跻身全国前列。牛根生不只盯着伊利，还把自己和内蒙古的几个知名品牌联系起来："伊利，鄂尔多斯，宁城老窖，蒙牛为内蒙古喝彩！"因为前三个都是内蒙古的驰名商标，自己放在最后，给人感觉就是内蒙古的第四品牌。牛根生整合品牌资源，迅速让蒙牛成为知名的品牌。

没有奶源怎么解决？如果自己买牛养牛，成本太高，也没有那么多人员。于是蒙牛整合了三方面的资源：农户、农村信用社、奶站。信用社借钱给奶农，蒙牛做担保并承诺包销路。奶牛生产出来后由奶站接收，蒙牛从奶站收奶。蒙牛定时把信用社的钱还了，把利润给奶农，趁机喊出一个口号："一年养10头牛，过的日子比蒙牛的老板还牛。"

牛根生善于通过资源整合，发挥自己的长处，整合别人的优势，用更少的成本创业。

活动与训练

活动1：创业资源获取

活动主题：创业资源获取。

活动目标：掌握创业资源获取的方法。

建议时间：30分钟。

活动准备：纸张、笔、电脑。

活动步骤：

第一，将学生分为5～7人的小组，小组任务是为本小组的创业项目寻找创业资源。

第二，设计一个创业项目，项目与学生校园生活息息相关，且是学生们学习生活中亟待解决的问题。

第三，各小组列出团队组员的自有资源和外部资源，填写在下表中。

自有资源	资金	
	技术	
	人力	
	物质	
外部资源	资金	
	技术	
	人力	
	物质	

第四，评价本组项目是否可以开展。

第五，小组展示。

总结评价：各组派代表对本组和其他组资源获取情况进行评价和分析，让同学明白自己的创业项目是否具备足够的创业资源。

活动 2：思考与讨论

（1）谈谈创业资源与一般商业资源的异同。

（2）为什么说获取创业资源是一项重要的创业行为？如何有效利用创业资源？

第五章 运营初创企业

导读

创业通常分为五个阶段，即种子期、创建期（启动期）、成长期（发展期）、扩张期和成熟期，实现的是“从无到有、从有到盛”的过程，而初创企业的运营实现的是从小到大、由弱变强的蜕变。企业从选定创业项目、筹集启动资金开始就正式进行运营，企业选定经营场所、完成注册后，面临的是产品的开发、营销、财务与人力资源管理、企业成长与创新、企业法律风险防范等诸多工作。随着市场竞争日趋激烈和全球经济的快速发展，初创企业的运营如何更好地适应市场竞争的需要，成为企业生存发展的关键，既关系到创业的成败，又关系到企业今后能否持续发展。本章根据初创企业的特殊性，从初创企业的运营管理、初创企业的创新经营以及初创企业法律风险的防范三方面进行详细阐述。

学习指南

一、学习方法

采用案例学习法、情景学习法和项目学习法，帮助学生学会合作，形成自主探究、查阅资料的学习能力和习惯。

二、注意事项

1. 树立终身学习的观念。知识经济时代，科学技术突飞猛进，企业环境复杂多变。大学生要培养自身终身学习的观念，虚心向前辈和竞争者学习，借鉴经验，不断学习经营管理知识，提高自身经营管理能力。

2. 树立正确的消费观和理财观。有些大学生习惯了衣来伸手、饭来张口的生活，创业初期对于花销上没有概念。而创业又是一个很需要财力的投资，只有树立正确的消费观和具备一定的理财能力才能合理经营企业。

第一节
企业运营管理

学习目标

1. 了解市场营销的内涵；懂得如何进行市场定位，把握机会市场进行营销，制定符合自己项目的市场营销策略。

2. 熟悉企业财务管理相关知识，能够根据实际情况制定企业的财务管理。

3. 了解企业人力资源管理知识，制定适合自身企业特点的人力资源管理方案。

案例导读

佳佳的“创业梦”

佳佳是泉州市区某高校汽车专业的大学生，本着对汽车的热爱，大学期间不止认真学习专业知识，更是经常利用课余时间到本田、大众等汽车经销公司兼职销售与维修。2016年毕业时，怀揣着创业梦的他没有接受父母提前安排好的工作，而是选择自主创业当老板。因为对汽车行业的热爱，再加上自身又是汽车专业出身，于是，佳佳就将创业目标锁定了与汽车相关的项目。佳佳经过短期的调查发现：随着人们购买力的提高，现在越来越多的人不止购买汽车，还舍得在车的装饰上花钱，因此，佳佳决定根据市场的需求，自己开一家汽车养护美容中心。佳佳走访了泉州地区的汽车市场，深入当前市面上的汽车养护与美容中心进行调研，结合自身在大学期间学到的汽车知识以及在日常兼职积累下来的经验，在详细了解汽车各种消费品项目详情的同时找到了合适的商家。于是，佳佳就开始在自己的创业路上忙碌起来：筹集资金、寻找店铺、企业注册、装修、进货、招聘员工……数个月后，他实现了自己的老板梦。

半年后，残酷的现实击碎了佳佳的创业梦，因无法支付昂贵的房租、工资及其他费用，佳佳选择结束自己的汽车养护美容中心。原来，佳佳将地点选择在泉州市中心主干道边上的沿街店面，过往的车辆虽然很多，但是因为停车不方便，且大多车辆仅是途经此处，除了开业初期进行的促销活动能吸引一些顾客，之后选择到此进行汽车养护和美容的车辆寥寥无几。面对着毫无起色的生意，佳佳显得有点力不从心，不知道如何改变现状，无奈之下只好放弃自己的创业梦。

分析：

案例中的佳佳虽然是汽车专业毕业，有着扎实的专业知识，创业前也深入了解汽车市场的行情与需求，做了大量的准备工作，依然还是失败了。原因主要有以下几方面：

首先，选址不当。虽然主干道车流大，但是不方便停车成为广大车主最困扰的问题，纵使有着汽车养护与美容需求，车主也会因停车难而放弃进店消费。选址不当，成为佳佳企业经营不下去的首要原因。

其次，缺乏有效的企业运营。因选址不当而出现经营困难时，创业者未能及时掌握市场动态，没有及时调整发展思路和营销策略，在企业运营过程中只是被动地接受着市场变化，将创造效益的主动权交给顾客，导致企业营业额上不去。

最后，缺乏完善的创业知识。创业不是单凭满腔热血的激情就能成功的，还需要创业者具备市场营销、资金筹措、财务知识、人力管理和法律等多方面知识。虽然佳佳有着扎实的汽车专业知识及高昂的创业激情，但缺乏实战经验，选址、运营初创企业、筹措资金等方面的创业知识欠缺也是导致创业失败的原因。

知识与背景

一、初创企业的产品开发

初创企业要在激烈的市场竞争中快速站稳脚跟，就必须根据自身的战略与市场定位，向目标客户有计划地提供有竞争的产品或服务。企业设立成功后，就要充分调动自身现有的所有资源进行产品的开发，并在第一时间投放市场，创造效益。新产品开发是指从研究选择适应市场需要的产品到产品设计、工艺制造设计，直到投入正常生产的一系列决策过程，是企业研究与开发的重点内容，也是企业创造市场需求的主要途径和企业生存发展的立足点。

（一）初创企业产品开发方式

初创企业在立足于自身发展定位的基础上应选择合适的产品开发方式，减少企业创设初期的风险，提高产品进入市场的成功率。从产品开发内涵来看，产品开发方式主要有新产品开发和现有产品整改两种方式。

1. 新产品开发方式

根据企业在新产品开发过程中扮演角色的不一样可细分为独立研制开发、技术引进、研制与引进相结合等方式。

（1）独立研制开发。

初创企业能依靠自身资源和条件，根据现有产品的状况，创造性地研制出具有特色的新产品。从长远考虑，企业开发新产品最根本的途径是自行设计、自行研制，即所谓独创方式。独立研制开发新产品要求企业具备较强的技术力量，要花费较多的资金、时间和人力，需要企业建立一支实力雄厚的研发队伍、一个深厚的技术平台和一个科学、高效率的产品开发流程。

案例阅读

福建九牧集团有限公司自1999年7月23日创立以来，就以“改善和提高家居生活品质”为己任，以高品质的产品和优质服务为核心，不断推动“居家生活品质”的改善。九牧(JOMOO)作为连续五年高端卫浴领导者，专注健康厨卫，其自主研发生产卫生陶瓷、智能厨卫、整体卫浴、厨卫家具、五金龙头、厨卫五金、九牧晾品等全线产品，提供健康、环保、一流的厨卫解决方案，凭借产品的优质及用户信赖，以品牌价值115.52亿元蝉联2015年“中国500最具价值品牌”卫浴行业榜首。

（2）技术引进。

企业通过引进市场现有的成熟技术进行新产品的开发。企业引进技术开发新产品能减少产品研制投入，可以较快地掌握产品的开发制造技术，节约科研经费和人力，大大缩短产品开发时间，缩小与先进企业的技术差距，是企业最常用的一种方式。

案例阅读

日立（福建）数字媒体有限公司由日立集团、福建省电子信息（集团）有限责任公司、Max Benefit Holdings Limited 共同投资成立，公司通过引进日本日立集团先进的技术进行合作生产方式，以“技术的日立”为后盾，在数字媒体高端产品领域拥有全球领先的研发技术和精湛的制造工艺，经过几年发展，增加了等离子电视、液晶电视、液晶背投、家用液晶投影仪、DVD 摄像机等拥有强大技术优势的产品，从而打开了高端彩电市场。

（3）研制与引进相结合。

企业在消化和吸收引进技术的基础上，结合本企业的特点进行创新，或者在自身现有技术的基础上，通过引进新技术弥补不足而进行的产品开发。该方式要求企业具备一定的科研技术基础且市场上具有开发此类产品较为成熟的技术，有利于企业充分发挥引进技术的作用，在进行新产品开发的同时，促进自身企业技术的研发。

案例阅读

泰山集团股份有限公司是一家主要设计制造工业锅炉、电站锅炉、锅炉辅机、压力容器、锅炉安装运输、电缆、电车线、船舶制冷等机械机电产品的国家大型企业集团。该集团一直以“管理创新、技术创新、市场创新”为三大创新战略，把自己的发展理念定位在“超越现在、领先未来”上，通过自主研发和引进先进技术相结合，不断提高产品开发速度和技术领先水平，新产品贡献率始终保持全国同行业领先水平。

2. 现有产品整改的方式

这种方式是根据产品用户的需求，在现有产品的基础上采用各种改进技术，使产品在功能、性能、质量、外观、型号和用途上有一定改进和提高。企业初创期可在现有的技术水平和设备基础上对现有产品进行改进，降低产品的开发成本，提高产品市场占有率。但是，长期采用改进方式开发新产品，会影响企业的发展速度。企业只有不断地对产品进行更新换代，不断开发新的消费群体，树立适应时代要求的产品，才能推动企业持续快速发展。需要注意的是，在引进市场现有产品进行改进时，要注意产品的知识产权问题。

案例阅读

宝洁公司是美国一家日用品生产商，是世界五百强企业。宝洁公司的成功离不开正确的产品策略，公司不断开发新产品的同时，也不忘对自身产品的改造与升级。以洗衣粉为例，光是汰渍洗衣粉的配方和包装，宝洁公司就改进了不下70次，根本不等品牌达到所谓的“成熟”期就已推出了新产品。

（二）新产品的开发原则

简单来说，企业新产品开发一般遵循以下几个原则。

1. 面向市场，以市场需求为导向

新产品的开发首先必须适应社会经济发展的需要，要针对每一个重要的顾客（包括经销商与供货商），描绘出相关的消费链，针对各消费链环节进行调查，找出谁是产品的使用者、用后看法、何时使用、何处购买，找出可以吸引顾客从其他消费链转移过来的激活因素，并了解顾客忠诚度的动向，发掘尚无法被满足的顾客需求，重构市场，推出全新的产品。

案例阅读

宝洁公司在开发新产品的时候并不是简单地在产品上贴上不同标签，而是认为不同的顾客希望从产品中获得不同的利益组合，通过对市场需求的调研和分析，真正研究它们的差异性，包括功能、包装、宣传等，从而形成每个品牌的鲜明个性，让消费者主动地选择自己所需要的。

2. 依据企业实力和资源确定产品开发的方向

开发新产品是一项高风险、高投入的活动，新创企业进行新产品开发时不能盲目进行产品开发，要充分考虑企业自身的资源、开发能力以及开发成功后的生产能力，否则有新产品却不能批量生产，则会影响企业的经济效益。

3. 展现企业特色

企业开发新产品要能够结合市场需求，结合企业自身情况，凸显新产品式样新、功能全或高能化、性能特等特色。企业只有开发特色的产品才能使消费者体验到特殊的感受，让消费者觉得产品的与众不同，产生购买欲，将消费者的眼光从繁多的品种吸引到自身企业新开发的产品上。

案例阅读

四川海底捞餐饮股份有限公司成立于1994年，是一家以经营川味火锅为主、融汇各地火锅特色于一体的大型跨省直营餐饮民营企业。公司自成立之日起，始终奉行“服务至上，顾客至上”的理念，以贴心、周到、优质的服务，独特的味道赢得纷至沓来的顾客和社会的广泛赞誉。公司高扬“绿色、健康、营养、特色”的大旗，致力于在继承川味原有的“麻、辣、鲜、香、嫩、脆”基础上，不断开发创新，以独特、纯正、鲜美的口味和营养健康的菜品，赢得了顾客的一致推崇和良好的口碑。

4. 必须追求经济效益

企业不仅要保证当前产品具有良好的经济效益，更重要的是保证在未来的一段时间内新产品的开发也应该具有良好的效益。企业要充分利用各种可以利用的资源来保证新产品开发，提高产品开发通用化、标准化和系列化水平，减少产品设计制造的工作量，加速新产品开发和制造的进程，从而降低开发、制造和使用过程的费用。企业只有尽可能减少劳动及资源的占用和耗费，才能让新产品开发创造可观的经济效益及影响深远的社会效益。

二、初创企业的人力资源管理

对于创业者而言，如何凝聚团队，做好员工的选、用、育、管、留，是一项必要的创业管理能力。

（一）创业初期的人力资源规划

人力资源规划是指通过对人力资源需求和供给的预测，制订人力资源补充计划、晋升计划、人员配置计划、培训开发计划以及薪酬计划等。

作为创业者，在做人力资源规划时应从业务开展（技术、生产、营销等）及整体运营来思考，结合长远发展进行规划，明确部门、岗位、职责、任务等，建立较完善的薪酬分配制度，即利益分配机制。

（二）人力资源管理制度

一个新公司，制度并非大而全就好，而是一些关键的制度不能少。初创企业的人力资源制度，主要有四个方面：基本的薪酬分配制度、考勤制度、人员招聘制度、奖惩制度。至于员工的培训制度、考核制度等实用就可以。人力资源制度一定要结合企业的实际情况来制定，尤其是薪酬制度，要花点时间和精力，要确实能起到激励员工的作用。

根据企业自身的人力资源规划要求，明确对企业人力资源的需求。面对信息渠道的多元化和快速化，如何在众多的信息中以最合理的投入识别出企业所需的人力资源信息是新创企业急需解决的一大难题。人力资源的甄选主要是对求职者进行资料初审、笔试、实践、面试等多方面的评价。每一方面对人才测评项目的设置、观察、结果评估等是实践过程的重要环节，直接影响着企业能否寻求到最佳人才。创业者在人力资源的发现、甄选和利用上必须将人才的素养和企业的需求匹配结合起来，随时发现企业对人力资源的需求变化，在人力资源和岗位需求的动态发展中取得平衡。

（三）企业的薪酬管理制度

对于初创企业来说，员工的薪酬是人力资源管理中极为重要的组成部分，是吸引和留住优秀人才的重要手段。因此，初创企业必须学会建立一套科学实用的薪酬管理体系。

1. 薪酬的类型

企业支付给员工的报酬主要包括两个部分：一是以货币形式直接支付给员工的报酬，如工资；二是以非货币形式支付给员工的报酬，如各种保险、带薪休假等福利。

（1）工资。

工资作为员工薪酬的主要组成部分，主要由基本工资、奖励工资和津贴构成。基本工资是按照等级标准支付并且在一定时间内固定不变的工资。奖励工资，也就是奖金，是根据员工的工作绩效大小而决定的劳动报酬，如奖金、销售提成等。津贴是指补偿员工在特殊条件下的劳动消耗及生活费额外支出的工资补充形式，是一种补充性的工资分配形式。

（2）福利。

福利是员工的间接报酬，主要包括国家规定的各种劳动保险福利、带薪假期、过节礼物或退休金、员工个人发展福利等。

2. 薪酬设计的原则

总的来看，初创企业的薪酬设计主要采取以下原则：高工资、低福利的原则；简明实用的原则；增加激励力度；建立绩效工资制度。

三、初创企业的财务管理

（一）财务管理的基本概念

1. 资金的时间价值

资金的价值是随时间的变化而变化的，是指一定量资金在不同时点上的价值量差额。

创业者必须掌握资金时间价值理论，才能科学合理地使用资金，提高资金的使用效率，使资金在有限的时间和空间范围内获取最大价值，从而帮助创业者正确分析和评价项目的可行性。

2. 机会成本

机会成本是指为了从事某件事情而放弃的其他事情的机制。一个成功的企业必定是一个善于避开不必要投资风险的企业。因此，作为创业者，必须掌握机会成本，认识到机会成本的潜在损失，在需要选择时，利用机会成本做出正确的决策，机会成本越低，风险系数越小。

3. 沉没成本

沉没成本是指已经失去的收益或者付出的代价，是不论采取什么方法，均不能挽回的损失，有时候损失是直接的，有时候是间接的，是决策时无法考虑在内的。因此，创业者在做决策时不能计算沉没成本，否则将会高估成本，从而做出错误的结论。

4. 货币准备金率

提高货币准备金率是抑制经济过热的措施，收缩贷款的总量，必然导致物价下降，通货紧缩，此时市场不利于投资；相反的，降低存款准备金率是刺激经济增长的措施，扩大贷款的总量，物价上涨，市场通货膨胀，此时应该看准机会加大投资，因为对企业来说，物价上涨是赚钱的好机会。因此，创业者要时刻关注货币准备金率的变化，着眼于宏观的决策而选择最佳时机。

5. 现金流

现金流是指企业在一定会计期间按照现金收付实现制，通过一定经济活动（包括经营活动、投资活动、筹资活动和非经常性项目）而产生的现金流入、现金流出及其总量情况的总称，即企业一定时期的现金和现金等价物的流入和流出的数量。现金流是用来衡量企业收入、企业盈利能力以及自身融资潜力的重要指标，它代表着企业内部融资能力，同时也是银行衡量企业偿还能力的一大标准。

（二）财务管理的关键

1. 现金流的预算和控制

财务管理首先应该关注现金流量，而不是会计利润。对于初创企业来说，现金流是非常重要的。初创企业应该通过现金流量的预算管理来做好现金流量控制。企业要根据年度现金流量预算制定出分时段的动态现金流量预算，从而对日常现金流量进行动态控制。现金流量预算的编制采用“以收定支，与成本费用相匹配”的原则，采用零基础预算的编制方法，按收付实现制来反映现金流入流出。经过企业上下反复汇总、平衡，最终形成年度现金流量预算。

2. 财务风险控制

财务风险主要是指举债给企业收益带来的不确定性。对于初创企业来说，需要大量的运营资本来应付快速增长的应收账款和存货，举债经营成为企业发展的途径之一。有效地利用举债可以大大提高企业的收益，当企业经营得好，利润高时，高负债会带来企业的高增长。但企业举债会对企业自有资金的盈利造成影响，由于负债要支付利息，债务人对企业的资产有优先的权利，万一公司经营不善，或有其他不利因素，公司容易出现资不抵债，破产倒闭的危险就会加大。

3. 资金控制

市场竞争激烈，新企业无法以信用形式进行业务交易，难以降低经营中存在的应收账款比率。应收账款是指尚未收回的货款或者提供服务所应得的款项，是一个重要的财务控制点。由于大企业常常认为小企业或新企业缺乏讨价还价的能力与资格，在与小企业或新企业交易时可延迟支付欠款，这无形中提高了新企业或小企业的应收账款比率。另外，许多新企业或者处于发展早期的企业为了获得业务，经常给那些风险更大、在别处贷不到款的客户更大的个人信誉（以个人信用来担保的应收账款），给自己带来了很大的隐患，使得很多初创企业因为未能及时收回账款而破产。因此，新企业要控制应收账款需处理好以下三方面问题：一是客观评价客户资信程度；二是建立合理的信用标准；三是加强所发生的应收账款和客户的管理，制订合理的催款计划，定期向赊销客户寄送对账单和催缴欠款通知书，或者拨打催款电话，同时对经常性业务往来的赊销客户进行单独管理。

四、初创企业的营销管理

初创企业的营销管理是指以顾客需要为出发点，以刺激消费者对产品的需求为目标，为创造达到个人和机构目标而进行市场规划、产品和服务的构思、定价、分销和促销的过程。它是一个包括分析、规划、执行和控制的过程。因此，对于初创企业来说，如何制定切实可行的企业营销战略是实现创业目标的保证。

（一）市场营销管理概述

市场营销管理企业把所有的人力、物力、财力、信息等资源有效地组织起来以刺激、创造、适应及影响消费者的需求，并不断调整适应环境的过程。

（二）市场营销组合

市场营销的目的是满足消费者的需求，然而消费者的需要种类繁多，要满足各类需求就必须采取不同类型的营销策略，因此，企业在开展市场营销活动时，要充分把握各种基本措施，合理组合，发挥整体优势以取得效果。市场营销的因素有多种组合方式，运用最广泛的是所谓“4P”的分类方法，即把市场手段或营销因素分成四大类：产品、价格、促销、分销。

1. 产品策略

产品策略指企业向市场提供的与产品有关的策划与决策。企业成功与发展的关键在于产品满足消费者的需求程度以及产品策略正确与否，企业必须明确自身能提供什么样的产品和服务去满足消费者的需求，这是市场营销组合策略的基础。

2. 价格策略

价格策略指企业通过估量顾客的需求与成本，以便选定一种吸引顾客、实现市场营销组合的价格。

3. 促销策略

促销策略指企业利用信息传播手段传递“合适的产品在适当的时候以适当的价格出售”的信息。

4. 分销策略

分销策略指企业选择产品从制造商顺利转移到顾客的最佳途径。

技能与行动

一、新产品开发的流程

新产品开发是一项极其复杂的工作，从根据用户需要提出设想到正式生产产品投放市场要经历许多阶段，涉及面广、科学性强、持续时间长，因此必须按照一定的程序开展工作，主要包括以下几个程序。

（一）制定新产品战略规划

新产品开发过程应该始于对新产品的战略规划，企业要对新产品开发所要达到的目标有一个清晰的表述。在广泛收集内外部信息的基础上，制订出符合本行业和企业发展的新产品开发计划，对新产品开发的成功具有至关重要的作用。

（二）新产品的构思创意

构思是对新产品进行设想或创意的过程，是新产品战略规划的后续，也是整个新产品开发过程的触发点。首先要对出现的新产品提出最初概念，然后要对提出的概念进行初步评价，通过概念测试，使其得到扩大和提炼以接受全面的筛选。

（三）构思筛选

该阶段主要是针对前一阶段收集的大量构思进行评估与筛选，研究每个构思的可行性，确定构思是否符合企业的战略目标，衡量企业是否有足够的资金、人才及技术进行产品开发，尽可能地发现和放弃错误的或不切实际的构思。

（四）新产品概念的发展和检验

新产品概念是企业从消费者的角度对产品构思进行的详尽描述。即将新产品构思具体化，描述出产品的性能、具体用途、形状、优点、外形、价格、名称、提供给消费者的利益等，让消费者能一目了然地识别出新产品的特征。

（五）制订新产品的营销计划

该阶段主要是制定新产品进入市场的营销战略。首先，营销计划要描述目标市场的规模、结构、行为，新产品在目标市场上的定位以及明确头几年新产品的销售额、市场占有率、利润目标等；其次，要简述新产品的计划价格、分销渠道以及第一年的市场营销预算；最后，营销战略要阐述长期销售额和目标利润以及不同时间的市场营销组合。

（六）商业分析

商业分析的主要内容是对新产品概念进行估计销售量、成本和利润等财务方面的分析，判断它是否满足企业开发新产品的目标。

（七）实体开发

经过商业分析，如果产品具有开发价值，则可把产品概念交给企业的研发部门进行研制，开发成实际的产品。一般是制造出一个或数个样品，且该样品必须具备产品概念中的主要特点，样品安全可靠，生产成本不超过预算。样品制成后，要在实验室对其性能、成分等进行一系列严格的测试和技术鉴定，然后还要进行消费者测试。

（八）新产品试销

样品经过测试符合各项指标要求后，即可投入小批量生产，上市试销。新产品试销也称市场检验，指把测试以后的新产品经过小批量生产投放到通过挑选并具有代表性的小型市场范围内进行销售试验，以了解顾客对新产品的反应和意见，并根据用户意见对新产品加以改进，帮助企业采取相应的营销对策的过程。

（九）新产品商业化

新产品商业化阶段的营销运作，企业应慎重决策何时、何地以及如何推出新产品等。

企业必须制订详细的新产品上市的营销计划，包括营销组合策略、营销预算、营销活动的组织和控制等。

二、初创企业的人力资源管理

人力资源是一个企业最重要的创业资源，只有制定一套有效的人力资源管理制度才能确保企业按照既定的战略有序运行。

（一）新员工的招聘

员工招聘是为企业挑选人才的过程，是企业出现人力资源需求后，采用一定的途径吸引具备任职资格的求职者，并从中选出合适的人才给予聘用的工作过程。面试是企业最常用的招聘方法，可以帮助企业对求职者的综合素质做出客观的评价，因此，要提高面试水平，面试者要做好招聘前的准备工作。

1. 做好企业岗位分析，制定明确、详细的岗位说明书

面试前，负责人要认真做好企业的岗位分析，根据企业的人才需求制定详细的岗位说明书，明确每个岗位的工作内容以及对员工的要求及考核标准，为企业找到最适合岗位要求的人才。

2. 慎选招聘途径

面对信息时代人才招聘渠道的多元化，企业应结合自身实力选择合适的招聘途径。初创企业可以选择网络招聘和招聘会两种渠道来猎取人才，因为网络招聘和招聘会相对灵活、及时，时效性较强，资源充足，招聘成本较低，适合初创企业。

3. 注重企业的宣传

招聘是企业与应聘者双方沟通的过程，企业在筛选人才的同时也会被求职者选择，因此，企业在招聘面试过程中，可以从发布广告、接待面试、场地布置、面试过程和公司参观等流程突出企业的特色来吸引应聘者，给应聘者留下良好的公司形象，扩大公司影响力，从而吸引适合企业发展的人才到公司就职。

（二）员工的管理

无规矩不成方圆，良好的员工管理可以提升企业的效益。首先，新创企业应该建立人力资源规章制度，制定员工手册，加强员工培训，让新进员工更加了解公司的各项规章制度；其次，建立人力资源部各项制度，从招聘开始，到培训、试用员工管理，合同管理、档案资料管理、请假（考勤）管理，人员调动管理、绩效考核，薪酬体系、辞职管理，并确定相关表格，提高员工对公司的归属感。

（三）建立企业培训体系

培训是公司员工整体水平提升的重要工作之一，通过加强培训力度，有效提升员工的综合能力水平，增强员工的信心，稳定员工队伍，促进企业的稳定发展。员工培训不是简单的授课教育，而是应该根据企业的现状，对培训需求的分析、培训计划的制订、培训课程的设计和培训效果的评估等流程进行合理的设计，构建一套行之有效的员工培训体系。

（四）薪酬制度的设计

创业者在选择薪酬策略时主要参考公司当地的薪资标准以及同行业的薪酬水平，确保公司薪酬基本保持在中等或中等偏上，并采取基本工资＋绩效工资＋奖金（＋股权激励）的薪酬结构。可以从以下几方面来确定薪酬的设计思路。

1. 提高货币性薪酬的市场竞争力

在设计薪酬制度时，结构上可以采用较低的基本工资水平和较高的绩效奖金方式。对于急需的专业技术、管理和市场营销人才，可以另外采取股权、股份期权等长期激励方式来吸引和保留人才。

2. 适当淡化内部公平性

在设计薪酬制度过程中，应该将重点放在薪酬的外部竞争力上，并适当淡化薪酬的内部公平性。

3. 突出强调内在薪酬方式

在设计薪酬制度过程中，可合理设计并突出强调内在薪酬方式，比如关于员工职业发展和晋升选拔的制度，还有情感激励和关怀等内在薪酬方式，以增加对优秀人才的吸引力。

三、初创企业的财务管理

初创企业的财务管理目标应该是围绕着企业生存目标而开展工作。因此，初创企业的财务管理基本内容是搭建财务团队和建立基本财务制度。

（一）搭建财务团队

一般来说，初创企业的财务团队搭建方式主要有两种。

1. 自建方式

企业创立初期业务内容简单，业务量小，因此财务团队相对来说比较简化，团队的搭建以能帮助企业完成基础的记账、报税、资金管理和费用报销的审核为目标的架构组织即可，如设置会计、出纳等基本功能岗位。

2. 外包方式

创业初期，企业更多的是将关注点集中在如何向市场提供受欢迎的产品和服务，这时企业的资金往往处于相对紧张情况，企业无法承担庞大的财务管理团队。因此，以外包的方式更加适合初创企业。创业者可以根据外包机构的深度、广度和创新等三方面进行选择。首先，着重考虑外包机构是否拥有丰富的服务经验；其次，判断该机构是否拥有更广的服务领域；最后，选择具有创新精神的财务外包机构，以便能及时掌握新技术和新模式给企业带来的影响并积极进行实践。

（二）建立基本财务制度

为了确保企业能够保持正常的经营秩序，规范财务管理工作，初创企业要建立自己的基本财务制度，以便企业能有效管控风险。因此，初创企业财务基本制度的建立可以从以下几方面进行。

1. 建立会计核算制度

企业创立初期，规模较小，业务简单，大部分企业符合《中小企业划型标准规定》所规定的小型企业标准，可以按照《小企业会计准则》的相关规定进行会计核算。

2. 建立资金管理制度

资金是企业最重要的资产之一，也是企业流动性最强的资产，能够随时用来偿还企业的债务、购买产品或服务等。如果缺少了资金则容易使企业濒临破产清算的境地，因此，作为创业者，要严格把控企业的现金流，建立严格的资金管理制度，确保企业资金的安全。

3. 建立销售采购制度

初创企业为了促进产品的销售收入可能会允许客户进行赊账。收款或回款给企业带来了收入账款，在企业的会计账面上形成了收入，给企业带来了利润，但是赊账并没有给企业带来实质的收益，还存在着形成坏账的风险，不利于企业的资金回收，可能会给企业带来巨大的损失。另外，企业商品的采购、办公用品的采购以及其他零星的采购同样会产生现金。因此，创业者应该建立相对完善的销售采购制度。

4. 建立资产管理制度

一般来说，新企业的成立时间短，企业的资产规模相对较小，主要的资产包括固定资产和低值易耗品，是企业的重要组成部分，创业者应该针对新创企业建立相应的资产管理制度。

5. 建立报表管理制度

企业报表管理主要有对内和对外两种报表体系。新创企业的对内报表主要是根据企业管理者的需要而进行编制的相关统计报表，是为了创业者统计和分析企业运营管理情况，方便创业者做出相关决策。初创企业的对外报表体系则是方便企业向工商管理机关、税务机关、银行等编报的资产负债表、利润表、现金流量表等，同时，也包括需要向税务机关编报的纳税申报表。

四、初创企业的营销管理

（一）市场营销管理基本过程

市场营销管理过程一般包括以下几个阶段。

1. 分析市场，发现和评估市场机会

市场机会是指市场上存在的未被满足的消费需求。在当今时代，没有一家公司可以依赖目前的市场和产品而绵延不绝、长盛不衰。所以，任何企业都必须随时关注市场环境的变化，及时获取市场情报，不断地寻找、发现和评估分析新的市场机会，为企业的生存和发展寻找出路。

2. 细分市场，选择目标市场

企业通过研究消费者的各种需要和欲望，根据消费者需求和购买行为的差异性细分市场，结合自身的资源和优势，选择其中最具有吸引力和最能有效为之提供服务的细分市场作为目标市场。

3. 确定市场营销策略

企业通过市场细分选择了自己的目标市场，专门研究其需求特点并针对其特点提供适当的产品或服务，制定一系列的营销措施和策略，实施有效的市场营销策略。

4. 市场营销活动管理

这是整个市场营销管理过程的一个带有关键性的、极其重要的步骤。因为企业制订市场营销计划不是纸上谈兵，而是为了指导企业的市场营销活动，为了执行市场营销计划，实现企业的战略任务和目标。企业通过对市场营销策略的实施和控制，能有效地发挥企业的市场竞争优势，实现企业目标。

（二）构建营销渠道

渠道是企业把产品转化为资金的通道，是企业实现利润的最后一个经济组织，是促使产品或服务顺利被使用或消费的一整套相互依存的组织。新企业需要根据企业整体对营销渠道的建设进行综合布局，在对所有可能渠道的调研和研究的基础上，逐步构建自己专属的营销渠道网络。

1. 建立营销渠道

新企业建立营销渠道不仅仅是实现将产品转化为资金的目标，同时也需要及时地反馈市场信息，因此，新企业营销渠道的建立要注意以下几点：

（1）加强新企业营销渠道的功能，重视营销渠道的市场开发能力，利用经销商的客户资源，有利于帮助企业走向市场的同时，将产品或服务的风险分解到经销商，减少企业的风险承担。

（2）明确新企业营销渠道的结构要求。营销渠道的结构是根据企业的渠道目标和渠道服务功能而决定。首先，新企业的渠道规模要根据企业的规模来设计，从小到大，先点后面；其次，渠道的宽度设计不适合过大，在独家分销、密集分销和选择分销三种渠道宽度中，最适合新企业的是选择分销，宽度适中，容易获得经销商的支持；最后，新企业的产品线不能太深，设计渠道深度时，不能过度深耕，但是要预留往下纵深拓展的空间。

2. 做好渠道设计决策

新企业在建设营销渠道过程中，在充分考虑各种制约因素的同时，也要充分利用现有的各种有利条件。主要有四个步骤：首先，分析消费者需要的服务水平，详细了解客户对于产品批量的要求、等候的时间、空间的便利性、商品多样性、服务支持等方面的需求；其次，确定渠道目标和限制条件，在期望的服务水平上，根据制造商性质、中间商的优缺点、竞争者使用的渠道、宏观经济走势以及国家法律规定等多方面因素确定渠道的限制条件；再次，明确主要的渠道交替方案，在了解目标市场和期望的服务之后，明确中间商类型、数目以及渠道成员的条件与责任，确定各种主要的交替方案；最后，评估主要的渠道交替方案，根据经济性、可控性以及适应性原则，评价各种渠道交替方案，选择最佳的渠道方案。

3. 做好渠道管理决策

新企业需要对营销渠道进行长期的管理和维护，不断改进渠道绩效。首先，在营销渠道成员选择上，要重点评估渠道成员的资源、产品品种、发展潜力、合作态度以及声望等，选择符合自身企业产品或服务发展需求的渠道合作伙伴。其次，加强对渠道合作成员的培训、监督和激励，包括产品和营销技巧的培训，提高渠道成员的销售能力，制定相应的激励措施，定期给予渠道成员一定的激励。再次，评估渠道成员，在定期评估渠道成员业绩的基础上，对业绩优异的成员进行奖励和经验推广，及时对业绩不理想的成员进行原因分析以及策略修改。最后，修改渠道决策，企业要根据每阶段的业绩定期修改现有的渠道，通过增加或者减少渠道成员以及建立新的营销渠道系统以适应市场的变化。

案例阅读

“猪肉大王” 崛起的背后

陈生，1984年毕业于北京大学，被分配至广州市委办公厅秘书科当公务员，然而后来陈生放弃了这份工作，下海经商，开始了自己的创业之路。陈升在进入养猪行业不到两年的时间里，在广州开设了近100家猪肉连锁店，营业额达2亿元，人称广州的“猪肉大王”。事实上，陈生之所以能在养殖行业里短时间取得骄人成绩，成为拥有数千名员工的集团董事长，在于其之前的几次创业经历为他的成功奠定了基础。

创业初期，陈生卖过白酒、卖过菜、卖过房子、卖过饮料，每一次的创业都为他日后的成功创造了不同的条件。首先，卖白酒时，处于创业初期的他并没有足够的能力可以投资数千万元设立厂房，于是他直接从农户那里收购散装米酒，这样并不需要在固定设施上有任何的投入就可让广大的农民帮他生产，从而为自己累积了“第一桶金”。随后，陈生利用“第一桶金”开始租用厂房和设施，打造自己的品牌，迅速进入和占领市场。随着经济飞速发展，陈生从传统的猪肉行业里看到了巨大商机，通过精细化营销，率先推出绿色环保的猪肉“壹号土猪”，开始经营自己的品牌猪肉，在“公司＋农户合作”的基础上，针对学生、部队等不同人群，选择不同的农户，提出不同的饲养要求，生产出符合客户不同需求的猪肉。在这样的“精细化营销”战略下，陈生在很短的时间内叫响了“壹号土猪”品牌，成为广州知名的“猪肉大王”。

活动与训练

活动 1：制定企业人力资源管理制度

活动主题：制定企业人力资源管理制度。

活动目标：结合所学知识，学会制定人力资源管理制度。

建议时间：15 分钟。

活动准备：A4 纸张、笔若干。

活动步骤：

第一，采用随机的方式划分小组，每组 4～6 人为宜。

第二，假定新创一家广告设计公司，请各小组运用本节所讲有关人力资源管理的知识进行讨论，产生公司的具体企业人力资源管理制度。

第三，小组成员重点讨论以下问题：（1）公司应该从哪几方面进行人力资源制度建设？为什么？（2）每一项制度下应该包含哪些具体内容？

第四，每个小组派代表分别上台发言，阐明本小组为新创公司所设计的人力资源制度及设计原因。

第五，老师分别根据每个小组所制定的企业人力资源管理制度进行点评，并进行总结。

总结评价：人力资源的科学化、合理化、系统化管理是企业发展的生命线，教师根据小组活动进行及时点评，帮助学生学会制定企业人力资源管理制度，掌握人力资源战略的研究和分析方法。

活动 2：制定市场营销组合策略

活动主题：新创企业运营中如何吸引新客户和增加老客户。

活动目标：能利用市场营销组合策略解决实际问题，加强对市场营销管理的理解。

建议时间：15 分钟。

活动准备：A4 纸张、笔若干。

活动步骤：

第一，背景材料准备：小张现有一家小药店，经营状况良好，但是发现客户数量并没有增加。小张怀疑大部分潜在客户都跑到对面的药店去了。经调查发现，药店的许多老客户确实都跑到对面的药店去了。小张开始认识到，只有增加客户才能带来利润。请设计一套促销活动方案，让那些定期到药店购药的客户不断增加，同时吸引更多的新客户。

第二，采用随机的方式划分小组，每组 4～6 人，讨论设计方案。

第三，同学们可以围绕推出何种广告和促销能吸引新客户、采取何种促销方案能增加老客户等问题来讨论，制定小组的营销组合策略。

第四，每个小组派代表分别上台发言，阐明小组所制定的营销组合策略及理由。

第五，教师进行点评并总结。

总结评价：市场营销组合是制定企业营销战略的基础，做好市场营销组合工作可以保证企业从整体上满足消费者的需求，是企业应对竞争者强有力的手段，是合理分配企业营销预算费用的依据。通过案例分析，帮助学生进一步掌握营销策略，学会根据企业的实际情况制定合理的市场营销组合策略。

活动 3：思考与讨论

（1）阐述新产品开发的流程。

（2）新创企业的特点是什么？与成熟企业有何区别？新企业的运营与成熟企业相比有何不同？

第二节 企业创新经营

学习目标

1. 了解企业创新的内涵，懂得利用企业创新相关知识制定企业发展战略。
2. 了解企业品牌创新的策略和途径，懂得企业的品牌创新。
3. 了解企业营销创新所包含的内容，及时根据市场创新营销策略。
4. 了解企业文化创新的途径、思路，结合企业实际情况建设企业文化。

案例导读

诺基亚的“不归之路”

作为曾经的手机霸主诺基亚，自 1996 年开始，手机业务连续 15 年获得全球市场份额第一，公司利润达到了前所未有的高度。2003 年，诺基亚的经典机型在全球累计销售 2 亿台，这个手机销售纪录在机型迅速迭代的今天，俨然成了不可企及的神话。2013 年 9 月 3 日上午，微软宣布以 54 亿欧元收购诺基亚手机业务。这个诞生于 1865 年、1967 年走向世界的巨头最终以一种如此无奈的方式波澜不惊地从历史的舞台上谢幕。谁会想到这样的手机霸主会落到如今的境地？

分析：

回顾诺基亚手机发展历程，我们可以发现，诺基亚之所以失败主要有以下几方面原因：

第一，只注重单个产品创新，未能在生态系统创新。智能手机的争夺不在于质量的比拼，更多的是操作平台和应用方面，诺基亚没有及时根据消费者个性化的应用软件需求开发相应的生态系统。

第二，对市场的变革反应迟钝，过于沉溺过去的辉煌。

第三，没有抓住消费趋势。随着互联网的迅速发展，消费者对于手机的需求已经不是简单的通话、短信等层面，而是变成了随时随地的娱乐和互联网应用，而诺基亚固守功能，没有真正抓住消费者在移动互联网时代的智能化趋势，导致其在产品的创新方向上远远落后于竞争对手。

第四，专利和新技术不能及时进行消费者转化。早在 2004 年的时候，诺基亚就开发出触控技术、3D 技术，但是这些专利并没有实现满足消费需求的转化，导致公司的落败。

第五，缺少对品牌的创新。随着触屏手机的发展，消费者的需求发生巨大变化，希望拥有最新最炫目的手机，这时手机已经成为一种时尚产品，然而诺基亚品牌由于产品的陈旧而慢慢老化，缺乏时尚感，渐渐失去对消费者的吸引力。

知识与背景

一、企业战略创新

随着时间的推移，市场中的每一个行业不断衍生出现不同的企业，企业通过不同的技术和分销方法对细分市场提供各种形式的产品或服务。企业战略创新是指企业发现行业战略定位空间中的空缺，填补这一空缺，并使之发展成为一个大众市场。企业管理者要确定企业的发展战略，就必须不断对“谁将成为公司客户？应该给选中的客户提供什么产品或服务？怎么样以具有成本效率的方式提供产品、服务？”这三个基本问题进行深入思考并做出正确的回答，从而实现企业的战略创新。

战略定位空间中的空缺主要表现在三个方面：一是新出现的顾客细分市场或竞争对手忽视的现有顾客细分市场；二是顾客的新需要或竞争对手未能充分满足顾客目前的需要；三是为目前或新出现的顾客细分市场生产、传递或分销现有的或创新的产品或服务的新方法。企业不仅可以通过顾客爱好、技术、政府政策等外部环境引起的空缺调整企业战略目标，也可以主动创造空缺，重新制定企业的发展目标，达到战略创新。

二、企业品牌创新

随着时代的发展和科技的进步，企业要不断地寻求发展，品牌创新实质就是赋予品牌要素以创造价值的新能力的行为。通过对原有品牌的全部或者部分进行调整与修改，形成新的品牌，使品牌增值。企业进行品牌创新的方式如下。

（一）产品与技术创新

品牌是以产品为载体的，离开了高质量的产品，品牌也就成了无本之木、无源之水。对于企业来说，进入目标市场，赢得竞争优势，产品是其基本手段。产品创新要以市场需求为导向，满足消费者的需求。在某种程度上甚至可以说，顾客是产品创新的实际参与者。企业利用技术创新开发研制出新的产品，这些新产品的上市可以改变或提升原来产品在消费者心目中的地位，强化了品牌在消费者心中的印象，消费者对该品牌产生信任并选择重复购买该产品，从而使该品牌有着顽强的生命力，保证了企业稳定地持续发展。

（二）服务创新

服务创新就是使潜在用户感受到不同于从前的崭新内容，是指新的设想、新的技术手段转变成新的或者改进的服务方式。服务创新为用户提供以前没有实现的新颖服务，这种服务在以前由于技术等限制因素不能提供，现在因突破了限制而能提供。服务创新需要跨学科的交流和合作，它是一种技术创新、业务模式创新、社会组织创新、用户创新的综合。最有意义的服务创新来自对服务对象的深入了解，这样的深入比一般的产品创新要深入得多。

三、企业营销创新

所谓营销创新就是根据营销环境的变化情况，并结合企业自身的资源条件和经营实力，寻求营销要素在某一方面或某一系列的突破或变革的过程。在这个过程中，并非要求一定有创造发明，只要能适应环境，赢得消费者，且不触犯法律、法规和通行惯例，同时能被企业所接受，那么这种营销创新即是成功的。还需要说明的是，能否最终实现营销目标，不是衡量营销创新成功与否的唯一标准。

（一）营销理念创新

市场营销既是一种理念，也是一种方法。当它作为一种理念的时候，发挥的是改变人们的思维方法的功能；作为一种方法，主要是改变人们的行为方式。因此，营销创新的关键是理念创新，主要有以下几种创新理念。

1. 整合营销

即将各种原本单一的营销工具和营销手段，系统地组合起来，根据具体营销环境的变化来灵活地做出调整，实现营销效果和营销价值的最大化。

2. 战略营销

战略营销有四个组成要素及变量，即产品（Product）、渠道（Place）、价格（Price）、促销（Promotion），此四者也是常见营销变量。

3. 关系营销

关系营销是指企业在盈利的基础上，建立、维持和促进与顾客和其他伙伴之间的关系，以实现参与各方的目标，从而形成一种兼顾各方利益的长期关系。

4. 网络营销

网络营销是企业整体营销战略的一个组成部分，是为实现企业总体经营目标所进行的，以互联网为基本手段营造网上经营环境的各种活动。

5. 服务营销

企业在充分认识满足消费者需求的前提下，为充分满足消费者需要，在营销过程中所采取的一系列活动。

当然，随着市场的发展，还有很多营销创新理念，如体验营销、绿色营销、生态营销等。

（二）营销策略创新

营销策略创新是指企业具体营销手段的创新，主要表现在产品、渠道、价格和促销上，这里不再赘述。

四、企业文化创新

企业文化创新是指为了使企业的发展与环境相匹配，根据自身的性质和特点形成体现企业共同价值观的企业文化，并不断创新和发展的活动过程。主要包括以下几方面的内容。

（一）企业精神文化创新

企业精神文化创新主要包括企业的愿景、价值观和企业道德。企业的愿景是企业最高管理者头脑中的一种概念，是员工对企业未来的设想，是激发员工努力的动力。企业价值观是指企业及其员工的价值取向，是指企业在追求经营成功过程中所推崇的基本信念和奉行的目标。企业道德文化也有人称其为企业规范文化，是指企业文化中以企业道德为中心的文化形态和特质。它包括企业的道德观念、道德情感、道德理想、道德规范、道德行为以及影响企业道德的基本因素和途径。企业道德的创新，实质上是通过提升员工的思想觉悟，实现员工个人价值观与企业价值观的统一。

（二）企业制度文化创新

企业制度文化是企业领导体制、组织机构和管理制度的具体体现，是企业文化的重要组成部分，是企业文化理念在企业中得到贯彻和执行的有力保障。企业制度文化是企业文化的重要组成部分，制度文化是一定精神文化的产物，它必须适应精神文化的要求。人们总是在一定的价值观指导下去完善和改革企业各项制度的，企业的组织机构如果不与企业目标相适应，企业目标就无法实现。

（三）企业行为文化创新

企业行为文化即企业文化的行为层，是指企业员工在企业经营、教育宣传、人际关系活动、文娱体育活动中产生的文化现象。它是企业经营作风、精神风貌、人际关系的动态体现，也是企业精神、企业价值观的折射。企业行为文化包括企业领导的行为和企业员工的行为。企业领导的行为决定着企业的大政方针和经营决策与管理，领导者的思想和经营管理理念直接影响着企业的发展方向，因此，企业行为文化创新的根本是企业领导者行为的创新。

（四）企业物质文化创新

企业物质文化是指由职工创造的产品和各种物质设施等构成的器物文化，是一种以物质形态为主要研究对象的表层企业文化，主要包括企业的产品、企业的形象、企业的基础设施和技术设备等。

技能与行动

一、企业战略创新

（一）重新确定商业计划

企业创业初期的商业定义会影响企业在市场中的战略决策，直接决定企业如何确定自己的客户、竞争对手、竞争实力，从而确定企业的竞争策略。因此，企业要实现战略创新最直接、有效的方法是重新思考并定义自身的商业定义。实现战略创新具体可以采用以下步骤：

（1）列出所有可能的定义；

（2）根据一系列标准，对每一个定义，从企业客户对象、客户需求、竞争对手、竞争手段、市场吸引力等方面进行分析，从中识别出最有利的企业商业定义；

（3）选定商业定义；

（4）分析竞争对手的反应。

（二）重新确定企业的客户

企业管理者通过思考“谁将成为公司客户”，根据客户的需求特点和企业是否具备比竞争对手更有效地为顾客提供更优质的产品或服务的各种独特资产和能力，来明确企业应该为哪些顾客服务，不为哪些顾客服务。有时候，目标客户的需求并未发生变化，但是客户所追求的产品属性已经产生变化，企业管理者要积极主动地思考并分析“谁将成为公司客户”，深入了解客户所重视的产品属性，从而发现新的细分市场，在竞争对手忽视或者未发现细分市场前，根据该细分市场顾客的需要，设计产品及其传递体系，高效地满足该细分市场的需求，迅速占领这个细分市场。

（三）重新确定企业的产品或服务

从战略角度来看，企业管理者可以先确定企业应该提供的产品或服务，再确定目标市场。企业可以通过竞争对手、员工、供应商、客户的顾客等渠道了解顾客，与客户建立合作伙伴关系，了解客户的经营活动，掌握客户的业务活动，发现客户的新需要。同时，企业也可以通过外部基准比较，发现市场新动向，还可以通过不断地测试新产品，探索顾客潜在且不易被察觉的需要。

（四）重新确定企业提供产品或服务的方式

企业管理者通过思考“怎么样以具有成本效率的方式提供产品、服务”明确企业提供产品或服务的方式，利用自身核心能力开发新产品，采用与竞争对手不同的经营方法。企业可以通过分享核心能力、多次利用核心能力以及扩大核心能力等途径来重新确定企业提供产品或服务的方式，有效识别并利用企业核心能力创造新战略资产或组合现有战略资产，以竞争对手不熟悉的产品或服务满足顾客的需求，迅速占领市场。

二、企业品牌创新

（一）产品与技术创新

产品创新（Product Innovation）指的是创造某种新产品或对某一新或老产品的功能进行创新。主要有以下几种途径。

1. 内部研发

指企业主要通过自己的力量来研制新技术，开发新产品。内部研发绝对不是闭门造车，实际上，企业的科技能力是通过与相关方合作而长期积累的结果。主要有以下几种方式：

（1）自主创新，指企业自己的研究与开发部门发明新产品或对老产品进行改良。

（2）逆向研制，指也称作技术破解，是指企业对其他公司的产品就性能、构造等内容进行研究，从中破解其制造工艺和技术配方，以期仿制和改进。

（3）委托创新，指企业把开发新产品的工作通过契约的形式交由企业外部的人员或机构去完成。

(4) 联合创新，指企业之间将资金、技术力量等资源联合起来，共同攻克技术难关，分享研发成果。对于大型的研发项目，联合创新可以解决单一企业无法实现的技术突破。

2. 外部获取

外部获取是指企业不通过自己的研究和开发，而直接从企业外部获取某种新技术、新工艺的使用权或某种新产品的生产权和销售权。其形式有三：

(1) 创新引进，指企业直接购买新技术或者购买新产品的生产和销售权。

(2) 企业购并，指企业收购或兼并其他公司的股权，这样就可以顺理成章地取得对该公司的新技术和新产品的占有权、使用权或控制权。

(3) 授权许可，指企业从其他企业那里获得生产和销售某种产品的许可，这种方式不涉及技术所有权的易手。

(二) 服务创新

服务创新应把握好以下几个方面。

1. 把注意力集中在对顾客期望的把握上，善待顾客的抱怨

在竞争对手云集的市场中，不必轻易改变产品本身，而应该把注意力集中在对顾客期望的把握上，顾客的抱怨往往表明服务有缺陷或服务方式应当改进，这正是服务创新的机会，认真对待顾客的抱怨，均应立即妥善处理，设法改善。以耐心、关怀来巧妙解决顾客的问题，听取顾客的反应以及修改的建议。

2. 用超前的眼光进行创新

服务是靠顾客推动的。当人们生活水平低于或等于生存线时，其需求模式是比较统一的。随着富裕程度的提高，消费需求由低层次向高层次递进，由简单稳定向复杂多变转化。这种消费需求的多样化意味着人的价值观念的演变。

3. 产品设计和体现的服务要与服务体系结合起来

产品创新从设计开始，服务也从设计开始。要在产品中体现服务，就必须把顾客的需要体现在产品设计上。在产品设计中体现服务，是一种未雨绸缪的创新策略。要使顾客满意，企业必须建立售前、售中、售后的服务体系，并对体系中的服务项目不断更新。

4. 把“有求必应”与主动服务结合起来

不同的企业对服务的理解不同。一个企业要在竞争中取胜，仅仅做到“有求必应”是不够的，应不断地创新服务，由被动地适应变为主动地关心、主动地探求顾客的期望。比如国际商用机器公司认为，公司的发展是由顾客和市场推动的，主张把公司的一切交给顾客支配。

5. 把无条件服务的宗旨与合理约束顾客期望的策略结合起来

企业不遗余力地满足顾客的需要，无条件地服务顾客，是达到一流服务水平的基本原则。但在策略上必须灵活。合理约束顾客的期望常常是必要的。企业有必要严格控制广告和推销员对顾客的承诺，以免顾客产生过高的期望，而在实际服务时尽可能超出顾客的期望。正确地处理无条件服务与合理约束两者的关系，是企业在服务创新中面临的挑战。

三、企业营销创新

(一) 理念创新

1. 整合营销

整合营销技巧可细分为以下几点：

(1) 任何营销方式都要融入搜索思想。软文营销、论坛营销、微博、视频、社会化媒

体营销、网络公关等营销方式都要融入搜索营销的思想，因为在任何一种营销方式中都需要搜索。

（2）社会化媒体营销要融入网络公关的思想。社会化媒体可以与客户产生互动，可以迅速地传播信息，这时要时刻监控客户的反应，一旦发现客户有不良反应，就要及时处理，消除隐患。

（3）新闻营销和社会媒体相结合。一个事件出来，可以先采取新闻报道的形式加以推广，之后再以新闻为由头在社会化媒体上进行传播，而社会化媒体的言论又可作为新闻营销的内容源头。

（4）视频营销和广告营销相结合。视频营销可以采用“润物细无声”的方式予以传播，而硬广告则相反。将两种方式予以结合，会给客户巨大的冲击力。

2. 战略营销

营销战略适用于三种不同类型或三个不同层次的问题。第一层次是宏观层次的营销战略，它以对营销组合变量（价格、产品、广告等）的综合运用为核心。根据这一定义，为某个产品制定一个战略涉及为该产品进行定价、设计广告，然后决定分销的方案。中观层次的营销战略指的是营销要素战略，它指用于营销组合中某个要素方式的抉择。处于微观层次的是产品—市场进入战略，它指的是某个具体的目标的营销策略，如厂商力图建立市场份额的战略、收获利润的战略等。主要有四个步骤：首先，界定经营的业务范围；其次，确定经营宗旨；再次，确定营销、生产及其他职能计划；最后，为这些计划确定预算。

3. 关系营销

（1）筛选合作伙伴。企业首先从所有的客户中筛选出值得和必须建立关系的合作伙伴，并进一步确认要建立关系营销的重要客户。

（2）指派关系经理。对筛选出的合作伙伴指派关系经理专人负责，这是建立关系营销的关键。企业要为每个重要客户选派干练的关系经理，每个关系经理一般只管理一家或少数几家客户，并派一名总经理管理关系经理。

（3）制订工作计划。为了能够经常地与关系对象进行联络和沟通，企业必须分别制订长期的和年度的工作计划。

（4）了解关系变化。企业要通过建立专门的部门，用以跟踪顾客、分销商、供应商及营销系统中其他参与者的态度，由此了解关系的动态变化。同时，企业通过客户关系的信息反馈和追踪，测定他们的长期需求，密切关注合作伙伴的变化，了解他们的兴趣。

4. 网络营销

网络营销可以有效地降低成本，减少中间商环节，可以根据具体情况创建网络销模式。第一，企业应该通过互联网不断更新产品的新信息，刺激消费，激发消费者对新产品的购买欲；第二，合理地对网络进行有效的运用，可以使消费者能够与企业进行交流，能够在更大程度上满足消费者的需求，了解消费者的喜好；第三，企业需要配置先进的生产设备；第四，企业应该创立属于自己的品牌；第五，企业应该寻找合作伙伴，以合作的方式吸引更多的消费者进行消费。

5. 服务营销

企业要制定和实施一套科学、系统的服务营销策略以保证企业营销目标的实现，这也是势在必行的。我国企业应从以下几方面加强服务营销的对策：

（1）提高企业的服务意识。企业真正认识到服务才是实质的商品，产品只是服务的附属品，企业要不断提高企业人员的服务意识，让企业的每一位员工都成为企业的“营销代表”，在消费者面前展示本企业的文化和实力。

（2）重视企业的服务质量与人员培训。在服务营销中，企业竞争优势的取得越来越依赖于人的能力的发挥。消费者对企业的印象来自企业员工的行为和态度，因此，服务人员的素质就直接影响着企业的形象。

（3）树立正确的服务营销理念。企业要把经营思想放在其产品的服务上，通过“服务为导向”“以顾客为中心”的经营思想，以优质的服务真正为消费者解决问题，而达到其经营的目的。

（二）策略创新

（1）产品策略：一方面，企业要重视不断开发创新型产品；另一方面，企业要重视品牌营销。

（2）价格策略：从价格战到非价格营销的转变。

（3）渠道策略：随着各种新渠道类型的不断出现，企业要不断创新渠道管理手法，由“经营渠道”向“经营终端”转变，注重渠道成员发展伙伴式型关系，促进渠道的扁平化发展，增加企业对渠道的控制，促进产品的销售。

（4）促销策略：消费者需求是多方面的，既是理性的，也是感性的，促销活动需要满足客户的这种心理需求，顺应消费者需求和渠道自然力量，从广告、销售促进、公共关系、人员推销、直接销售等方面入手，不断更新营销技巧，创新整合促销方式，以最少的投入取得更大的促销效果。

四、企业文化创新

面对日益深化、激烈的国内外市场竞争，越来越多的企业不仅从思想上认识到创新是企业文化建设的灵魂，是不断提高企业竞争力的关键，而且逐步深入地把创新贯彻到企业文化建设的各个层面，落实到企业经营管理的实践中。

（一）企业精神文化的创新

（1）把握环境变化，及时调整企业愿景。征集企业员工的愿景，根据竞争对手、行业和企业发展实际，制定企业新的发展目标并对之进行归纳和总结，提出符合企业发展且被全体员工认可和愿意共同追求的目标，明确企业发展方向和动力。

（2）尊重企业原有的历史文化，在现有文化的基础上进行创新，与时俱进，建立学习型组织，不断学习和借鉴先进企业的管理思想和价值观，实现超越，建立具有自身企业特色的价值观体系。

（3）加强员工社会公德教育，积极参加社会活动，加强员工个人品德修养，设立企业道德模范，提升员工思想觉悟，实现员工个人价值观与企业价值观的统一。

（二）企业制度文化的创新

随着市场环境的不断变化，企业自身的内外部环境也跟着改变，原有的规章制度适应不了企业的发展要求，需要不断地根据市场变化进行企业制度文化的创新。

（1）梳理企业原有规章制度，摒弃落后企业制度，紧跟时代精神，建立符合市场经济要求的现代企业管理制度。

（2）以全体企业员工共同认可的价值观为基础，从企业自身实际出发，充分体现员工共同的行为方式和特征，建立一套符合企业发展且被全体员工共同遵守的行为准则。

（3）建立运转有序的机制，确保新规章制度的顺利实施。

（三）企业行为文化的创新

企业行为文化的创新不是一种盲目的行为，而是对自身判断和决策充满自信的行为。

（1）不断加强自身的理论学习和实践，完善知识结构，增强学习能力，不断适应市场经济环境中的变化，提升企业领导者的知识水平和综合素质，为培育创新型的企业高层管理团队打下坚实的基础。

（2）构建以人为本的新管理模式，重视人在企业发展中的重要作用，重视企业员工创新意识和创新精神的培养，增强员工的责任感和自主精神，激发员工的积极性、主动性和创造性，促进员工个人价值与企业发展的共赢。

（3）建立和完善相关制度，在实现企业经营管理目标过程中帮助员工实现自我管理和自我创新，推动企业文化创新氛围的建设，增强企业的创新力。

（四）企业物质文化的创新

1. 产品和服务的创新

企业管理者要在全面调查市场需求的基础上，深入分析市场环境，明确创新后的产品定位，要能凸显人性化的服务创新，通过优质的服务来提升企业的品牌形象。

2. 企业形象的创新

注重企业品牌形象、领导形象、员工形象、企业环境的创新，因为这是企业精神文化创新的内在要求，是企业创新阻力小、见效快的部分。

3. 企业技术设备的创新

随着现代科学技术的不断发展，企业原有的技术设备必然会逐渐落后于时代的发展要求，企业管理者要及时引进新设备，采用新技术，生产技术含量更高的新产品以满足客户的需求，第一时间抢占市场。

案例阅读

IT巨人的创新之路

联想集团是1984年中科院计算所投资20万元人民币，由11名科技人员创办的，是一家在信息产业内多元化发展的大型企业集团，是富有创新性的国际化的科技公司，公司企业文化的核心是创新精神，正是这种创新精神引领着联想公司迈向成功。

联想的发展过程是不断创新的过程。创立企业的同时进行包括技术、市场、管理、制度方面的渐进创新。在技术和市场方面，发现技术的市场潜力及有针对性地改进，为技术创新建立了世界一流的、24小时不间歇的全球研发运作体系，掌握核心技术，领跑IT前沿，能够真正理解中国用户需求，从而达到事半功倍的效果。如20世纪80年代的计算机软件主要是美国做的，语言用的是英语，没有汉化版，普通的中国人使用起来不方便，于是联想便推出汉卡及汉字操作系统，从根本上解决了中文信息化问题，奠定了汉字信息处理的基础，同时推出许多汉字应用软件，迅速占领市场。通过技术创新，联想系列产品在各自领域取得丰硕的成果。联想的管理创新，旨在提高资源组合效率，建成一套符合企业长远发展需求的、科学的研发机构及管理体系，以提高成果产业化能力，保证技术成果顺畅地转化为企业价值，如建立以分销为中心的销售体系，建立订单—安全库存生产组织，在国内率先实行事业部制。联想的制度创新，集中在建立基本体制构架，从体制上为技术创新和管理创新提供了行为规范，如成立新技术发展公司，建立职工分红股制度，实行弹性的工作制和配套的激励机制，以及对研发项目的评价体制和严格的项目管理体系。

将创新视为企业发展DNA的联想，自创立之初便将创新列为公司发展的头等要事，经过30余年的构建和发展，联想已经形成一整套完整的创新体系和机制，并由此形成雄厚的研发实力。

活动与训练

活动1：制定初创企业的创新运营模式

活动主题：初创企业进行产品和商业模式创新。

活动目标：结合所学知识，学会如何根据企业情况进行产品和商业模式创新。

建议时间：30分钟。

活动准备：A4纸张、笔若干。

活动步骤：

第一，背景材料准备：2016年大学毕业后的小林，在家人的帮助下选择在大学城经营一家饮品店，因为物美价廉，颇受大学生的欢迎，经营状况良好。但是，一段时间后，小林发现饮品店的营业额并没有大涨，而且前来光顾的人数有所下降。经调查发现，因为小林推出的饮品有限，又一直没有推出新的产品，大学生已经喝腻了，饮品店渐渐地没有了吸引力。请根据相关知识，对小林的饮品店进行产品和商业模式创新。

第二，采用随机的方式划分小组，每组4～6人为宜。

第三，围绕如何进行产品升级、营销模式创新等问题进行讨论，制定小组的商业模式创新策略。

第四，每个小组派代表分别上台发言，其他小组的成员进行点评。

第五，教师进行评价与总结。

总结评价：通过实际的案例分析，帮助学生进一步明白创新对初创企业的重要性，掌握如何根据企业实际情况进行企业的创新管理。

活动2：商业模式创新

活动主题：分析初创企业的创新性商业模式。

活动目标：学会分析成功的商业创新模式，深刻了解企业的创新性运营。

建议时间：30分钟。

活动准备：A4纸张、笔若干。

活动步骤：

第一，背景材料准备：按需提供上门美发、美妆造型服务的初创公司Glamsquad，让用户在家中、办公室甚至酒店内就能享受到沙龙级别的美容美发服务。和其他O2O概念的美发美容服务类的初创公司不同，Glamsquad并不是简单聚合市场上已有的服务提供方，而是打造了一支专属的专业服务团队，精选发型师、化妆师和美甲师，为顾客提一对一的个性化服务，确保每次的服务质量都始终如一。Glamsquad对每笔交易收取40%的佣金，重复购买率相当高，平均每月使用两次以上Glamsquad服务的用户比例高达50%。据Glamsquad联合创始人透露，公司每周的预约量和营业收入都在创新高。与一年前相比，公司交易流水增长了四倍。Glamsquad最近完成了1 500万美元B轮融资，总计融资2 400万美元。

第二，采用随机的方式划分小组，每组 4～6 人为宜。

第三，小组就 Glamsquad 公司如何进行商业模式创新进行讨论，分析该公司能创新成功的原因。

第四，每个小组派代表分别上台发言，其他小组的成员进行点评。

第五，教师进行评价与总结。

总结评价：通过分析成功企业的创新性运营模式，帮助学生理解创新性运营的内涵，进一步了解企业创新商业模式的重要性，掌握如何进行企业的创新性运营。

活动 3：思考与讨论

（1）作为创业者，如何在市场变化的基础上针对企业实际情况制定企业创新商业模式？

（2）什么样的商业模式才是成功的创新型商业模式？

第三节 创业企业法律风险防范

学习目标

1. 学会识别风险、评估风险，懂得建立企业法律风险防范机制。
2. 了解合同相关知识，掌握如何制定规范的合同。
3. 了解税收风险的原因，提高控制税收风险意识，构建税务风险预测系统。
4. 了解劳动用工的风险，掌握劳动用工风险的应对方法，树立劳动用工风险管理理念。
5. 了解知识产权风险，掌握知识产权风险防范技巧，建立有效的知识产权风险防范体系。

案例导读

小杨创业之路的“悲哀”

小杨是沈阳某高校大四学生，读的是物流专业。他了解到针对大学生群体的城际包车业务前景不错，便决定与几个想创业的同学启动“假期大学生客运包车”行动，并选择了沈阳到大连这条线。2017 年清明节刚过，小杨和同伴就在沈阳十几所高校做宣传，有 500 多名大学生乘客表示愿意乘坐他们组织的包车去大连。为此，他到大连委托一位张姓朋友办理租车事务，还请当地高校的法律老师帮助审查包车协议。4 月 20 日，小杨与在大连从事客运的于某签协议租下 7 辆客车，按照约定，7 辆车要在 4 月 30 日 12 时从大连发车，400 名预付部分车费（35 元）的大学生乘客于当日 16 时 30 在苏家屯高速入口和三台子高速入口处分别集合候车。4 月 30 日 16 时许，大学生乘客们陆续到齐了。然而到了约定时间，大家并没看到车的影子。这一等就是 4 个小时。据了解，大连发车晚了，有的车还被扣。在等待期间，有些着急的学生要求退还预付票款，有一些情绪激动的学生与小杨发生撕扯，有学生觉得受骗了，拨打 110 报警，甚至有一些准备到大连玩的学生已订下特价酒店并网上支付了房费，他们向小杨提出索赔数百元不等。"五一"过后，还有学生专门到小杨所在的学校讨说法，这让正处在写毕业论文关键时期的小杨难以招架，为这事赔进去近两万元钱。事后，小杨认为大连违背包车协议中"按时接学生"的规定，前往大连与于某协调解决，希望拿回部分款项，但是于某不但不给，还说"压根没跟小杨签过协议"。原来那份协议书上并没有小杨的名字，在甲方包车方一栏写的是"张某"，也就是说，这份协议是小杨在大连的那位张姓朋友跟人家签的。

分析：

小杨与人签协议之前虽然事先找人请教法律方面的问题，但是对于大连包车公司的车辆有没有保险、是否具备从事客运的资质等这些事情，小杨均未事前了解。再者，在与车主签订协议的时候小杨没有亲自到场，而是委托张某进行代签，张某能否配合小杨把大连车主于某告上法庭也是一个未知数。

知识与背景

一、合同法律风险

合同虽然是企业从事经济活动取得经济效益的桥梁和纽带，但同时也是产生纠纷的根源。一个合同从订立、生效、履行到终止的每个环节都存在着法律风险，企业一不小心就容易陷入法律风险，引起法律纠纷。合同法律风险指在合同订立、生效、履行、变更和转让、终止及违约责任的确定过程中，合同当事人一方或双方利益损害或损失的可能性。合同风险是企业经营过程中的主要风险之一。

（一）劳动合同

劳动合同，是指劳动者与用人单位之间确立劳动关系，明确双方权利和义务的协议。劳动合同是用工双方劳动关系的凭证，同时保护劳动者和企业的合法权益。劳动合同的内容可分为两方面：一方面是必备条款的内容，另一方面是协商约定条款的内容。

1. 必备条款

《劳动法》第十九条规定了劳动合同的法定形式是书面形式，其必备条款有 7 项：

（1）劳动合同期限。法律规定合同期限分为三种：有固定期限，如 1 年期限、3 年期限等均属这一种；无固定期限，合同期限没有具体时间约定，只约定终止合同的条件，无特殊情况，这种期限的合同应存续到劳动者到达退休年龄；以完成一定的工作为期限。

（2）工作内容。双方约定工作数量、质量，劳动者的工作岗位等内容。

（3）劳动保护和劳动条件。约定工作时间和休息休假的规定，各项劳动安全与卫生的措施，对女工和未成年工的劳动保护措施与制度，以及用人单位为不同岗位劳动者提供的劳动、工作的必要条件等。

（4）劳动报酬。约定劳动者的标准工资、加班加点工资、奖金、津贴、补贴的数额及支付时间、支付方式等。

（5）劳动纪律。此条款应当将用人单位制定的规章制度约定进来，可采取将内部规章制度印制成册，作为合同附件的形式加以简要约定。

（6）劳动合同终止的条件。一般是在无固定期限的劳动合同中约定，因这类合同没有终止的时限，但其他期限种类的合同也可以约定。

（7）违反劳动合同的责任。一般约定两种违约责任形式：第一种是一方违约赔偿给对方造成经济损失，即赔偿损失的方式；第二种是约定违约金的计算方法，采用违约金方式应当注意根据职工一方的承受能力来约定具体金额，避免出现显失公平的情形。

2. 约定条款

按照法律规定，用人单位与劳动者订立的劳动合同除上述 7 项必须具备的条款内容外，还可以协商约定其他的内容，一般简称为协商条款或约定条款。这类约定条款的内容是当国家法律规定不明确，或者国家尚无法律规定的情况下，用人单位与劳动者根据双方的实际情况协商约定的一些随机性的条款。劳动行政部门印制的劳动合同样本，一般都将必备条款写得很具体，同时留出一定的空白由双方随机约定一些内容。例如：可以约定试用期、保守用人单位商业秘密的事项、用人单位内部的一些福利待遇、住房分配或购置等内容。

（二）交易合同

交易合同是指由于买卖双方签订的商品买卖成交契约。合同的签订是指缔约人为意思表示并达成合意的状态。合同的订立是一个非常重要的阶段，因为依法订立合同是合同生效的前提，是履行义务、享有权利、解决纠纷和请求法律保护的依据。合同的订立一般要经过要约、承诺两个阶段，在特殊情况下，法律、行政法规规定应当办理批准、登记等手续生效的，还必须办理相关手续。

签订一份内容齐备、详尽完善的合同并不代表没有任何风险，在合同的实际履行中有可能出现不履行合同、不完全履行合同等情况。如果疏于合同履行过程中的管理，再好的合同也如同废纸。因此，合同履行环节必须有专人跟进，保证己方依约履行，督促对方履行义务，及时发现对方的违约行为，采取有效措施，避免对方违约后果的扩大，减少自身损失。

二、企业税务的法律风险

企业税务法律风险是指企业的涉税行为因未能正确有效地遵守税务法规而导致企业未来利益的可能损失或者不利的法律后果。税务风险主要包括两个方面：一方面是指企业未按照税法规定承担纳税义务而导致的现时或潜在的税务处罚风险；另一方面是指企业因未按照税收程序法的要求办理相应的手续、安排相应的业务流程，导致企业丧失本该享受的税收优惠、税额抵扣等税收利益。企业面临税务风险很可能导致企业接受税务行政处罚，使得纳税信用等级下降，从而影响企业的经营状况，甚至直接影响企业的发展战略。企业税务的法律风险主要有以下几方面内容。

（一）合同管理不当导致的税务风险

企业经营生产活动过程中离不开各类合同的签订，这也必然涉及各类资金支付方式、支付时间、付款金额和财务相关的条款，这决定了企业税收的实质。对企业而言，在同样的业务和同样金额的情况下，企业各方的税收利益因不同的签订方式而受到不同的影响；

合同条款表述不同，需要缴纳的税种、应税项目及适用的税率也有所差异。

（二）相关人员业务能力不足导致的税务风险

财务工作是开展税务工作的前提，财务人员的业务能力、分析判断能力和专业知识技能直接影响着财务工作。

（三）未按照税法规定进行操作导致的税务风险

一方面，企业在实际经营过程中，不但要遵循税收实体法的规定，也要遵循税收程序法的规定。很多企业因未能及时备案或办理审批手续而导致企业不能享受应有的税收利益。另一方面，企业因为特殊原因不能及时申报纳税或者未办理缴纳税款延期手续，导致企业面临未按时交税的滞纳金或罚款。企业发生资产损失在企业所得税前扣除时，也需按规定办理清单申报或专项申报手续，否则不得税前扣除。

（四）税收政策变化导致的税务风险

随着经济形势的不断变化，税收政策也不断更新，企业也容易因为税收政策的变化而受影响。企业要有较强的税收政策敏感度，及时了解相关政策，懂得分析税收政策对企业的影响，适时调整企业的业务结构，享受应有的税收利益。

三、企业用工的法律风险

在企业人力资源管理过程的各个环节，从招聘开始，到录用、试用、签订劳动合同、员工的待遇问题直至员工离职这一系列流程中，都有相关的劳动法律法规的约束，企业的任何不遵守法律的行为都有可能给企业带来劳动纠纷，都有可能给企业造成不良影响。劳动用工风险存在于劳动用工的全过程，主要有以下几方面。

（一）职工入职审查不严的法律风险

初创企业招聘过程简单、形式化，不注重入职审查，容易给企业带来风险，主要表现在：

（1）招聘与其他单位尚未解除或终止劳动关系的员工，给其他单位造成损失的，要与所招聘的员工一起承担连带赔偿责任。这里主要是针对专业技术人员、设计人员、高级管理人员，尤其是同行业的此类人员，他们往往与原用人单位签订过竞业限制协议或者保密协议，一旦违约将要面临高额的赔偿。

（2）不留存和查验有效身份证件，如遇学历、资质欺诈时无法举证，遇有职工盗窃、犯罪逃窜时无法报案和抓捕。

（二）未告知劳动者相关情况的法律风险

用人单位招用劳动者时，应当如实告知劳动者工作内容、工作条件、工作地点、职业危害、安全生产状况、劳动报酬以及劳动者要求了解的其他情况；用人单位有权了解劳动者与劳动合同直接相关的基本情况，劳动者应该如实说明。告知义务对合同效力会产生影响，隐瞒真实情况，诱使对方做出错误判断而签订的劳动合同可认定为无效劳动合同。

（三）员工不辞而别的法律风险

员工擅自离职，用人单位不按照法律规定的程序及时办理解除劳动合同手续，一旦员工回来主张工资、加班费、经济补偿等，大多数企业会面临败诉的尴尬境地。

（四）规章制度存在的法律风险

根据《劳动合同法》的规定，用人单位制定的涉及劳动者切身利益的规章制度或者决定的重大事项，必须经过民主程序并向劳动者公示，否则不可以作为处理劳动者的合法有效依据。如以此来辞退职工，不仅这种辞退行为会被认定为违法，还要按照经济补偿金的双倍向劳动者支付赔偿金。另外，企业规章制度的内容不能与法律法规相悖，否则规定无效。

四、知识产权法律风险

知识产权，也称为知识所属权，指权利人对其智力劳动所创作的成果享有的财产权利，一般只在有限时间内有效。各种智力创造比如发明、外观设计、文学和艺术作品，以及在商业中使用的标识、名称、图像，都可被认为是某一个人或组织所拥有的知识产权。企业知识产权风险是指企业在生产经营活动中可能遇到并且会给企业带来不利影响的知识产权事项。

（一）企业经营管理中的知识产权法律风险

企业在生产经营管理中，因国家、地方人大、司法机关和行政机关对有关知识产权的法律、法规、规章和规范性文件的创制、修改以及废止等，可能对企业的生产经营活动带来的风险。

（二）企业经营管理中的专利风险

1. 技术研究开发过程中的专利风险

主要包括：研究开发的技术已有在先专利申请，造成重复研发；研究开发的技术因管理不善导致技术内容公开，无法取得专利权；研发的技术自己使用或许可、转让他人使用，侵犯他人在先专利权。

2. 专利申请的风险

主要包括：研究开发的技术申请专利时，已有同样的技术在先申请专利，导致无法取得专利权；由于专利申请文件没有按照国家法律规定的要求撰写，导致无法修改而不能取得专利权；由于企业内部专利申请审批管理流程缺失，而将企业决定保密的技术申请专利，导致企业的技术秘密因申请专利而被公开。

3. 专利运营中的风险

主要包括：因合同约定不明或者维护不善而导致企业对外实施专利许可、转让专利技术时引发合同履行纠纷或难以取得回报；因企业没有办理相关的手续或维护不善而导致企业在实施专利质押融资时合同不能生效或无力偿还融资引发的权利丧失；企业因维护不善而导致在用专利技术作为注册资本或股本时引起注册资本缺失或股权丧失；企业在对专利技术进行宣传或者宣传产品包装时因对专利权的有效监管不力，导致企业沦为假冒专利行为而遭行政处罚；企业在引进技术时因缺乏对专利侵权的分析而造成侵犯他人权利，引起专利侵权纠纷。

（三）企业经营管理中的商标风险

主要包括：由于缺乏企业商标的管理和有效监督，导致企业的商标专用权丧失或被他人随意使用商标；企业缺乏有效的商标侵权防御机制，引起企业侵犯他人注册商标专用权；对商标管理和使用不当，违反国家法律法规，导致企业因非法使用商标而被处罚。

（四）企业经营管理中的商业秘密风险

主要包括：因企业的管理不善，导致在经营管理中企业的内部行为、商业秘密被有意或无意泄露或者被竞争对手所窃取；企业在生产经营过程中的商业秘密被他人侵权或者有意无意地侵犯他人商业秘密。

（五）企业经营管理中的著作权风险

主要包括：企业在生产经营活动中，有意或者无意侵犯他人著作权，包括在行使自己的著作权时与他人在先取得的合法权利相冲突，或者侵犯他人著作权或其邻接权；因管理不善而导致在自己的著作权受到侵害时难以寻求法律保护。

技能与行动

一、合同法律风险防范

（一）劳动合同风险防范

1. 与劳动者签订书面劳动合同的注意点

（1）合同必备条款不能缺少，必须订立书面劳动合同，劳动合同文本应双方各执一份；

（2）试用期的约定必须合法，依法支付劳动报酬、经济补偿金；

（3）不能扣押劳动者身份证等证件，不能违法解除或者终止劳动合同；

（4）用人单位要出具解除、终止书面证明，明确劳动者的赔偿责任以及用人单位的连带赔偿责任；

（5）过渡性条款。

2. 劳动合同风险防范

（1）做好订立合同前的准备工作。第一，核实劳动者的个人信息，如学历、资格证书、工作经历等信息是否真实。第二，必须进行体检，查看应聘者是否存在潜在疾病、身体缺陷。第三，检查劳动者是否与其他企业签订未到期的劳动合同。

（2）合同内容全面细化。《劳动合同法》规定了劳动合同的内容，有必备条款和约定条款两部分。用人单位不能免除自己的法定责任，排除劳动者的权利，否则劳动合同将无效或部分无效。

（3）试用期的约定。首先，试用期的约定不能超过法定期限。劳动合同期限三个月以上不满一年的，试用期不得超过一个月；劳动合同期限一年以上不满三年的，试用期不得超过两个月；三年以上固定期限和无固定期限的劳动合同，试用期不得超过六个月。同一用人单位与同一劳动者只能约定一次试用期。以完成一定工作任务为期限的劳动合同或者劳动合同期限不满三个月的，不得约定试用期。试用期包含在劳动合同期限内。劳动合同仅约定试用期的，试用期不成立，该期限为劳动合同期限。

（4）缴纳社会保险。企业未依法为劳动者缴纳社会保险的，劳动行政部门将要求企业进行整改，进行相应的处罚，并为员工补缴社保。已建立劳动用工关系而未缴纳社保，其间发生工伤事故，工伤费用由企业全部承担。如果劳动者因企业未缴社保而提出解除劳动关系，则企业还需支付经济补偿金。

（5）建立健全规章制度。企业的规章制度贯穿企业的整个用工过程，是企业行使管理权、合同解除权的重要依据。《劳动合同法》详细规定了企业制定、修改规章制度的流程和公示规定。企业的规章制度必须合法，违反法律、法规的规定而损害劳动者合法权益的，劳动者可以解除劳动合同，企业还需支付经济补偿金。

（二）交易合同风险防范

创业公司前期和别人的商务交易合作是最重要的生命线，这时候对合同细节的把握，目的不是合同出问题了能获得赔偿，而是确保合同不会有法律风险，所以一定要高度重视。为了减少创业公司前期的成本，建议只让律师起草或审核重要的合同，或者让律师制作一个合同范本，以后签订合同的时候都依据范本来执行。

1. 合同签订前的风险防范

(1) 对合作对象的审查：了解合作方的基本情况，审查合作方有无签约资格，调查合作方的商业信誉和履约能力。

(2) 审查合同各主要条款：规格条款、质量标准条款、数量条款、交付方式条款、履行期限条款、结算条款、违约责任条款以及争议处理条款等。

2. 合同签订时的风险防范

(1) 合作方应加盖其单位的公章，或者合作方的经办人应提供加盖其单位公章的签约授权委托书。

(2) 加盖的公章应清晰可辨。

(3) 合同的文本经过修改的，应由双方在修改过的地方盖章确认。

(4) 保存合作方的营业执照复印件。

3. 合同履约过程中的风险防范

(1) 接收支票时要对支票进行严格审查。

(2) 出具和接收收据时要严格检查收据是否完整和有效。

(3) 签订还款协议时要注意以下几个事项：写明对方承认欠款数额、还款具体时间；回避双方还有争议的其他事项；约定如果首次还款期满仍不依约还款，则视为全部到期；约定如果对方不依约付款，则由我方所在地方法院管辖；协议应加盖欠款单位公章。

二、企业税务的法律风险防范

（一）健全制度基础

1. 完善企业内控制度

当前，我国财务会计制度和企业会计准则基本完善，税收制度也逐渐健全，但财务会计与税法规定之间的差异将长期存在。为避免税务风险，企业财务工作者须把握上述差异，尽量做到正确纳税，这一客观要求具体表现为企业内部控制制度的完善，即企业应致力于管理水平的提高和风险意识的增强，在严格把握传统财务内控手段的前提下，充分利用现有技术，建立一套可操作性强、便于控制的内部财务报告组织信息系统。

2. 健全税务代理制度

税务代理即税务代理人在国家法律法规限定的代理范围内，依纳税人、扣缴义务人的委托，代为办理税务事宜的各项行为的总称。

（二）构建税务风险预测系统

1. 明确纳税人权利

在实际的税务管理过程中，税收往往只注重纳税人需履行的依法纳税义务，对纳税人的权利则较为忽略。受市场经济的影响，人们不断提高对纳税权利的关注度，为实现任何经济个体都能从缴税安排中获益，政府应对纳税人的权利加以明确。

2. 正确评价税务风险

评估预测税务风险，并采取相应措施化解风险，是防范企业税务风险的关键。在日常经营过程中，应积极识别和评价企业未来的税务风险，综合利用各种分析方法和手段，全面、系统地预测企业内外环境的各种资料及财务数据。比如分析税务风险的可能性、严重性及影响程度，以了解税务风险产生的负面作用。

3. 适时监控税务风险

企业应以正确评价税务风险为基础，加强对税务风险的适时监控，尤其在纳税义务发生前，对企业经营全过程进行系统性审核和合理性策划，尽可能实现企业税务的零风险。在实施监控行为的具体过程中，要合理、合法地审核纳税事项，合理规划纳税事项的实施策略等，并对纳税模式不断分析和调整，测定其税收负担，制订相应可行的纳税计划。

三、企业用工的法律风险防范

（一）职工入职时的风险防范

（1）招用劳动者时，要求入职者提供与前单位终止劳动合同证明，并保留原件。如尚未解除劳动合同的，要求其原单位出具同意该员工入职的书面证明。

（2）合适劳动者的个人资料的真实性，比如学历证明、从业经历，要求劳动者承诺未承担竞业限制义务，并向原单位进行审核，以免发生不可预测的诉讼风险。

（二）未告知劳动者相关情况的风险防范

（1）企业在入职登记表中应有声明：公司已经告知本人工作内容、工作条件、工作地点、职业危害、安全生产状况、劳动报酬等情况，并签名确认。

（2）劳动合同声明。

（3）劳动者声明：本人保证提供的学历证明、资格证明、工作经历等资料真实，如有虚假，公司可立即解除劳动合同，并不给予经济补偿。

（三）员工不辞而别的法律风险防范

员工擅自离职，用人单位一定要认真严谨、规范细致地操作：首先，要以书面形式送达通知书，限定员工在指定期限内回公司上班，并提出逾期不回来上班的处理措施；其次，当员工的擅自离职达到可以解除合同的标准时，用人单位应当及时行使劳动合同解除权，并以书面形式送达解除劳动合同通知书，通知其前来办理工作交接和离职手续。

（四）规章制度存在的法律风险防范

规章制度是企业各方面管理的重要文件，也是仲裁和法院裁判时的依据。严格按照法律规定制定一整套规范、严谨、细致的规章制度是任何企业都必须做的一件大事。第一，制定主体必须明确为企业，如以办公室或部门的名义制定和发布，发生纠纷时则不能被采用；第二，规章制度内容不但要合法，更应合理；第三，制定时必须履行民主程序，经职工代表大会或全体职工讨论，经平等协商确定；第四，规章制度制定后必须向员工公示。以上过程都要保存好证据，否则发生纠纷时，仲裁庭或法院将不采信规章制度的规定。

四、知识产权法律风险防范

（一）企业经营管理中的知识产权法律风险防范

（1）建立知识产权法律、法规、规章和规范性文件跟踪机制。

（2）动态收集知识产权法律、法规、规章和规范性文件，并建立相应管理档案。

（3）研究知识产权法律、法规、规章和规范性文件的变动状况，分析其变动可能对企业生产经营产业的影响，并研究制定相应的对策。

（二）企业经营管理中的知识产权法律风险防范

（1）研究开发技术成果产出后，及时进行国内外专利检索，规避重复研发，加强成果管理。及时申请专利或保密管理，防止成果运营侵犯他人权利。

（2）建立健全技术信息保密、技术信息发布审批、技术鉴定审批等规章制度，防止研究开发成果泄露而无法取得法律保护。

（3）结合企业专利申请目的，选择合适的专利申请时机，健全企业专利申请申报流程和保密管理制度，防止专业技术被公开。

（4）建立健全专利监管工作机制，确保企业专利的有效运营，及时办理国家规定的专利权质押登记、专利权人变更登记，确保专利的有效性。

（三）商标法律风险防范

（1）企业确保商标文字、图案、色彩及其组合的设计符合国家法律法规的规定，并按照国家规定的要求及时办理商标申请，防止他人抢注。

（2）建立健全商标申请、使用、日常管理等各项规章制度。

（3）建立商标市场监管机制，发现被他人侵权时要及时维权，严格按照国家规定的条件和要求进行转让注册商标专用权；加强对同类产品注册商标的动态监管，防止侵犯他人注册商标专用权。

（4）商标对外实施许可时，要加强对被许可方产品质量监督，防止商标信誉下降。

（5）建立商标对外宣传审查管理制度，防止虚假商标宣传行为发生。

（四）商业秘密法律风险防范

（1）建立健全企业技术保密管理制度，发现商业秘密被侵权时，应积极采取维权措施。

（2）加强生产经营活动各个环节的商业秘密审查和管控。

（3）与企业知悉商业秘密或者可能接触到商业密码的员工签订保密协议。

（五）著作权法律风险防范

（1）建立健全企业著作权管理制度，健全著作权管理档案，规范著作权管理。

（2）加强企业生产经营活动中著作权的使用审查，防止侵犯他人著作权。当企业著作权受到侵害时，要积极维权。

（3）在被控侵犯他人著作权时，积极应对，尽可能减少企业损失。

案例阅读

华为的知识产权战略布局

2003年1月23日，思科公司正式起诉中国华为公司及华为的美国分公司，要求华为停止侵犯思科知识产权。思科控告华为抄袭思科IOS软件源代码和“命令行接口”以及技术文档，并侵犯思科在路由协议方面至少5项专利。思科希望通过法律禁令来制止华为继续侵犯其知识产权，并要求华为予以经济赔偿，以弥补非法侵权行为对思科所造成的损失。华为否认剽窃思科的知识产权，并指控思科出于垄断市场的目的诋毁本公司的形象。思科这样做是为了打击在互联网路由器市场上的潜在竞争对手，以保持其在路由器市场的领先地位。华为对思科起诉状进行了全面的否认，并提出了三项反诉：请法庭宣告华为对思科专利不构成侵权、判决思科专利无效及思科不公平竞争。后来与华为组建合资公司的3COM公司介入到思科诉华为案中，向法院表明其合资公司的产品拥有合法且创新的知识产权，其出售的产品并未侵犯思科的专利。最后，这场历时一年半的官司以华为成功与思科达成和解而结束。

华为的成功在于其很早就意识到了知识产权的重要性，从1988年就开始大量引入国际咨询公司的服务，在组织、管理、流程、财务、人力资源、IT 系统、质量控制等方面进行与国际接轨的管理变革。在产品研发的每个阶段，都按照是否违反知识产权保护以及是否通过申请专利来进行严格的自我检查。由此可见，华为有今天如此辉煌成就，与其对知识产权的重视有关。

活动与训练

活动 1：企业潜在法律风险分析

活动主题：分析企业潜在的法律风险。

活动目标：结合所学知识，学会分析初创企业潜在的法律风险。

建议时间：20 分钟。

活动准备：A4 纸张、笔若干。

活动步骤：

第一，采用随机的方式划分小组，每组 4～6 人为宜。

第二，假定新创一家广告设计公司，请各小组结合有关法律风险知识，依照企业法律风险发生可能性的大小进行排序，并完成潜在风险发生可能性分析表（见下表）。

潜在风险发生可能性分析表

最有可能发生的风险： A. B. C.
可能发生，但在近期内不会发生的风险： A. B. C.
不可能发生的风险： A. B. C.

第三，各小组依照潜在风险对企业损害程度的大小，将潜在风险在下表中进行排序。

潜在风险对企业的损害分析表

会造成严重损害的风险： A. B. C.
会造成中等损害，但是能够加以管理的风险： A. B. C.
会造成轻微损害，并且很容易加以管理的风险： A. B. C.

第四，将前两个表对照，找出共同点，列在下表中。

最有可能发生严重损害的风险分析表

最有可能发生，会造成严重损害的风险： A. B. C.
最有可能发生，会造成损害，但可以管理的风险： A. B. C.
可能发生，但在近期不会发生，会造成严重损害的风险： A. B. C.

第五，每个小组派代表分别上台发言，展示本小组所做的企业潜在法律风险分析。

第六，教师分别根据每个小组所做的企业潜在法律风险分析进行点评，并总结。

总结评价：通过对企业潜在法律风险的不同种类和不同程度的分析，可以帮助识别出应该关注的薄弱关节，以防止它们变成严重问题，同时也为企业的风险管理机制提供考量的依据。

活动 2：初创企业劳动合同签订

活动主题：草拟初创企业的劳动合同。

活动目标：结合所学知识，学会如何签订劳动合同。

建议时间：20 分钟。

活动准备：A4 纸张、笔若干。

活动步骤：

第一，采用随机的方式划分小组，每组 4～6 人为宜。

第二，请根据所学的有关劳动合同的知识，每个小组从创业者的角度，完成一份用人单位的劳动合同。

第三，每个小组分别上台展示劳动合同，其他小组的成员进行点评并找出其中的不足之处。

第四，教师根据每个小组的劳动合同进行评价与总结。

总结评价：通过对劳动合同的撰写，帮助学生进一步掌握劳动合同的相关知识，识别劳动合同签过程中应该关注的关键点，有效防范企业签订劳动合同的法律风险。

活动 3：思考与讨论

（1）你认为如何设计合同的条款才能更好地防范法律风险？

（2）你认为应该如何构建初创企业的知识产权法律风险防范体系？

第六章 供职初创企业

导读

初创企业成立时间较短，处于创立期或成长期的早期阶段。这类企业往往具有高风险性和高成长性的特点。在创业初期，企业的规模较小，管理不够规范，薪资结构和福利待遇方面相较于大企业有一定的差距，因此很难吸引到优秀人才。但也正因为此，供职初创企业会有更多的机遇。对于刚刚步入社会的大学毕业生来说，如何把握这个机会，在竞争激烈的职场中博得一席之地，成就自我，是必须学会的重要一课。本章将从初创企业的发展及特点、供职初创企业的员工职业生涯规划、供职初创企业的岗位能力提升、供职初创企业的职场适应四个方面进行阐述，帮助大学生客观评价自身职业素养，科学规划自己的职业生涯，更快更好地适应职场生活，提升职业能力，开创自己的职场人生。

学习指南

一、学习方法

本单元采用案例学习法、情景学习法、项目学习法，需要了解供职初创企业的基本知识，包括初创企业的概念、初创企业的发展阶段、供职初创企业的职业生涯规划及岗位能力提升等，为适应职场做好准备。

二、注意事项

1. 树立终身学习的观念。技巧可以学习，知识可以学习，大学生在实践中检验所学知识尤为重要，不要仅仅靠学校中学习的知识。

2. 树立岗位成才的观念。供职初创企业，稍有不如意便频繁跳槽不利于自身长远的职业发展，新入职的大学生要以自己的毅力和成绩赢得企业的尊重。

第一节 初创企业的发展及特点

学习目标

1. 了解什么是初创企业。
2. 了解初创企业的四个发展阶段及其特点。
3. 了解初创企业与成熟企业的区别。

案例导读

维棉网的倒闭

维棉网于2010年11月正式上线，其定位瞄准高端市场，是“为追求高品质生活人群而量身打造”的贴身服饰品牌，经营的产品有袜子、内衣、围巾等。2010年12月，维棉网获得1 000万元的天使投资资金。在拿到天使投资资金不久，维棉网便高调启动线下广告塑品牌。为推广产品，维棉网又搞“体验营销”，推出“登录即送100元红包大礼”。但仅仅维持一年，维棉网便陷入危机，资金链断裂。2012年8月，维棉网因拖欠工厂大额货款，仓库被有关执法部门查封，全部商品被迫下架，网站倒闭。

分析：

维棉之死，是垂直电商之死的典型样本。维棉网的倒闭，从表面看是因为资金链断裂，实际上是运营出现问题，是急于求成的后果。虽然广告最简单有效，但是由于垂直电商采取同一策略，导致最后拼的不是公司的差异性，而是公司投资人的实力。所有营销都需要成本，维棉网找不到“最优”的营销方式，在成本和利润之间没有做出最好的选择，舍弃了利润，最后卖得越多亏得越多。

知识与背景

一、初创企业的定义与特点

（一）初创企业的定义

初创企业即新创企业，其创造和组织一个新的商业来发展、生产和营销产品或服务，满足未被满足的市场需求，以获得利润和增长。国外学者也将初创企业定义为创业企业尚没有到达成熟商业阶段前的发展阶段。通常，这些企业成立时间较短，处于创立期或成长期的早期阶段。全球创业观察（GEM）报告中的初创企业指成立时间在三年半以内的企业。

（二）初创企业的特点

初创企业具有如下特点：

（1）创新性强，潜力大。

（2）资金相对不足。

（3）人才匮乏。

（4）管理结构简单。

（5）风险大。

二、初创企业的四个发展阶段及其特点

按照企业生命周期理论，企业发展一般经历四个阶段：种子期、成长期、成熟期和持续发展期或衰落期。

（一）第一个发展阶段——初创企业的种子期

种子期是初创企业的第一个发展阶段。在这个阶段，初创企业的目标就是生存，面对的主要问题是市场和产品的创新，工作重心是进行内部培训，培训的内容以业务和销售为主。在种子期，企业的管理还没有真正形成，企业组织和流程不规范，但大家高度团结，创业的核心人物能够对每个人施加影响，因此效率很高。这个阶段的资金、人员、技术和工艺等都比较薄弱。企业的资金主要来源于天使投资。

（二）第二个发展阶段——初创企业的成长期

成长期是初创企业的第二个发展阶段。在这个阶段，初创企业的目标是规范化管理。

在经历了种子期的生存努力之后，很多企业都会慢慢找到属于自己的生存方式、业务模式、盈利模式、财务管理模式等。这个阶段企业业务快速发展，由单一产品转向多个产品线，人员大量增加，跨部门的协调越来越多并越来越复杂和困难。企业面临的主要问题是组织均衡成长和跨部门协同，因此，规范化管理显得越来越重要。

（三）第三个发展阶段——初创企业的成熟期

成熟期是初创企业的第三个发展阶段。在这个阶段，初创企业的目标是稳定发展。在成熟期，由于创新和创业精神渐渐淡薄，企业组织和流程的僵化日趋严重，流程运作困难，效率低下。这个阶段要解决规范与创造并存的问题，将企业的管理由粗放化转变为精益化。

（四）第四个发展阶段——初创企业的持续发展期或衰落期

到了这一阶段，初创企业有可能面临着两种发展方向：失败或扩张。在这个阶段，初创企业的目标是持续发展，占领更大的市场份额。企业发展到鼎盛时期，规模较以前明显增大，人员稳定，工艺技术成熟，有自己的管理风格，有一定的竞争实力。但是，在这一阶段，大部分企业由鼎盛走向衰落，也有极少数企业经过剧烈的业务变革，进入持续发展期，实现永续经营的追求。

三、初创企业与成熟企业的区别

（一）企业团队类型的区别

1. 初创企业的团队类型

初创企业是一个运用大胆假设、小心求证的方法寻求可扩展、可重复和可盈利商业模式的企业，一般不设置众多功能部门，以产品项目开发为主，能迅速纠错，是一个不怕失败的临时团队。

2. 成熟企业的团队类型

成熟企业是一个有健全的管理部门，有完善的管理流程及相关制度，以日常企业管理为主的正式团队。

（二）企业新项目开发流程的区别

1. 初创企业新项目的开发流程

初创企业抛弃大公司传统的产品管理和开发流程，以不断迭代的方式建立、测试和寻找商业模式，从而实现从“未知”到“已知”、从“不确定”到“确定”的转变。

2. 成熟企业新项目的开发流程

成熟企业由于规模和文化的限制，很难成功实施破坏性创新。有资料显示，开发同样的产品或项目，大公司的创新费用要比小公司高 24 倍。

成熟企业使用的新产品导入模式适用于有明确客户群体、产品特征、市场范围和竞争对手，依靠在核心产品基础上推出新款的方式，即持续性创新或者边际创新来实现发展；其新产品开发流程：形成概念—产品开发—内部/外部公开测试—产品发布。

（三）企业考核标准的区别

1. 初创企业的考核标准

初创企业考虑的是测试、验证结果，注重跟踪企业的“假设/事实”转换程度。如何让测试衡量每个假设条件，直到整个商业模式无懈可击，确保企业决策是基于事实而不是基于个人愿景、概念做出的，使企业成长为成熟企业，这才是至关重要的。

2. 成熟企业的考核标准

成熟企业用利润、现金流来考核，需要跟踪商业计划的执行程度。

技能与行动

一、初创企业 CEO 应该做什么

（一）引领企业的文化和使命

很多人把企业文化狭隘地理解为墙上贴的标语，其实不然。对一个团队而言，文化的意义就如同人格之于人，人格指导并约束着我们的行为。同样，企业文化指导并约束着团队的行为，是一个团队付诸实际行动的指南针。初创企业 CEO 引领企业的文化和使命，用企业文化统一思想，相当于统一行为背后的驱动力。

（二）汇集优秀人才

找到优秀人才对初创企业的 CEO 来说是极为重要的一环。初创企业的 CEO 需要汇集既有创业技能又有创业精神的优秀人才。

(三) 领导力

创业初期，信任远远大于控制，不需要太多集体智慧，而是需要个人英雄主义，这样便能锁定方向、减少内耗，快速调整、快速试错。但当企业发展到一两百人时，就需要不断增强管理能力，需要集体的智慧。如果这时很多员工还习惯于把大量信息只跟 CEO 沟通，CEO 就要做出转变，不要成为沟通的连接点，而是要让成员具有平行沟通的能力。如果一个企业永远是个人英雄主义，那么这个企业无法做大做强，甚至可能会死于个人英雄主义。

(四) 战略

战略的核心不是“战”，而是“略”。对初创企业 CEO 来说，要学会抓重点工作，这样才能形成有效的“战”和“略”。创业者一定要认清自己企业所处的具体发展阶段，随着不同阶段而转移工作重心。对初创企业来说，企业每一个阶段的发展都决定着它的未来，而每一个阶段也会面临不同的问题。如果你想使企业得到稳步发展，不仅需要有资金的支持，还需要创业者拥有适时作出相应决策的能力，既要制定正确的战略方案，又要及时辅助储备人才进行能力提升。

二、初创企业应该避免的 4 个常见错误

第一个常见错误：没有及时确定公司的组织形式。

有些创业者在创业初期对公司的组织形式举棋不定，不知道该选择有限责任公司还是股份有限公司，直到获得第一笔风投资本或者遭遇第一场诉讼时才着急起来。事实上，创业初期可以非常简易地成立有限责任公司。越早确立公司的组织形式越有益处。

第二个常见错误：与合作伙伴之间依赖非正式合同行事。

创业初期的合作伙伴有的可能是朋友，甚至是夫妻，因为彼此间亲密的关系，在处理事情时往往只是口头约定，未正式签订合同。但是随着公司的发展壮大，很多事情会发生变化。一些早期联合创始人往往因意见不同而退出，但是他们仍然还记得你曾作出的口头承诺。日后，当公司尝试完成一笔融资，甚至准备上市时，这些早期联合创始人就会出来要求获得他们原先的股权。要避免这个问题，可以在早期讨论过股权问题后立即成立公司，向所有创始人发行股份，正式签订合同。

第三个常见错误：招聘太仓促，解雇太犹豫。

很多创业者在公司迅速成长时，迫切需要人才，就会仓促招聘，忽视拟定合适的职位描述的重要性，或者未曾审核求职者的资质是否适合，就急于任命。有的创业者在发现员工不称职时，仍因碍于情面，不好意思解雇不称职人员。事实上，一个表现不佳的雇员不仅增加创业成本，还会影响团队的士气。

第四个常见错误：对资金需求的估计太过保守。

在融资之前，对于自己融资前所需的资金和向投资者请求融资的规模都要仔细检查，否则你日后会惊异于自己居然忘了还有这么多项目需要融资，而资金消耗得竟如此之快。你应该把这两个数据分别加上 50%和 25%作为缓冲。出现严重的现金流问题是个大错误，而且可能是无可挽回的错误。

活动与训练

活动 1：团队信任能力自测

活动主题：对团队信任能力进行自测。

活动目标：通过自测，了解自己所在团队的信任能力。
建议时间：10 分钟。
活动准备：发放自测答题纸。
活动步骤：五分钟自测，五分钟讨论。
总结评价：对评分标准进行解释，评价所在团队的信任能力。

活动 2：积极的反馈

活动主题：反馈积极正面信息。
活动目标：掌握沟通中的有效反馈技巧，鼓励互相给予正面的积极信息，相互激励。
建议时间：20 分钟。
活动准备：卡纸、笔若干。
活动步骤：

（1）向大家暗示，每个人都希望赢得别人的尊重。每 2 个人一个小组，将团队分成若干个小组。

（2）让每个组写出 4～5 个他们所注意到的自己搭档身上的特点，例如：一个良好的特征，如甜美的笑容、悦耳的嗓音等；一种极其讨人喜欢的个性，如体贴他人、有耐心、整洁细心；一种引人注目的才能或技巧，如良好的演讲技巧、打字异常准确。

（3）所列出的各项都必须是积极的、正面的。

（4）写完后，每两个人之间展开自由的讨论，每个人都要告诉对方自己所观察到的东西。

（5）建议每个人把搭档所给出的这些积极的反馈信息记录下来，在自己很沮丧的时候读。

总结评价：

（1）通过这个活动，希望可以帮助大家获得更深厚的友谊，留下美好的回忆。

（2）通过这个活动，希望大家体会什么是积极的反馈，并勇于进行课堂外的交流。

活动 3：思考与讨论

（1）初创企业的四个发展阶段，你最有兴趣了解哪一个阶段？为什么？

（2）请列出初创企业与成熟企业的区别。

第二节
供职初创企业的员工职业生涯规划

学习目标

1. 学会在初创企业中认识自我。
2. 了解供职初创企业的职业与环境。
3. 制定供职初创企业的职业发展决策。

案例导读

策划你的一生

中学毕业之际，比尔·拉幅就立志经商。拉幅的父亲在商界打拼多年，对商海中的事务了如指掌，深谙其中的奥妙。他发现儿子有商业天赋，机敏果断，敢于创新，但很少经历过磨难，没有经验，更缺乏知识。于是，拉幅父子进行了一次长谈，共同制订了计划，描绘出职业生涯蓝图。

拉幅听从了父亲的劝告，升学时并没有直接去读贸易专业，而是选择了工科中最普通的专业——机械制造。大学四年，他没有拘泥于本专业，而是广泛接触了其他课程，学习了许多化工、建筑、电子等方面的基本知识。

大学毕业后，比尔·拉幅没有立即投身商海。按照原先的设计，他考进了芝加哥大学，开始了为期三年的经济学硕士学习。这期间，比尔·拉幅掌握了经济学的基本知识，深入了解了经济规律，懂得了商业活动的社会地位、作用，搞清了影响商业活动的众多因素。他还特意认真学习了有关的经济法律。他更注意学习微观经济活动的管理知识，而不是把主要精力用来研究理论经济学，那是职业经济学家的工作，他志不在此。因此，比尔·拉幅对会计、财务管理也较为精通。

比尔·拉幅拿到硕士学位后仍然没有投身商海，而是考了公务员，去政府部门工作。比尔·拉幅在政府部门一干就是五年。这五年中，他从稚嫩的热血青年成长为一名老成持重的公务员。

五年的政府工作结束之后，他辞职下海，去了父亲为他引荐的通用公司熟悉商务。又经过两年，他已熟练掌握了商情与商务技巧，业绩斐然。这时候，他不再耽搁时间，婉言谢绝了通用公司的高薪挽留，跳出来开办拉幅商贸公司，开始了梦寐以求的商人生涯。比尔·拉幅的准备工作非常充分，他几乎考虑到了每个细节，学会了商人应学的一切。因此，他的生意进展异常顺利，拉幅商贸公司的成长速度出奇的快。20 年之后，拉幅商贸公司的资产从最初的 20 万美元发展到 2 亿美元，而比尔·拉幅本人也成为一个奇迹。

分析：

制定符合自身成长方向的职业生涯规划，是实现人生抱负的关键一步。比尔·拉幅在父亲的指导下，制定了完整周密的职业生涯规划，从专业的选择到工作经验的积累，无不紧紧围绕着从商的终极目标而努力。在专业选择时，他考虑到做商贸必须具备一定的专业知识，而在贸易中，工业商品占据绝大多数，如果不了解产品的性能、生产制造情况，很难保证贸易的收益。因此，他选择了机械制造专业。除了具备专业知识，还要了解经济规律，学习经济学的知识，这样才能在商业领域立足。所以，硕士阶段他选择了经济学专业。这些知识在他后来的商业活动中发挥了不可忽略的作用。拥有专业知识，了解经济学规律还不够，经商还必须有很强的交往能力，人际关系在商业活动中异常重要，要想在商业上获得成功，必须深知处世规则，充分了解人的心理特征，善于与人交往。对比尔·拉幅来说，在政府部门任职对他提升交往能力、积累人脉，为未来经商之路做铺垫，是个不错的选择。为掌握商情与商务技巧，比尔·拉福又在通用公司学习了两年。经过前期周密的规划与学习，比尔·拉福已完全具备了成功商人所需要的各种条件，羽翼丰满，于是创办了自己的企业，实现了最初的职业生涯规划。比尔·拉福的成功，归功于他的职业生涯规划。

知识与背景

一、供职初创企业如何认识自我

认识自己，就是能够正确评价自己，对自己各方面的情况和能力进行客观的分析和判定，主要表现在：能了解和分析自己目前的思想情况、道德修养、心理素质、专业能力、学习能力、社交能力、文字表达能力等方面的优缺点。

（一）通过他人认识自己

1. 通过与他人比较认识自己

在自己与他人的比较中来认识自己，可以更为真实客观地认识自己的优点和缺点，认清自己的位置，获得更多机会，有针对性地决定自己的求职择业策略，以获得发展。

2. 通过他人的评价认识自己

在他人的评价中，我们能够深化对自己的了解。在许多时候，自己身边的亲人、同学、朋友等对我们的评价是最真实和公正的，有助于更加客观全面地认识自己。

（二）通过实践认识自己

日常生活就是一笔宝贵的财富。通过参加校园社团活动、志愿者服务、各类竞赛、课堂项目等实践活动，可以认识自己的性格、气质、能力，了解自身的优点与缺点，发现兴趣爱好。

（三）通过职业测验认识自己

有时候，借助专业工作者（如职业指导师、大学生心理咨询师等）的指导和帮助可以减少在认识自己过程中的疑惑。专业的职业测验是供职初创企业的大学生更好地认识自己的方法之一。

二、供职初创企业如何了解职业与环境

（一）职业选择和发展中的自我特性

1. 气质与职业

气质体现了不同个体间的差异，不同气质对一个人的事业有一定的影响，表 6－1 列出不同气质特点与职业选择的关系，供大学生参考。

表 6－1　气质类型与适合职业表

类别	多血质	胆汁质	黏液质	抑郁质
特征	活泼好动、敏感	热情、直率、外露、急躁	稳重、自制、内向	安静，情绪不易外露，办事认真
优点	举止敏捷、姿态活泼；情绪色彩鲜明，有较大的可塑性和外向性；语言表达能力和感染力强，善于交际	积极热情、精力旺盛，坚忍不拔；性情直率，处理问题迅速而果断	心平气和，不易激动；遇事谨慎，善于克制忍让；工作认真，有耐久力，注意力不易转移	感受性强，易相处，人缘好；工作细心谨慎，稳妥可靠
缺点	粗心浮躁，办事多凭兴趣，缺乏耐力和毅力	易急躁，热情忽高忽低，办事粗心，有时刚愎自用、傲慢不恭	不够灵活，容易固执拘谨	遇事缺乏果断与信心，适应能力差，容易产生悲观情绪
适合的职业	政府及企业管理人员、外事人员、公关人员、驾驶员、医生、律师、运动员、警察、服务员等	导游、推销员、勘探工、作家、节目主持人、外事接待人员、演员等	外科医生、法官、财务人员、统计员、播音员	机要员、秘书、人事专员、编辑、档案管理员、化验员、保管员

说明：多数人的气质是以某种气质为主的两种气质的混合型，而典型气质和三种气质混合型的人则较少。任何一种气质都有其积极和消极的方面，气质并不决定一个人的社会价值和成就大小。在职业选择过程中，如果能考虑到自己的气质类型而选择与其适合的职业，就更能发挥优势与特长，取得更大的成就。所以，选择专业方向和确定职业意愿时，可以考虑气质因素，但不能将它的作用扩大化、绝对化。

2. 能力与职业

能力是完成一项目标或者任务所体现出来的素质，是直接影响活动效率并使活动顺利完成的个性心理特征。根据能力所表现的活动领域不同，可以分为一般能力和特殊能力。一般能力指的是各种活动中必须具备的基本能力，也称为智力。特殊能力又称为专门能力，是指顺利完成某种专门活动所必备的能力。

供职初创企业应该具备的八种能力：时间安排能力、口语和书面表达能力、人际交往能力、心理调节能力、自理生活能力、创新能力、实践能力、独立思考和解决问题能力。

3. 兴趣与职业

有些初创企业招聘时会问大学生的兴趣以及大学生在课余时间喜欢做什么，主要原因就是想从中了解大学生的性格。通过了解一个人的兴趣，可以更好地判断这个人是否符合职位的要求和企业的需要。

兴趣是影响大学生职业选择的一个基本方面，可以为求职提供方向。大学生只有对某一种职业感兴趣，并且具有该职业所要求的能力才能做好这项工作。具体来说，兴趣对大学生的职业的影响主要表现在：兴趣是职业选择的重要依据，兴趣可以增强职业适应性并影响工作稳定性。

4. 性格与职业

性格与职业的关系是一种彼此制约又互相促进的关系。选择职业首先要考虑自己的性格，尽量选择适合自己性格特点的工作。因为每一种工作对从业者的性格品质有特定的要求，要适应某一职业就必须具备这一职业要求的性格特征。

一般来说，开朗、活泼、热情、温和的性格，比较适合从事外贸、涉外、文体、教育、服务等方面的工作，以及其他同人交往的职业；多疑、好问、倔强的性格，比较适合从事科研、治学方面的工作；深沉、严谨、认真的性格，比较适合做人事、行政、党务工作；勇敢、沉着、果断与坚定是新型企业家和管理者不可缺少的性格。

（二）大学生就业形势与相关政策

1. 高校毕业生严峻的就业形势

自20世纪90年代我国高校毕业生实施“双向选择、自主择业”的新制度以来，已形成“卖方市场”向“买方市场”转变的格局。2014年大学毕业生人数为727万，2015年达到749万，2016年达到765万，2017年达到795万，2018年达到820万，为历年之最，从中可以看出就业形势的严峻。

2. 大学生就业的相关政策

供需见面和双向选择已成为落实毕业生就业计划的重要方式，从目前的情况来看，高校毕业生逐步形成了即时就业、延时就业、自主创业、考研和出国等多种就业途径。国家和地方政府为了缓解大学生就业压力，出台了一系列的优惠政策促进大学生就业，有引导和鼓励高校毕业生面向基层就业的意见，大学生自愿服务西部计划，应届毕业生到部队就业的政策，志愿服务欠发达地区计划，福建省高校毕业生“三支一扶”计划，组织实施福建省“一村（社区）一名大学毕业生计划”，大学毕业生小额担保贷款政策，人事代理制度等。

三、供职初创企业的职业发展决策

（一）职业生涯规划的步骤

根据职业生涯发展领域专家的观点，一个完整有效的职业生涯规划应该包括自我评估、外部环境分析、目标确定、策划实施和反馈修正五个环节。

1. 自我评估

自我评估的主要内容是与个人相关的所有因素，包括兴趣、个性、能力、特长、身体状况、学识水平、思维方式、价值观、情商以及潜能等。在自我评估中还应当借鉴周围不同人的建议，这样才能够得到比较客观、中肯的评估结论。

2. 外部环境分析

外部环境分析的主要内容包括对社会政治环境、经济环境和组织（企业）环境的关系的分析，即评估和分析环境条件的特点，发展与需求变化趋势，自己与环境的关系，以及环境对自己的有利条件与不利因素等。

3. 目标确定

制定个人职业生涯规划的最终目的就是要实现自己的职业目标，因此目标抉择是职业生涯规划的核心。职业生涯规划中所确定的目标，应该是可预想到的、有一定实现可能的目标，包括终极目标、长期目标、中期目标和短期目标。

4. 策划实施

职业生涯规划是为实现职业生涯目标而制订的行动计划。当确定了职业生涯目标后，就要制定相应的具体实施方案，以达成此目标。策划实施的内容包括职业生涯发展路线设计、教育培训安排、实践计划等。

5. 反馈修正

任何事物都处在变化之中，绝大部分变化是难以预见的。现实社会中种种不确定因素的存在，会使原定职业生涯目标在策略实施过程中出现偏差，这时需要根据反馈的情况，及时反省、修正规划目标并调整行动方案。

（二）职业生涯规划方案的内容

职业生涯规划是对个人职业发展道路进行选择和设计的过程，规划的内容和结果应该在规划过程中及规划后形成文字性的方案，以便理顺规划的思路，提供操作指引，随时评估和修正。结合有关专家学者的观点和建议，我们认为，一个完整有效的职业生涯规划方案应该包括以下 8 项内容。

1. 标题

标题包括姓名、规划年限、年龄跨度、起止时间。

2. 目标确定

目标确定包括确定职业方向、阶段目标和总体目标。

3. 个人分析结果

个人分析结果包括对自己目前的状况分析和对自己将来的基本展望，同时也包括对自己职业生涯有一定的角色建议。

4. 社会环境分析结果

社会环境分析结果指对政治、经济、文化、法律、职业环境等社会外部环境的分析。

5. 组织（企业）分析结果

组织（企业）分析结果主要是对职业、行业与用人单位的分析，包括对用人单位制度、背景、文化、产品或服务、发展领域等的分析。

6. 目标分解与分析组合

分析制定、实现目标的主要影响因素，通过目标分解和目标组合的方法做出果断明确的目标选择。目标分解是指根据观念、知识、能力、必要素质等方面的差距，将职业生涯中的远大目标分解成有一定时间的阶段性分目标；目标组合是指将若干阶段性目标按照内在的相互联系组合起来，达成更为有利的可操作目标。

7. 实施方案

首先找出自身观念、知识、能力、心理素质等方面与实现目标要求之间的差距，然后制定具体方案，逐步缩小差距以实现各阶段目标。

8. 评估标准

设定衡量此规划是否成功的标准，以及如果在实施过程中无法达到制定的目标或要求，矫正和调整的措施。

技能与行动

一、供职初创企业如何认识自我

（一）如何通过别人的评价来正确认识自己

1. 听大家怎么说

如果是一个人说你不好，也许他是错的。但如果很多人，而且是彼此都不认识的人，都在说你某个缺点，那可能就是真的了。你需要认真反省自己。

2. 听有阅历的人怎么说

现实中，很多人不仅幼稚，而且喜欢胡乱评价他人。他们不知道自己的无心之言，可能对他人的情绪、自尊心甚至自我评价体系造成损毁。而有阅历的人，评价更加客观、公正、精准。

3. 听长期相处的人怎么说

如果你真想认识自己，那就听听长期跟你相处的人是怎么评价你的。这个人可能是你的兄弟、闺蜜，也可能是你的父母。一般来讲，父母是最了解你的，因为他们跟你相处得最久。

（二）如何通过实践认识自己

1. 志愿者活动

志愿者活动内容丰富，不仅有助于积累社会经验，还有助于塑造乐于助人的品质。在志愿者活动过程中，也能更清晰地认识自己在沟通、教育、助人、团队合作、组织、计划以及时间管理等方面的能力。

2. 社团活动

参加学校社团会给大学生提供培养自己领导能力和团队组织能力的机会。在社团里，大学生可以结识志同道合的朋友，认识并提高与人交流的能力。

3. 兼职

一个大学生在学校的时候如果有一份兼职工作，可以培养自己的时间管理能力、协调学习和工作的能力。兼职工作多种多样，发传单、当服务员、家教，或者从事与所学专业有关的工作。在兼职过程中，更能真实地了解自己的性格特征、价值取向、内心需求，在积累工作经验的同时，不断提升工作能力和自我管理能力。

二、如何实施职业生涯规划

步骤一：选择目标。

大学生可以选择很多方面的目标。一种好的方式就是考虑大学生的梦想，或者生活中一些对自己比较重要的事情，或者那些大学生可能想改进的事情。大学生可以从以下方面设立自己的目标：

（1）职业生涯。

（2）社会地位。

（3）教育背景。

（4）关系。

（5）技能。

（6）收入与存款。

（7）身体健康状况。

步骤二：设立目标。

大学生必须给每个目标设立小目标，作为达到目标的更具体的方式。小目标最重要的特征是可测量，它是最终目标的可测量步骤。

步骤三：制订行动计划。

每天都要有具体的行动计划来完成小目标。行动计划是非常具体的，包括把目标变成行动的具体时间。对短期目标来说，大学生的行动应该是那些可以马上开始着手做的事。

案例阅读

我的职业生涯规划

一、自我盘点

通过气质、性格、能力、兴趣、价值观的测试并结合自己的生活经历盘点如下：

（一）自己的兴趣爱好盘点

业余爱好：读书、听音乐、无线电维修、画画。

（二）自己的优势盘点

学习成绩优秀，担任班干部，班级群众基础好，父母、亲人、班主任、任课老师关爱，动手能力较强。

（三）自己的劣势盘点

目前的经济状况较为窘迫，“海拔”不够高，体质偏弱。

（四）自己的优点盘点

做事仔细认真、踏实，友善待人，做事锲而不舍，勤于思考，考虑问题全面。

（五）自己的缺点盘点

性格偏内向，交际能力较差，过于执着、固执、胆小，思想上属于保守派，缺乏自信心和冒险精神，积极主动性不够，做事太拖拉，惰性较大。

（六）生活中成功经验的盘点

成功竞选成为一名班干部，成功组织过学习研讨主题班会，个人学习成绩、综合积分均为班级第一，通过考核以较大优势加入系学生实验室，工作中全班同学的悉心支持是我最大的财富。

（七）生活中失败的教训

高考失利打击较大，一位好朋友与我有误解而陌路，竞选系学习部部长失利，老听别人侃侃而谈可自己接不上话，心里特别难受。

二、解决自我盘点中的劣势和缺点

加强与他人的交流沟通，积极参加各项有益的活动，使自己多一份自信，少一点怯场。

加强锻炼，增强体质，提高体育成绩，弥补身高不足而带来的负面影响。

积极争取条件，参加校内的各项勤工俭学活动，以解决短期内的生活费问题并增强自身的社会工作阅历，为以后创造更多的精神财富和物质财富打下坚实的基础。

三、环境分析

（一）社会环境、职业环境分析

大学生就业形势：企业取消、推迟招聘会，大多数学校反映中小企业的招聘比往年少。

（二）专业前景分析

泉州民营经济发达，中小企业多。虽然外向型的电子类企业不景气，但在扩大内需的背景下高级无线电服务、电工类技术工需求应该不错。中小企业对技术工需求量大，但待遇、发展欠佳。薪资水平有的小企业只有2 000元，大一点的企业则在3 000元左右，高级技工能拿到5 000元以上。

（三）家庭环境分析

我的家在福州长乐，我的父亲在家务农，家庭经济能力一般。亲朋好友大多经商，大哥办有企业。而且大哥从事技术工作多年，在我毕业之后有条件教授我。

四、目标确定

测试本人所适合的职业主要有无线电修理工、电工。

结合本人的个性心理特征、成长经历和外部环境分析，确定本人所适宜的未来职业倾向类型主要为工程技术类，即无线电服务、电工类。

五、未来职业规划

（一）确定职业通路

职业类型：工程技术型。

典型特征：性格内向，喜欢独立思考，做事谨慎细致。职业选择时，主要注意力是工作的实际技术。即使提升，也不愿到全面管理的位置，而只愿在技术职能区提升。

成功的标准：在本技术区达到最高管理位置，保持自己的技术优势。主要职业领域：工程技术、电类专业。

个人职业通路设计：一线操作员→技术维修技术员→助理工程师→工程师→高级工程师→副总工程师→公司总工程师。在担任高级工程师两年后，如果本企业发展不佳，到大中型企业发展。

培训和准备：3年内取得助理工程师资格，7年内取得工程师资格，取得工程师资格5年后成为高级工程师。在业余时间进修管理学知识，需要提高处理信息的能力，保持积极的心态。

（二）未来人生职业总规划

围绕可能的职业发展通路，本人对未来做初步规划如下：

（1）19～22岁，学业有成期：充分利用校园环境及条件优势，认真学好专业知识，培养学习、工作、生活能力，全面提高个人综合素质，并做好专升本或就业准备。

（2）22～25岁，熟悉适应期：利用三年左右的时间，经过不断的尝试努力，初步找到适合自身发展的工作环境、岗位。

完成主要内容：

（1）学历、知识结构：提升自身学历层次，从专科走向本科，途径为参加进修、自学或函授、夜大或脱产学习等。专业技能较熟练，达到助理工程师技术水平，途径为专业学习、培训，熟悉工作环境。

（2）个人发展成就、人际关系：在这一时期，主要做好职业生涯的基础工作，与同事友好相处，获得领导认同，打好基础，暂不考虑职位升迁。途径为加强沟通，虚心求教。

3. 25～40岁，稳步发展时期：在此15年左右的时间里，努力奋斗，使自己在本单位、本岗位上业务精湛并小有成就。完成主要内容：

（1）学历、知识结构：在原基础上进一步提升自身学历层次，达到本科或研究生水平，途径为参加进修、自学或函授、夜大或脱产学习等；较熟练掌握本专业领域内的技术技能，达到工程师或高级工程师技术水平，并具有一定的生产技术管理经验。途径为参加专业培训，加强学术交流。

（2）个人发展、人际关系：在与同事友好相处的基础上，使自己逐步成为单位的技术骨干，并充分发挥自身技术优势，能在技术管理岗位上有所成就。途径为大胆工作，敢于创新，充分利用网络、图书馆等条件不断学习新技术、新方法。

（3）婚姻家庭：寻找另一半，注意品行、学历、家庭背景等因素，并结婚生子，购买住房，承担家庭责任，教育好下一代。

（4）生活习惯、兴趣爱好：此阶段良好的个人习惯显得尤为重要，生活工作压力最大，必须调整好自身状态，以保证能更好地投入到事业发展中，定时参加体育活动，增强体质。途径为制定好生活时间表，家庭成员督促执行。

4. 40～55岁，事业有成期：此为职业生涯发展的黄金时期，应抓好这一阶段，使本人发展到个人事业的顶峰。完成主要内容：

（1）学历、知识结构：重点加强知识的更新，熟练掌握本专业领域技术技能，并成为技术权威，具有较强的生产技术管理经验。途径为加强学术交流，虚心向年轻人学习新技术。

（2）个人发展、人际关系：成为单位的中流砥柱或中层领导，注意管理方法的学习总结，加强对年轻人的指导帮助，带动新一代快速成长。

（3）婚姻家庭：在工作时注意处理好家庭与工作的关系，保证家庭和睦。

（4）生活习惯、兴趣爱好：前些年养成的良好生活习惯成为现阶段宝贵的财富，注意继续保持。

5. 55～65岁，发挥余热期：继续参加单位工作，为社会尽自己的一分力量，同时也充实自己的生活，注意劳逸结合。

6. 65岁以后，颐养天年期：这时候，我终于可以写一部个人回忆录。无论在别人的眼中我的一生过得如何，我可以很自豪地在回忆录的最后一页写上两个字：成功！

六、结束语

计划订好固然好，但更重要的在于其具体实施并取得成效，这一点时刻都不能忘记。任何目标，只说不做到头来都只会是一场空。然而现实是未知多变的，现在关键是落实前十年的实施方案。后面的目标计划随时可能受到各方面因素的影响，要与时俱进地调整。这一点，我应该有充分的心理准备。因此在遇到突发因素、不良影响时，要注意保持清醒冷静的头脑，不仅要及时面对、分析所遇到的问题，更应快速果断地拿出应对方案，对所发生的事情，能挽救的尽量挽救，不能挽救的要积极采取措施。相信如此一来，即使将来的作为和目标相比有所偏差，也不至于相距太远。

活动与训练

活动1：生涯幻游

活动主题：进行生涯幻游。

活动目标：幻想五年后的自己。

建议时间：30分钟。

活动准备：眼罩、背景音乐等。

活动导语：这个游戏帮助你了解你希望自己成为什么样的人，找到努力的方向。请其他人为你阅读引导词，阅读时必须缓慢和放松，最好放上轻柔的背景音乐。这有点像催眠游戏，你需要做的是幻想，不用说话，在心里记下自己的幻游经历。

活动过程：

步骤一，尽可能放松，躺下或调整到你觉得最舒服的姿势。

步骤二，闭上眼睛，尽可能放松自己，调整你的呼吸。

步骤二，想象现在你已经乘坐时空穿梭机，到达五年后的某一天。

我五年后典型的一天描述：

____

我五年后从事的工作描述：

（1）工作是＿＿＿＿＿＿＿＿＿＿＿＿。
（2）工作的内容是＿＿＿＿＿＿＿＿＿＿＿＿。
（3）工作的场所在＿＿＿＿＿＿＿＿＿＿＿＿。
（4）工作场所周围的环境＿＿＿＿＿＿＿＿＿＿＿＿。
（5）工作场所周边的人群＿＿＿＿＿＿＿＿＿＿＿＿。
请说明下列问题：
（1）我在进行幻游时，印象最深刻的画面是＿＿＿＿＿＿＿＿＿＿＿＿。
（2）我在进行幻游后，对比与现在环境最大的不同点是＿＿＿＿＿＿＿＿＿＿＿＿。
（3）我在进行幻游后，最深的感受是＿＿＿＿＿＿＿＿＿＿＿＿。
在进行幻游后，对未来的生涯发展的认识：
（1）我认为我未来会从事＿＿＿＿＿＿＿＿＿＿＿＿职业。
（2）我的未来会与幻游过程相关吗？

＿＿

活动 2：生命之旅

活动主题：走出森林。

活动目标：用一段难忘的生命之旅来感悟、体验人生精彩，分享团队合作、友情，学会感恩，并体验挑战自我。

建议时间：30 分钟。

活动准备：基于以下情景进行模拟，即很多队员被困在一个不知名的地方，需要穿过一片原始森林才能获救。但队员中有一部分人员由于受伤暂时失明，有一部分人则暂时失语。大家需要相互帮助才能走出这片森林。为了不遇到野兽，在整个过程中不能发出任何声音，否则会惊动野兽，大家都会失去生命。

项目规则：

（1）在整个活动过程中，所有成员都不能说话，在行进时依靠肢体动作进行交流。

（2）在整个过程中，盲人和哑人的手需要紧紧拉在一起，不得松开；盲人不得摘下眼罩。结束后，当听到教练发出“好，结束”的口令后，所有队员把手伸入眼罩内，轻轻捂住双眼，慢慢揉搓眼皮后再睁开眼睛，等适应光线后再摘下眼罩。

（3）教练口令不容置疑，令行禁止。

项目分享：

（1）同伴牵着你的手走过了重重关卡。在人生的道路上，有许多双这样的手帮助我们走过艰难的路，在以后还会有无数双手伴我们度过漫漫人生。你有没有感激过他们？你是如何表达你的感谢之情的？

（2）沟通是合作的开始，沟通带来理解，理解带来合作；同时，沟通也是一个明确目标、相互激励、协调一致、增强团队凝聚力的过程。大家是如何在不能说话的情况下进行沟通的？如何给对方安全感？

（3）在整个过程中，最重要的感受是什么？

活动 3：思考与讨论

（1）影响职业发展决策的因素有哪些？
（2）你怎样制定自己的职业生涯规划？

第三节 供职初创企业的岗位能力提升

学习目标

1. 掌握供职目标职业的必备专业技能。
2. 掌握供职初创企业的通用技能与个人素质。

案例导读

被淘汰的小王

小王到我们公司已经3年多了，其管辖区域的业务做得不温不火，月销量一直在10万元左右徘徊。作为重点开发的乡镇市场，上级区域经理心里很着急，曾多次找小王谈话，又是批评又是培训，可销量一直在原地踏步。对于领导的批评，小王也是虚心接受，每日想按照领导的要求去做，但在客户和领导之间小王处理得模棱两可，对客户更是极力妥协。客户看小王如此，更是不把他放在心上，更不用说按他说的去做了。久而久之，对客户的掌控便处于放任的状态，销量也自然不会好到哪里。最后，小王被淘汰出局。

分析：

小王职场失败的主要原因在于对上级经验生搬硬套，在实际工作上不会灵活运用。在客户处理上，专业技能较差，没有自己的主见。对两方关系处理得模棱两可说明他对自己的定位不清，没有明确的工作目标意识。

知识与背景

一、专业技能要求

（一）职业人员的专业技能要求

专业技能，是"为从事某种行业所应具备的技术和能力，它能明显地与其他行业技术相区别，也是行业准入的门槛之一"。简而言之，就是一个人在其所从事的领域内拥有的知识水平，以及运用所学知识胜任工作的能力。

（二）专业课程与专业技能的关系

1. 两者之间的关系

（1）课程设置应该以技能培养为目标。

以国际贸易实务专业为例。该专业主干课程是国际贸易、国际商务英语等；通过主十课程的学习，主要使学生掌握外贸语言技巧、推销实战技能、单证、报关及国际贸易法等基本知识，并掌握相应技能；同时让学生具备最基本的外贸英语听说读写能力和信函处理能力。

（2）课程设置应该随着技能要求的变化而调整。

大学课程设置应随着市场需要而不断调整更新。理论只是基础，要让学生获得进一步学习的能力。要适应不断发展的社会需求和行业发展需要，如国际贸易实务专业的实践课程应进行根本性的改善，要从全面培养学生专业能力出发，积极改革创新，构建新的国际贸易实训内容体系。

2. 客观评价目前所掌握的专业技能水平

无论大学生将来从事什么职业，具备专业知识是成为一个职业人士的基本条件。客观评价专业技能水平的途径有：技能测试、工作胜任力测试、模拟实践测试。

二、通用技能要求

（一）职业通用技能要览

1. 自主学习能力

何谓自主学习？自主学习就是对学习的全过程进行主动控制和支配，是发自内心的一种强烈的求知欲望，变“要我学”为“我要学”。在此精神状态下，学习者表现出主动积极的态度，表现出良好的注意力和克服困难的意志。

2. 表达沟通能力

沟通也是一种能力的体现。一个人的谈吐表达是其内在修养与素质的外在体现。良好的沟通表达能力包括口头表达能力和书面表达能力。

3. 分析判断和解决问题的能力

所有的工作都是在解决问题，但解决问题分两种情况：一种是事后救火行为，另一种是事前预防行为。显然，后者的效果优于前者，因为后者成本低、风险小、效益高。

4. 创新能力

2014 年 9 月召开的夏季达沃斯论坛开幕式上，李克强总理首次提出，要借改革创新的“东风”，在华夏大地上掀起“大众创业”“草根创业”的浪潮，形成“万众创新”“人人创新”的新态势。当代大学生应该通过各种途径勇于培养自我的创新能力。

（二）个人素质要求

个人素质是一个综合概念，是一个人各种外在表现的综合，是个人特性的外露。现在许多单位招聘的时候，都把个人素质放在重点考虑的位置。

1. 目标职业对个人素质的要求

（1）道德品质。

企业希望员工具有良好的道德品质，包括有责任心、能自我管理、诚实正直、忠诚守信等，并将道德品质作为选人用人的出发点和首要原则。

（2）自信自立。

自信是成功的必要条件，企业和个人都需要自信，有时企业的自信来源于员工对工作的自信。自立在这个充满竞争的社会显得尤为关键，而当代大学生往往缺乏自立精神。职业院校毕业生在学历上没有优势，更需要凭着自己的自信自立去争得一席之地。

（3）忠诚敬业。

大学生要想适应现今的职场环境，就必须具备明确的工作目标和强烈的责任心，带着激情去工作，踏实高效地完成自己的本职工作。因此，忠诚敬业精神是不可或缺的。

案例阅读

美国西点军校的新生第一课

在美国西点军校，每一位新生上的第一课是来自一位高年级学员的大声训导。他告诫所有的新生，不管什么时候遇到学长或者军官问话，只能有四种回答：“报告长官，是！”“报告长官，不是！”“报告长官，没有任何借口！”“报告长官，我不知道！”除此之外，不能多说一个字，因为长官要的只是结果，而不是喋喋不休、长篇大论的辩解。“别找任何借口”是西点军校奉行的最重要的行为准则，它让每一个学员懂得：失败是没有任何借口的，工作是没有任何借口的，人生也是没有借口的。

（4）团队合作精神。

团队合作精神强调团队合作能力和协调交流的能力，要懂得并善于与他人合作，发挥团队战斗力。通俗地说，团队精神是让众人合力拧成一根绳的精神。高效率的企业都很注重团队合作精神，将其视为企业文化之一，希望员工将个人努力与实现团队目标结合起来，成为可信任的团队成员。

2. 大学生休闲管理

现代大学生应以“休闲是学习，休闲是创造”的观念来管理好自己的大学休闲时光。

（1）大学生休闲误区。

许多大学生并不懂得如何合理安排自己的业余时间。有些学生一进大学就对自己放松要求，玩过之后常常觉得疲惫不堪，根本提不起精神学习，严重影响了学业。

（2）大学生休闲管理新概念。

当前大学生休闲管理新理念提倡“休闲是学习，休闲是创造”。休闲管理的基本思路应是让自己活得更快乐，基本目标应是更能够活出自己，有意识地管理自己的生命，提高生命的质量。

（3）大学生休闲管理策略。

保持积极的心态，正确把握休闲的内涵；坚持有理、有利、有节的休闲活动原则；学习休闲知识，提高休闲能力；学会自娱，培养休闲个性；参加各类公益活动，体味休闲价值。

技能与行动

倾听技巧指的是一个人能听明白并理解别人在说什么，以及理解别人对自己的期待。倾听是首要的沟通技巧。

行动：不合格的听众

1. 目的

（1）引导学生分析不合格听众的表现。

（2）学会沟通时尊重他人。

2. 操作

现场随机演示。

情境创设：请一位学生讲讲在班上哪位同学最受欢迎，他的哪些方面值得自己学习。学生在讲话时，老师东张西望，似乎在寻找什么物品，或打断对方说话，或是到学生中间处理问题。学生讲完了，老师追着问："你刚才讲什么了？"

3. 讨论

（1）老师刚才扮演的这个角色是不是一个合格的听众？

（2）为什么不是一个合格的听众？有哪些地方做得不对？

（3）请讲话的学生谈谈自己的感受。

4. 总结

积极的反馈是善于倾听的技巧。每个人的内心深处都希望被尊重和赞赏。在别人讲话时，打岔、不关注甚至漠视，对讲话者来说是一种否定和不尊重的表现，对讲话者积极性的打击是巨大的，人际隔膜也常常在这种不良的沟通中产生。

案例阅读

做一名成功的业务员

金桐一毕业就来到五矿国际货运江苏分公司上班了。他学了三年的商务英语，现在是一名海运部业务员，平时主要的工作是帮助客户进行贸易代理，包括联系客户、开具凭单、确定装船发货时间等。

参加工作后，金桐体会最深的是尽管工作上手比较容易，但要想做好绝不是一朝一夕的事，必须脚踏实地一步一步走。由于刚入门，金桐认识的客户不多，大部分时间都是跟着师傅出去跑，向师傅学习怎样接洽业务。虽然这些与他学习商务英语时想象中的大型贸易有很大差别，但金桐还是干劲十足，朝着成功的业务员方向前进。

活动与训练

活动1：盲人方阵

活动主题：盲人方阵。

活动目标：培养非常状态下的沟通和决策能力，学习团队工作方法。

建议时间：30分钟。

活动准备：绳子。

活动步骤：

（1）利用大家的聪明才智组成一个面积最大的正方形。

（2）队中所有的成员相对均匀地分布在4条边上。

注意事项：

（1）任何人在项目进行过程中，未经教练的许可不得擅自摘掉眼罩。

（2）动作要缓慢，不要莽撞，以免碰伤队友和自己。

（3）项目结束后，由队长向教练报告"任务完成"后，等待教练的口令行事。

（4）当听到教练发出的"好，结束"口令后，所有队员才可摘下眼罩。

总结评价：项目结束后，团队成员需要集中起来进行分享活动，每个队员谈谈自己的体验和感悟。

活动 2：穿越黑洞

活动主题：穿越黑洞。
活动目标：学习团队工作方法，认识到行动的重要性。
建议时间：30 分钟。
活动准备：绳子等。
活动步骤：
（1）活动过程中戴眼镜的成员必须将眼镜摘下，以免套绳圈时被眼镜刮伤。
（2）活动尽量在平坦的草地上进行，同时注意消除场地内的不安全因素。
（3）穿越绳圈时注意脚下的绳索，不要被绊倒。
（4）令行禁止：在项目进行过程中，如果教练发现大家的动作有危险，要立即制止，大家需要立即停下手中的动作。
（5）练习过程中，如需计时可示意教练，请教练帮助计时。
总结评价：
（1）团队在拿到任务后，是怎样准备的？你在其中做了哪些？
（2）给团队和自己打分（满分为 10 分），并说明扣分的原因是什么。
（3）如果任务成功完成，需要思考：成功完成任务最主要的原因是什么？有办法更好吗？
（4）如果任务失败，需要思考：任务失败最主要的原因是什么？如果再来一次会怎么样？

活动 3：思考与讨论

（1）你已经确定的目标职业需要哪些专业技能、通用技能和个人素质？
（2）你通过什么途径来提高技能和素质？

第四节 供职初创企业的职场适应

学习目标

1. 了解供职初创企业的角色转换。
2. 了解供职初创企业的常见心理问题，学会自我调适。

案例导读

奇怪的她

大新有限公司新来的一批职员中有一个女孩内向得让人受不了，被同事们称为“奇怪的她”。

她刚来上班的时候，没有人知道她是几点来的，往往是办公室同事偶尔头一抬，猛地看见刚才还空着的座位上已经有一个身影端坐在那里。下班的时候也是这样，大家聊天的时候看见她还在，回到座位上忽然就发现她的桌上已经清理一空，人走了。她这么毫无声息地进出几次，大家也都习惯了，最后几乎都渐渐忽略了她的存在。

周末同事们搞过几次小范围的活动，一起吃饭、唱歌，也从没见她参加过。后来同事私下聊起，有人用“太可怕了”来形容她。

分析：

这位职场新人一个明显的特点就是“不合群”，不适应职场。她没有掌握正确的与人交流和沟通的技巧，没有处理好人际关系，与公司的员工没有合群的表现，自顾自做事情，最终会导致自己与团队脱离，自己的岗位能力也无法得到提升，不受企业的欢迎。

知识与背景

一、从学生到职业人的过渡

（一）学校和职场

我们有时会听到企业对新员工各种各样的抱怨：没规矩，不守纪律，没有商业常识，犯低级错误，不会做事……这些抱怨一方面是因为新员工对企业缺乏了解；另一方面是由于新员工在学校中获得的技能不能满足企业的需要。此外，还有一个重要原因，即大学毕业生没有重视学校和职场的区别，没有在毕业前做好从校园到社会的角色转变。

（二）角色的转换

毕业生工作初期需要转换角色。对于大学生来说，在学校里，其角色就是学生；毕业离开校园，进入职场则扮演着职业人的角色。在从大学生到职业人的转变中，存在着一个逐步适应角色的过程。

1. 自我评估，从容转换

初涉职场，要对自己有一个客观的评估。大学毕业生作为职场新人，人生经历和经验上可能会欠缺，但对自己的技能、专长一定要心中有数。

2. 迈好职业生涯第一步

大学毕业生作为职场新人，切记不要好高骛远，任何辉煌的职业生涯都是从迈好职场第一步开始的，所以建议大学毕业生先把心态放平。

案例阅读

供职初创企业时要迈过职场的四道门槛

第一道门槛——从前的你

来不及品味大学生活的酸甜，怀着对未来美好的憧憬，这些刚刚踏出校门的“菜鸟”便跌跌撞撞地走上了一个个不同的岗位。如何去适应你的工作？如何去融入你的办公圈子？怎样才能完成你的角色转换？一个个难题像一道道门槛一样横亘在这些职场新人面前。

第二道门槛——环境壁垒

冷漠的同事，不欣赏自己的上司，枯燥乏味的工作……这些都让毕业生感到难以接受，但现实如此，你必须接受。

毕业生不能适应新环境，大都与其事先对新环境、新岗位估计不足，期望值定得过高、不切实际有关。初出校门的大学生，很多想法都是理想化的，与现实有不少差距。因此，毕业生在踏上工作岗位后，要能够根据现实的环境调整自己的期望值，尽量把期望值定得低一些、现实一些。

第三道门槛——目光短浅

事实上，毕业生初入社会，对职场状况、职业走势并没有全局的把握，不知道怎样衡量，达到一个什么样的度才能使自己的职业很有前景。因此，毕业生必须正确评估自己和较为全面地认识、了解职业世界。

第四道门槛——想要放弃

进入职场后，各种各样以前从未遇到过的挫折会接踵而至。迷茫、困惑、怀疑，甚至一度要放弃。这个时候，想到过什么？辞职？跳槽？也许，毕业生需要学会坚持。

3. 实现角色转换的途径

许多毕业生走上工作岗位以后，产生对新环境的诸多不适应，主要表现为心理、生活、工作、人际关系和工作技能方面的不适应。

（1）心理适应。

毕业生刚进入职场一般是从基层做起。毕业生首先要学会心理适应，学会适应艰苦、紧张而又有节奏的基层工作状态。在这个阶段，培养自己的整体协作意识、独立工作意识和创造意识。

（2）生理适应。

毕业生为了自己的职业前途必须调整生活规律。爱睡懒觉的，应该调整自己的作息；常生病的，不妨平时多锻炼身体；爱吃零食的，一定要分清场合；爱抽烟的，也许得考虑戒烟。

（3）岗位适应。

初出校门的大学生不能适应新环境，大多与其事先对新岗位估计不足、不切实际有关。毕业生在踏上工作岗位后，要根据现实的环境调整自己的期望值和目标。

（4）知识技能适应。

踏入社会的大学毕业生可能学历文凭比单位里一些前辈要过硬，但是经常会出现这样的情况：开始时大学生什么都不会，因为在学校的时候比较注重的是学习理论知识，而到了职场上更注重的是动手能力和累积的经验。

（5）人际关系适应。

刚走上工作岗位的毕业生最容易犯的毛病是过于高傲，把姿态放低一点，保持恰当的礼貌往往会赢得好感。无论是对领导还是对同事，无论是喜欢还是讨厌，都要彬彬有礼。对待年长的同事，如果他没有职务，不妨称呼“老师”或“师傅”，因为他们有很多工作经验值得学习。

如果真正能够注意并做到以上这五种适应，那么，即使是刚参加工作的应届毕业生，也能够胜任工作岗位，并且会给用人单位的老板和同事留下很好的印象。

（三）初入职场可能面临的问题及解决方式

刚走上工作岗位的大学毕业生难免会遇到各种困难和挫折。大学毕业生要理性地认识困难，正确地应对挫折，降低困难与挫折所带来的伤害。

1. 初入职场可能面临的问题

大学生在走向工作岗位之初对职业角色难免会有些不适应，从近年来社会反馈的信息看，主要存在以下问题：

第一，对学生角色的依恋。大学毕业生会自觉或不自觉地将自己置于学生角色来要求自己和对待工作，以学生角色的习惯方式观察事物、分析事物。

第二，角色差距。大学生一旦离开学校走向社会，就要承担起成人的职业角色，但这时成人的自觉性和独立性还没养成，工作上全靠领导安排，领导安排多少干多少，对自己的工作性质、范围、程度、相互关系还没有足够的认识。

第三，眼高手低。有些毕业生常以文凭、学位或毕业于名校而自居，自以为接受了正规教育，已经学到了不少知识，是个人才，因此轻视实践，放不下架子，只想做高层次的工作，看不起基层工作和基层工作人员。

2. 解决初入职场困难的方式

大学生在工作之初有些不适应是自然的，对这一点应有基本的认识，要转换意识，缩短适应期，而不要因此造成职业心理障碍，失去信心。怎样才能顺利地度过适应期呢？第一，要调整心态，树立正确的职业观；第二，转换角色，适应职场新环境。

案例阅读

她到底错在哪里

在办公室里，张经理放下电话，就叫了起来，“糟了！糟了！那家便宜的东西根本不合规格，还是原来林老板的好。”“是啊！”秘书张小姐转身站起来：“我那时候不是说嘛，要您先冷静、冷静，再写信，您不听啊！”张经理来回踱着步子，指了指电话：“把电话告诉我，我亲自打过去道歉！”张小姐一笑，走到张经理桌前：“不用了！那封信我根本没寄。”“没寄？”“对！”张小姐笑吟吟地说。“嗯。”张经理坐了下来，如释重负，停了半晌，又突然抬头问，“可是我当时不是叫你立刻发出吗？”“是啊！但我猜到您会后悔，所以压下了。”张经理低下头去，翻记事本：“可是，我叫你发，你怎么能压？那么最近发南美的那几封信，你也压了？”“我没压。”张小姐说，“我知道什么该发，什么不该发。”“你做主，还是我做主？”没想到张经理居然一下子站起来，沉声问。张小姐呆住了，眼眶一下湿了，两行泪水滚落。她问：“我，我做错了吗？”“你做错了！”张经理斩钉截铁地说。

张小姐被记了一个小过，是偷偷记的，公司里没人知道。但是好心没好报，一肚子委屈的张小姐，再也不愿意“伺候”这位“是非不分”的主管。她跑去孙经理的办公室诉苦，希望调到孙经理的部门。“不急！不急！”孙经理笑笑，“我会处理的。”隔了两天，张小姐一大早就接到一份解雇通知。

二、工作中应注意的因素

（一）影响职业成功的因素

不同标准下的职业成功所需要的成功策略是不同的。我们主要从职业适应与职业生涯两方面来分析影响职业成功的因素。

职业适应是指一个人从事某项工作时必须具备的生理、心理素质特征，它是在先天因素和后天环境相互作用的基础上形成和发展起来的。职业生涯专指个体职业发展的历程，一般是指一个人终生经历的所有职位的整个历程。主要影响因素有进取心与责任心、自信心、自我力量感、自我认识和自我调节、情绪稳定性、社会敏感性、社会接纳性、社会影响力等。

（二）有效的工作态度及行为

1. 了解工作单位的文化氛围

每个公司都有自己的文化氛围：有的崇尚张扬，有的崇尚沉稳踏实；有的要求员工按部就班，有的需要员工更活跃一些。职场新人要先去了解这个企业的“生存法则”，尽量及早融入。

2. 从小事做起

年轻人容易好高骛远，不屑于做日常工作中的琐事。其实领导的考察正是从小事开始的，所以无论领导交给的事多么零散，或者根本不是分内的事，都要及时地、充满热情地处理好，即使领导不再追问，也不可不了了之，一定要给一个下文。

3. 适时表现自己

领导在场时不要缩头缩脑，退到别人后面，而是要适度表现，敢于说话。开会时不妨坐得离领导近一点，尤其当领导让发言时，平时积累的几条合理化建议可以让领导刮目相看。当然，举止应稳重，不应随便打断领导的发言，更不可夸夸其谈、喧宾夺主。

4. 善于向别人学习

毕业生毕竟缺乏实践经验，要想迅速成长，必须善于向同事学习，虚心请教，不要自以为是。年轻人应谦虚，善于倾听，常做换位思考，不说非建设性的话。

三、学会心理调适

（一）供职初创企业的常见心理问题

1. 大学生就业常见的心理误区

第一，抱怨政策，崇尚自由；

第二，互相攀比，强求平衡；

第三，过于自信，盲目乐观；

第四，盲目随从，缺乏主见；

第五，都市情结，轻视基层；

第六，急功近利，讲求实惠。

2. 大学生就业常见的心理障碍

心理障碍指一切心理不健康的现象或倾向，它是由心理压力和心理承受力相互作用，使人失去了应有的心理平衡的结果。主要表现在以下几个方面：

（1）自卑。

一些大学生低估了自己，总是自惭形秽，看不起自己。在求职择业时，他们往往缺乏自信心，缺乏勇气，不敢竞争。这种现象多见于自我意识发展不健全的学生、部分女学生以及性格内向或有生理缺陷的学生。在屡遭挫折之后，一些学生容易产生强烈的自卑心理，胆小、畏缩，觉得自己事事不如人。

（2）紧张。

紧张的常见表现有：睡眠习惯改变，睡不着或睡得太频繁；饮食习惯改变，没有胃口等；在情绪上有紧张焦虑、很沮丧，容易发脾气，没有耐心；对于工作不能专心，不能专注于该完成的事；健忘，强迫性思维，比如经常重复想着某个问题或某件事，不能轻松忘掉。

（3）怯懦。

有些学生在求职择业过程中过于怯懦。有的毕业生在面试场合不是面红耳赤就是语无伦次、张口结舌、答非所问，辛辛苦苦准备的“台词”，一急之下忘得一干二净。有的毕业生谨小慎微，生怕一句话说错、一个问题回答不好会影响自己在用人单位心目中的形象，以致不敢说话，该表达的未表达。

（二）心理调适的作用和方法

解决大学生心理问题的根本对策是帮助大学生学会自我调适。大学毕业生求职择业不仅仅是选择某一职位，更是选择一种生活和自我发展方式。

1. 自卑心理的调适

自卑心理是一种因过多的自我否定而产生的自惭形秽的情绪体验。其实，自卑感人人都有，但自卑感达到一定程度，影响到毕业生求职择业时，就必须予以及时调适。调适的方法有：

（1）通过积极的暗示，增强自信心。

自卑感强烈的同学可以把自身的优势和长处用书面的形式罗列出来并经常默念，冲淡自我否定的思想意识，增强自信心。

除了寻求积极的自我暗示外，大学生也可以找自己要好的朋友或老师交流。通过与他们的交流，得到其对自己的客观评价，特别是有关自己的优势和长处的信息，就可以达到积极的暗示，修正不良认识，重拾自信心。

（2）避己之短，扬己之长。

毕业生要进行客观的自我评价，既要看到自己的优势，也要意识到自己的不足。在求职过程中，充分发挥强项和长处，以最佳状态出现于人才市场，以优点去赢得求职的成功。

（3）正确地对待失败，客观地总结失败的经验教训。

大学毕业生由于能力、经验等方面的不足，在求职过程中难免会有失败，能力再强的人也不可能一生毫无挫折。有的同学面对失败，往往无法排解，进而产生自卑感，自卑感又影响到下一步的择业，出现恶性循环。

2. 焦虑、恐惧心理的调适

部分毕业生因缺乏对社会和用人单位的了解，缺乏对自己的正确认识，缺乏基本的职业技巧，害怕进入人才市场，害怕应聘失败，从而表现出对求职的焦虑、恐惧心理。一旦出现这种情况，应予以及时调适。可以尝试下述办法：首先，可以参加一些模拟招聘会；其次，可以制订计划，明确目标；最后，做深呼吸，学会放松。

3. 挫折心理的调适

挫折是一种普遍存在的心理现象，是个体从事有目的的活动时，遇到无法克服的障碍或干扰而产生的紧张状态和情绪反应。人们所说的挫折通常包括挫折情境与挫折感受。调适方法有：第一，对挫折应有心理准备；第二，多用问题应对策略，少用情绪应对方式；第三，进行合理的宣泄；第四，可以寻求支持，分担痛苦，吸取力量；第五，可以转换看问题的角度。

技能与行动

一、常见的创新思维模式

(一) 扩散思维

扩散思维又称发散思维、辐射思维、求异思维、多向思维等，是指面对问题沿着多方向思考，产生多种设想或答案的思维方式。

(二) 收敛思维

收敛思维是指以某个问题为中心，运用多种方法、知识或手段，从不同的方向或不同的角度，将思维指向中心点，经过比较、分析后，找到一个最合理的解决问题方案的一种思维方式。

(三) 联想思维

联想思维是由此想到彼，并同时发现它们共同的或类似的规律的思维方式。

(四) 逆向思维

逆向思维也称反向思维，是指与一般思维方向相反的思维方式。

行动一：想象一个物品的用途

1. 目的

不拘泥于固定模式的思维，大胆创新，训练学生发散性地思考问题的意识和能力，以激发学生的创造性思维，鼓励他们更有创造力地去解决问题。

2. 操作

(1) 确定一样物品，例如铅笔或者其他任何东西，让学生在5分钟内，想出尽可能多的用途。

(2) 每5～7人为一个小组，每个组选出一个人记录本组所想出的数量。在5分钟后，推选出本组中最新奇、最疯狂、最具有建设性的想法，想法最多、最新奇的组获胜。

(3) 不允许有任何批评意见，只考虑想法，不考虑可行性。想法越新奇越好，鼓励异想天开，也可以寻求各种想法的组合和改进。

3. 讨论

(1) 你想到了多少种?

(2) 你的思维流畅吗? 是什么阻碍了你的思维?

(3) 经过训练，思维的灵活性以及开放性有提高吗?

(4) 别人的想法对你有启发吗?

4. 总结

你可能会惊异地发现答案的丰富与多彩。在发散思维的体验中，思绪的闸门一旦打开，我们会发现真正捆绑我们思绪的不是别人，正是我们自己。

二、人际关系对生活的影响

人际关系对我们的生活有重大影响，主要表现如下。

(一) 良好的人际关系有助于促进人生事业的成功

首先，良好的人际关系能帮助人们完善品格。其次，良好的人际关系有助于最大限度地团结起来分工协作，实现信息交流和信息共享。

（二）良好的人际关系有助于大学生人格的健康发展

一般来说，具有良好人际关系的大学生能迅速适应大学生活，精神愉快，充满信心，与人相处时，能以诚实、公平、谦虚、宽容的态度待人。

行动二：胜利墙

这是一个既考验智慧也考验团队合作以及创意的活动，是一个团队合作项目，项目的目的是：让学员在传递信息的过程中体会信息失真的普遍性；启发参与者进行发散性思维，通过采取创造性的措施达到减少“噪声”、更好地沟通的目的。项目的任务是团队成员要将教练所下达的指令（数字）完整不变地快速、依次传递给前面的队友。

第一轮规则：

（1）所有队员不能说话。

（2）所有队员不能回头。

（3）后面的人的身体任何部位不得超过前面的人的肩缝的横截面及其延伸面。

（4）不能传递纸条或扔纸条。

（5）各队传递信息完成后，由最前面的队员将答案交给教练并举手示意。

（6）解释权和裁决权归教练。

（7）第一轮完成时间不超过 4 分钟。

第二轮、第三轮分别在前一轮规则的基础上增加条件，其中时间越来越少。

每轮开始前讨论时间为 5 分钟。每轮得分记入得分记录表（见表 6－2）。

表 6－2　　得分记录表

队名					
第一轮	准确（50 分）				
	速度（50 分）				
第二轮	准确（50 分）				
	速度（50 分）				
第三轮	准确（50 分）				
	速度（50 分）				
合计					

项目分享：

（1）为什么第一轮中一开始信息传递正确，但传到最后却传错了？

（2）为什么限制条件越来越多，时间要求越来越严格，大家依然能够想到方法？

（3）还有哪些好的方法？在想办法的过程中思维是如何发散的？

学以致用：

（1）跳出限制，创造性地突破思维定式。

（2）中间环节越多，传递的信息越容易失真。

（3）沟通渠道很重要。

（4）合理利用规则、资源。

案例阅读

1850 次拒绝

一个美国青年，家里十分贫穷，一日三餐都是勉强维持，更别说买像样的衣服了。可是，这个青年却有着在一般人看来不切实际的梦想，那就是当演员，成为明星。亲人和朋友都非常不理解他。

那个时候，好莱坞共有500家电影公司，这个青年逐一记下来，然后根据自己认真划定的路线与排列好的名单顺序，带着自己写好的剧本前去拜访。但第一遍下来，500家电影公司没有一家愿意聘用他。这个青年并没有放弃，他从最后一家被拒绝的电影公司出来之后，又从第一家开始，继续他的第二轮拜访和自我推荐。

然而同上一回一样，500家电影公司依然全部拒绝了他。于是，青年又进行了第三轮、第四轮。终于，当拜访完第349家后，第350家电影公司的老板破天荒地答应让他留下剧本先看一看。

青年苦苦等待了数天后，被公司请去详细商谈。就在这次商谈中，这家电影公司决定投资开拍这部电影，并请这位年轻人扮演自己所写剧本中的男主角。

电影播出后，引起了巨大的轰动，它就是《洛奇》。而这位青年就是著名的影星、导演、制作人兼作家——席维斯·史泰龙。

活动与训练

活动1：寻人行动

活动主题：寻人行动。

活动目标：让学生学习主动交往；学生在交往中介绍自己、了解他人，发现共同的兴趣爱好。

建议时间：30分钟。

活动准备："寻人信息卡"和笔。"寻人信息卡"中的信息根据学生的实际特点可以增减。

寻人信息卡

序号	特征	签名
1	会打乒乓球	
2	有白头发	
3	校运动会获过奖	
4	不是本地人	
5	喜欢爬山	
6	爱养小动物	
7	……	

活动步骤：

(1) 学生根据"寻人信息卡"上的信息，在10分钟内找到具有该特征的人并简单交流后签名。

(2) 大家交流"寻人信息卡"，看看谁的签名最多。教师可以邀请有代表性的学生进行全班交流，如签名最多的和签名最少的某一特征。

(3) 交流完毕，教师在全班梳理信息，请具有统一特征的人站立一排相互介绍与交流。

总结评价：

(1) 本游戏可以在陌生群体中进行，通过游戏学会主动交往与沟通；也可以在同班学生中进行，通过游戏，增强同学之间的进一步了解。

(2) 在一个栏目中可以签不止一个人的名字，看看谁签的名字多。主持人要求签名人确认，防止假、乱信息。

(3) 符合同一特征的学生相互交流后，派一名代表做全班分享。

活动 2：风雨同行

活动主题：风雨同行。

活动目标：通过游戏让学生接纳他人的长处，取长补短。

建议时间：30 分钟。

活动准备：眼罩、口罩、短绳、可搬动的其他物品（可以任意准备）。

活动步骤：

(1) 按 7 人一组分组，在 7 人中规定有 2 个“盲人”、2 个“无脚人”、2 个“无手人”、1 个“哑巴”。

(2) 在角色分配完成后按要求“盲人”戴上眼罩，“哑巴”戴上口罩，“无脚人”捆绑双脚，“无手人”捆绑双手。

(3) 主持人把各组人带到比赛的起点，让小组成员把所有的物品搬运到终点。

(4) 与大家分享自己的活动感想

活动 3：思考与讨论

(1) 当遇到常见的心理问题时，你有什么方法来自我调适？

(2) 学习与工作有什么不同？学校与职场有什么区别？

参考文献

[1] 丛子斌．创新创业教育．北京：高等教育出版社，2016.

[2] 刘辉，李强，王秀艳．大学生创新创业教程．上海：上海交通大学出版社，2016.

[3] 李新庚．创新创业基础．北京：人民邮电出版社，2016.

[4] 郎宏文，安宁，郝婷．创业管理——理论、方法与案例．北京：人民邮电出版社，2016.

[5] 胡龙廷．大学生创业基础．北京：机械工业出版社，2017.

[6] 王延荣．创新与创业管理．北京：机械工业出版社，2015.

[7] 熊毅，苏白茹，吴国胜．大学生职业发展与就业指导．厦门：厦门大学出版社，2009.

[8] 徐畅，庞杰．大学生基本素质训练教程——礼仪 团队 心理 拓展训练．北京：清华大学出版社，2012.

[9] 张艳．大学生职业指导实训手册．北京：高等教育出版社，2014.

图书在版编目（CIP）数据

创业基础与训练/熊毅，赵淑明主编. —北京：中国人民大学出版社，2019.4
21世纪高职高专规划教材. 通识课系列
ISBN 978-7-300-26853-8

Ⅰ.①创… Ⅱ.①熊… ②赵… Ⅲ.①大学生-创业-高等职业教育-教材 Ⅳ.①G717.38

中国版本图书馆CIP数据核字（2019）第055220号

普通高等职业教育“十三五”规划教材
21世纪高职高专规划教材·通识课系列
创业基础与训练
主　编　熊　毅　赵淑明
Chuangye Jichu yu Xunlian

出版发行	中国人民大学出版社		
社　　址	北京中关村大街31号	邮政编码	100080
电　　话	010－62511242（总编室）		010－62511770（质管部）
	010－82501766（邮购部）		010－62514148（门市部）
	010－62515195（发行公司）		010－62515275（盗版举报）
网　　址	http：//www.crup.com.cn		
	http：//www.ttrnet.com（人大教研网）		
经　　销	新华书店		
印　　刷	山东百润本色印刷有限公司		
规　　格	185 mm×260 mm　16开本	版　　次	2019年4月第1版
印　　张	13.25	印　　次	2019年4月第1次印刷
字　　数	325 000	定　　价	32.00元